Wayne Jacobsen

Zu Seiner Zeit

Wayne Jacobsen

Zu Seiner Zeit

Gottes Wege zu einem fruchtbaren Leben

GloryWorld-Medien

1. Auflage 2012

Bibelzitate sind, falls nicht anders gekennzeichnet, für das Neue Testament und die Psalmen der Neuen Genfer Übersetzung, 2011, und für das Alte Testament der Elberfelder Bibel, Revidierte Fassung von 1985 (ELB), entnommen. Weitere Bibelübersetzungen:
LUT: Lutherbibel, Revidierte Fassung von 1984
NLB: „Neues Leben. Die Bibelübersetzung", Holzgerlingen, 2002

Das Buch folgt den Regeln der Deutschen Rechtschreibreform. Die Bibelzitate wurden diesen Rechtschreibregeln angepasst.

Übersetzung: Thomas C. Mankel und Esther Middeler
Lektorat/Satz: Manfred Mayer
Umschlaggestaltung: Kerstin & Karl Gerd Striepecke, www.vision-c.de
Foto: fotolia
Grafiken: iStockphoto
Druck: Schönbach-Druck GmbH, Erzhausen

Printed in Germany

ISBN: 978-3-936322-77-4

Bestellnummer: 359277

Erhältlich beim Verlag:

GloryWorld-Medien
Postfach 41 70
D-76625 Bruchsal
Tel.: 07257·903396
Fax: 07257·903398
info@gloryworld.de
www.gloryworld.de

oder in jeder Buchhandlung

Inhalt

HERBST: ERNTEZEIT

WINTER: RUHE UND NEUAUSRICHTUNG

Widmung

Ich widme dieses Buch meinem Vater und meiner Mutter
Gene und Jo Jacobsen,
die mich als Erste gelehrt haben,
dass Gott im Universum tatsächlich gegenwärtig ist,
und mir gezeigt haben,
dass ich auf Gottes fortschreitendes Wirken vertrauen
und mich von meiner eigenen Arbeit ausruhen darf,
und außerdem allen Eltern,
denen es ein Herzensanliegen ist,
ihre Kinder auf einem ähnlichen Lebensweg zu ermutigen.

Einführung

Geschwister, ich bilde mir nicht ein, das Ziel schon erreicht zu haben. Eins aber tue ich: Ich lasse das, was hinter mir liegt, bewusst zurück, konzentriere mich völlig auf das, was vor mir liegt, und laufe mit ganzer Kraft dem Ziel entgegen, um den Siegespreis zu bekommen – den Preis, der in der Teilhabe an der himmlischen Welt besteht, zu der uns Gott durch Jesus Christus berufen hat.

Philipper 3,13-14

Dieses Buch ist das Ergebnis eines Prozesses. Mein Leben sehe ich als eine Reise, und jedes Buch, jeder Vortrag oder Aufsatz ist sozusagen eine Momentaufnahme dieser Reise. Die erste Ausgabe dieses Buches erschien vor etwa zwanzig Jahren. Damals schrieb ich meine Erkenntnisse auf, so gut ich konnte. Aber Gott hat weiter an mir gearbeitet. Deshalb kann ich nicht einfach eine unveränderte Neuauflage herausbringen, auch wenn es eines meiner Lieblingsbücher war.

Beim Überarbeiten des Buches erkannte ich, wie viel ich mich seither verändert habe. Das hat mich überrascht. Hätte ich es einfach nur neu drucken lassen, wäre es wie ein Foto aus meiner Schulzeit gewesen. Man kann zwar eine gewisse Ähnlichkeit mit mir erkennen, aber wohl kaum einer, der das Foto irgendwo sehen würde, würde gleich wissen, dass ich das bin. So wie sich mein Aussehen verändert hat, habe ich mich auch als Mensch seit der ersten Ausgabe dieses Buches sehr verändert.

Ich habe mich auch gefragt, wie es wäre, wenn ich mich mit einer jüngeren Version von mir unterhalten könnte, zum Beispiel mit der, als ich noch Pastor war. Würden wir beide uns sympathisch finden? Könnten wir überhaupt miteinander kommunizieren? Könnte die jüngere Ausgabe von mir die aktuelle erkennen?

Beim Überarbeiten dieses Buches konnte ich in gewisser Weise eine solche Zeitverschiebung erleben. Ich war allerdings nicht so recht darauf vorbereitet, dem Wayne von vor zwanzig Jahren zu begegnen, der so anders schrieb und dachte als der heutige Wayne. Oft war es mir peinlich, wenn ich meine eigenen Worte las, auch wenn ich inhaltlich damit übereinstimmte. Sie klangen eher nach dem feurigen Prediger, der ich früher war und der auf seine Zuhörer herabgepredigt hatte. Ich hatte immer die Messlatte sehr hoch gelegt und versucht, die Leute zu motivieren, diese zu erreichen (als könnte man durch menschliche Anstrengung jemals die Frucht unseres Vaters bringen). Nun, nachdem ich alles überarbeitet habe, hoffe ich, dass es Sie ganz sachte ermutigt, Jesus in der Realität Ihres Lebens heute zu begegnen und dass Sie auch die Gnade finden, ihm zu folgen, während er dabei ist, Sie so zu formen, dass Sie in ihm immer fruchtbarer werden und von ihm erfüllt sind.

Als ich so an der Arbeit war, stieß ich auf ein sehr wichtiges und mächtiges Thema, das mir den jahreszeitlichen Aspekt unseres geistlichen Weges vor Augen führte. Wir neigen dazu, unser Leben an Verpflichtungen anzupassen, die nicht zu dem passen, was er uns aufträgt, statt dass wir den Prozess der Fruchtbarkeit würdigen, der es jedem von uns erlaubt, frei auf unserem Weg zu sein und Jesus so zu folgen, wie es jeder Tag erfordert.

Viele gläubige Menschen, die ich kenne, leben so, als müsse immer Erntezeit sein, und es frustriert sie, wenn sie einmal nicht so fruchtbar sind. Wenn unsere Erwartung immer nur auf die Ernte gerichtet ist, werden wir die Tage verachten, in denen

Jesus in der relativen Stille des Winters unser Leben formt bzw. uns während der Sommerhitze in seinen Händen hält, wenn er seine Frucht in uns zur Reife bringt. Ein Weinstock ist von den aufeinanderfolgenden Jahreszeiten nicht enttäuscht, da jede dieser Zeiten für die Zyklen der Fruchtbarkeit von Bedeutung ist, zu denen uns Jesus einlädt.

Dieses Buch ist die Sicht eines Winzers von Johannes 15 und berührt dabei die Themen, die mein Lebens am meisten geprägt haben. Gleichzeitig bringe ich einige wertvolle Erfahrungen ein, die ich in meiner Kindheit auf dem Weingut meines Vaters in Zentralkalifornien sammeln durfte. Das mag sich dramatischer anhören, als es in Wirklichkeit war. Heute werden Weingüter oft als touristische Attraktion vermarktet – doch für diejenigen, die dort ihren Lebensunterhalt bestreiten, bedeuten sie eine Menge harter Arbeit.

Im Sommer ist es dort heiß und staubig, während der Winzer sich um die Reben kümmert oder die Ernte einbringt. Im Winter kann die Arbeit kalt und mühselig sein, wenn er eine Rebzeile nach der anderen zurechtstutzt. Und doch wurde in diesen Weinbergen mein junges Leben geprägt. Im Weingut meines Vaters habe ich viel über Gott und das Leben gelernt, zum Beispiel, dass es keine Schande ist, hart zu arbeiten, dass es große Freude bereiten kann, eine Arbeit gut gemacht zu haben, und was Charakter und Rechtschaffenheit wirklich bedeuten. Diese Lektionen haben mir in den vergangenen vierzig Jahren, seit ich den elterlichen Hof verlassen habe, große Dienste geleistet.

Es hat um einiges länger gedauert, dieses Buch zu überarbeiten. Ich hoffe aber, dass das Ergebnis Sie freisetzen wird, tief in das Leben mit dem himmlischen Vater einzutauchen und in den Fluss seines Wirkens hineinzukommen – sei es, dass er Sie in der Ruhe des Winters beschneidet oder in Ihnen Frucht hervorbringt, die er mit vielen anderen teilen kann.

Wer weiß, vielleicht muss ich es ja in zwanzig Jahren noch einmal überarbeiten und noch mehr vom alten Wayne herausnehmen.

Kapitel 1

Eine überraschende Einladung

Bleibt in mir, und ich werde in euch bleiben!

Johannes 15,4

Mein Vater pflegte zu sagen: „Die meisten Leute bekommen nur so viel von Gott mit, dass sie sich unglücklich fühlen.“ Je älter ich werde, desto eher glaube ich, dass er recht hatte.

Falls Sie die Vorstellung haben, Gott sei ein überirdisches Wesen, das sich in Ihr Leben einmischt und von Ihnen verlangt, sich gefälligst nach seinen Geboten zu richten, damit er sich Ihnen gnädig erweisen kann, dann gehören Sie wohl zu diesen Menschen. Dreht Ihnen der Gedanke, dass Gott Sie den ganzen Tag nicht aus den Augen lässt, schier den Magen um, weil Sie sich schon wieder als Versager ertappt vorkommen – dann zählen Sie gewiss auch dazu. Und falls Sie Ihr Christsein nur als eine Abfolge von Ritualen, Regeln und Pflichten erleben, mit denen Sie meinen, Gott eine Freude zu bereiten – dann gehören auch Sie zu diesen Leuten.

Für viele Christen sah der Beginn ihres Glaubenslebens ganz anders aus. Sie berichten mit leuchtenden Augen, wie es war, als sie Gott in ihr Leben aufgenommen haben. Damals wussten sie einfach: „Ich bin von Gott geliebt!“ und sahen jedem Tag mit neuer Begeisterung und Erwartung entgegen.

Doch schon bald brachte man ihnen bei, was es heißt, ein guter Christ zu sein – und damit begann für sie der lange, allmähliche Abstieg in die Niederungen der Verhaltensregeln einer Religion, die man Christentum nennt. Die Religion raubte ihnen nach und nach ihre anfängliche Freude. Sie fanden sich damit ab, sich nur noch abzuplacken, und fügten sich unbewusst den ihnen auferlegten Pflichten, anstatt Jesus treu nachzufolgen.

Das ist nicht das Leben, das Jesus seinen Jüngern angeboten hat. In der Nacht vor seiner Kreuzigung sagte er ihnen, sein Wunsch für sie sei, dass *„meine Freude in euch bleibe und eure Freude vollkommen werde"*. Das hört sich ganz und gar nicht nach mühseliger Pflichterfüllung von religiösen Vorschriften an. Jesus schilderte ihnen seinen himmlischen Vater als die liebenswerteste Person des ganzen Universums, der sie mehr liebte als irgendjemand sonst. Er bot ihnen eine Beziehung zu ihm an, in der sie eine ihnen unbekannte tiefe Freude erfahren würden, die zur Folge hätte, dass ihr Leben erfüllt und fruchtbar werden würde.

Jesus kam nicht, um eine neue Religion mit Riten, Prinzipien und Verpflichtungen einzuführen, die uns nur ermüden würde. Ich bin mir sicher, dass er das genaue Gegenteil im Sinn hatte. Jesus kam, um den Bereich im Geist des Menschen auszufüllen, der auf religiöse Riten aus ist, um damit sein Schuldbewusstsein zu beruhigen. Jesus wollte Menschen freisetzen. Um ihnen das beizubringen, führte er seine Jünger nicht in den Tempel, sondern in einen Weinberg.

Was für eine merkwürdige Nacht war das doch gewesen! Beim Austeilen des Passahmahls hatte Jesus dunkle Andeutungen gemacht, das Brot sei sein Leib und der Wein sein vergossenes Blut. Er hatte gesagt, noch vor Sonnenaufgang werde ihn einer von ihnen verraten, ein anderer werde ihn verleugnen und die übrigen Jünger würden ihn verlassen. Er hatte ihnen geboten, keine Angst zu haben, und angekündigt, er werde an einen Ort gehen, an den sie ihm nicht folgen könnten. Judas war Hals über Kopf aus dem Raum verschwunden, aber keiner von ihnen hatte verstanden, weshalb. Dann hatten sie das sichere

Obergemach verlassen und sich im Dunkeln zum Garten Gethsemane aufgemacht. Dort lenkte Jesus das Gespräch plötzlich in eine unerwartete Richtung.

„Ich bin der wahre Weinstock."

Sie rieben sich verwundert die Augen und schauten einander verdattert an. *Weinstock? Wovon redet er da?*

Möglicherweise hatte Jesus im Garten einige Weinstöcke entdeckt. Ich kann mir gut vorstellen, dass Jesus auf einen Weinstock zuging und liebevoll einen der Rebzweige hochhob. Vielleicht setzte er sich sogar neben den Weinstock und lud seine Jünger ein, sich um ihn zu scharen, während er anfing, eines der berührendsten Gleichnisse seines Dienstes zu erzählen – ein Gleichnis, das er nur seinen engsten Freunden anvertraute.

Er verglich sich mit einem Weinstock, seine Jünger mit den Reben und seinen Vater mit dem Weinbauern. Er sprach von den Jahreszeiten, in denen der Vater sich um sie kümmern würde, damit sie erstaunliche Frucht brächten. Weshalb wählte Jesus diesen Vergleich? *„Ich sage euch das, damit meine Freude euch erfüllt und eure Freude vollkommen ist"* (Joh 15,11).

Was für eine seltsame Zuhörerschaft für eine solch verblüffende Verheißung! Schauen wir uns doch einmal jeden Einzelnen dieser elf Männer rund um den Weinstock an. Wer von ihnen hatte das verdient? Wen von ihnen hätten Sie vier Jahre zuvor ausgesucht, mit einem König zu essen, nicht zu reden vom Schöpfer des Universums?

Keiner dieser Männer hatte an einem Staatsbankett im Palast des Herodes teilgenommen oder konnte sich Hoffnung machen, jemals dazu eingeladen zu werden. Sie waren nicht unbedingt aus der Gesellschaft Ausgeschlossene – aber die meisten von ihnen waren unscheinbare Leute, wie man ihnen auf der Straße begegnet, ohne einen weiteren Gedanken an sie zu verschwenden. Jesus hatte einige von ihnen am Hafen aufgelesen, frustrierte Fischer, welche die ganze Nacht erfolglos durchgearbeitet hatten und schließlich ganz erschöpft heimgekehrt waren. Einen hatte Jesus aus einer Zollstation mitgenommen, ein anderer hatte es sich unter einem Feigenbaum gemütlich gemacht.

Wer hätte wohl geglaubt, dass Leuten wie diesen eine solch großartige Verheißung gegeben würde? Ganz gewiss nicht ihre Freunde, und schon gar nicht die Pharisäer. In unseren Kulturen werden nur ganz wenige Menschen ausgezeichnet, meist solche, die hochbegabt sind oder eine bestimmte Herkunft, die richtigen Chancen oder Großes erreicht haben. Diese Männer hier waren jedoch ganz gewöhnliche Leute, welche dieselben Schwächen an den Tag legten wie wir: Ärger, Eifersucht, Habgier und eine unglaubliche Starrköpfigkeit. Und doch richtete Jesus diese überraschende Einladung zu vollkommener Freude an sie.

Auf seinem Weg zum Olivenhain von Gethsemane hielt Jesus in diesem kleinen Weinberg an, um seine Jünger – und durch sie uns alle – zu lehren, wie man eine viel tiefere Freude erleben kann, als es die Umstände jemals erlauben würden.

Freude ist mehr, als nur glücklich zu sein – jenes momentane Gefühl der Zufriedenheit, das lediglich daher rührt, dass die Umstände gerade günstig sind. Es geht um eine Freude, die aus den Tiefen der Seele aufsteigt in der Gewissheit, dass er bei uns ist und dass seine Pläne mit uns auch in den schwierigsten Zeiten zur Erfüllung gelangen.

Freude entdecken – das ist der Kern dieser Lehrstunde im Weinberg. Vielleicht sind Sie ebenfalls ein so unwahrscheinlicher Kandidat wie die elf Männer, die sich um Jesus in diesem Garten geschart hatten – und wenn Sie nicht davon überzeugt sind, dass dieselbe Einladung auch Ihnen gilt, werden Sie niemals mit dem Eifer hinter ihr her sein, der notwendig ist, um sie voll zu ergreifen,.

Ich bin vielen Menschen begegnet, die sich nicht vorstellen konnten, dass ein solcher Schatz auch für sie bereitsteht. Sie haben mich mit schmerzerfülltem Blick fragend angestarrt: „Gibt es auch Hoffnung für mich, dass ich einmal eine solche Freude erlebe? Kann Gott mir helfen, dieselbe Erfüllung in Christus zu finden, die Sie ausstrahlen?“ Manche von ihnen waren durch viele Jahre des Missbrauchs oder der Verlassenheit an diesem Punkt angelangt, andere, als ihr Leben durch Sünde zerrüttet war, und wieder andere nach Jahren enttäuschender spiritueller Erfahrungen.

Vor Kurzem wandte sich eine solche Person an mich und bat um Hilfe. Alle in Judiths Leben – ihre leiblichen Eltern wie auch ihre Adoptiveltern – hatten sie abgelehnt. Sie war ein echtes Aschenputtel, allerdings ohne Kutsche und ohne die Glaspantöffelchen. Sie glaubte an Gott, aber sie glaubte, Gott habe sie nur dazu geschaffen, um die Sünden anderer aufzudecken, während ihr eigener Schmerz ihn kein bisschen berühre. Zu diesem Schluss war sie gelangt, als ihre vielen Gebete um Heilung offenbar nicht erhört wurden. Alles, was sie versucht hatte, war misslungen, und jetzt steckte sie in bitterer Einsamkeit, von Bulimie gequält.

Gab es für sie noch Hoffnung? Und, genauso wichtig, gibt es Hoffnung für Sie? Vielleicht haben auch Sie schon beliebig oft versucht, eine lebendige Beziehung zu Jesus zu bekommen, aber – wie Judith – nie erlebt, dass sich die Verheißung erfüllte. Lassen Sie mich Ihnen gleich von Anfang an versichern: Die Verheißungen, die Jesus im Weinberg ausgesprochen hat, gelten so gewiss auch für Sie, wie die Tatsache, dass morgen wieder die Sonne aufgeht. Gott hat keine Lieblinge; er liebt alle seine Kinder gleichermaßen. Jesus hat die Freude damals nicht nur den elf Jüngern im Weinberg in Aussicht gestellt, sondern er hatte auch reiche junge Manager, hartherzige Pharisäer, einsame Bettler und schamlose Prostituierte im Blick. Nicht alle haben sein Angebot angenommen – aber diejenigen, die es taten, wurden nicht enttäuscht.

Es ist wichtig, dass Sie die Vergangenheit mit all ihren unbeantworteten Fragen loslassen und sich einen Neuanfang gönnen. Es geht um einen Prozess, und es braucht Zeit, bis Gott Ihre verdrehten Gedanken entwirren und sein Licht in all die dunklen Stellen Ihres Lebens bringen kann. Das wird Sie fordern, aber Sie sollten sich nicht scheu zurückziehen, weil Sie sich schuldig oder unwürdig vorkommen.

Seine Berührung ist sanft und seine Liebe gewiss. Er ist nicht gekommen, um Sie wegen der negativen Dinge in Ihrem Leben, in die Sie sich verrannt haben, zu verdammen, sondern um Sie daraus zu retten und Sie in seine Herrlichkeit hineinzuziehen. Sie brauchen nur immer wieder mit der einfachen Bitte zu ihm zu kommen, dass er sich Ihnen offenbaren möge.

Es gibt keine Gebrochenheit und keinen Schmerz, die bzw. den er nicht heilen könnte, und es gibt keine Person, die er nicht zur Fülle seines Lebens einlädt. Ihm liegt an einer innigen Freundschaft mit Ihnen, und er möchte Ihnen helfen, mit ihm ins Gespräch zu kommen, um Ihr Herz mit Weisheit und Trost zu erfüllen.

Deshalb hat er das Gleichnis vom Weinstock einer Gruppe von Leuten erzählt, denen gerade die größte Prüfung ihres noch jungen Lebens bevorstand.

Kapitel 2

Im Weinberg meines Vaters

Ich bin der Weinstock, und ihr seid die Reben. Wenn jemand in mir bleibt und ich in ihm bleibe, trägt er reiche Frucht; ohne mich könnt ihr nichts tun.

Johannes 15,5

Ich stamme aus einer Winzerfamilie. Mein Vater hatte einen Hof mit Weinbergen drum herum wie schon sein Vater vor ihm. Ich wuchs praktisch zwischen den Rebzeilen auf, die sich bis zum Horizont erstreckten. Ich habe im Weinberg gearbeitet – in der Hitze des Sommers und der Eiseskälte des Winters. Es war im Weinberg, wo ich meine geistliche Reise begann.

Johannes 15 ist darum eine meiner Lieblingsstellen der Bibel. Darin benutzte Jesus die Bildrede eines Weinbergs, um seinen Jüngern zu erläutern, wie auch sie eine Beziehung zu seinem Vater eingehen konnten – eine Beziehung, durch die sie Frucht bringen und mit seiner besonderen Freude erfüllt werden würden. Als Winzer, als Bibelkenner und als jemand, der sich schon sein Leben lang auf dem Abenteuer befindet, den himmlischen Vater immer besser kennenzulernen, möchte ich Sie nun einladen, mit mir in den Weinberg zu kommen, um zu lernen, was vielen anderen entgangen ist. Jesus hat wirklich jedem Einzelnen von uns eine Beziehung mit seinem Vater angeboten, die realer ist als die Luft, die wir atmen, und natürlicher, als wir zu glauben wagen.

Meine Lieblingszeit im Weinberg ist der ausgehende Winter. Noch ist es erst Mitte Februar, doch in den kurzen kalifornischen Wintern im San Joaquin Valley[1] steht der Frühling schon vor der Tür. Jeder neue Tag wird etwas länger und lockert den harten Griff des Winters.

Spät am Nachmittag machen die langen gelben Strahlen der untergehenden Sonne den rosa-violetten Nuancen der Dämmerung Platz. Obschon der warme Nachmittag zum Verweilen einlud, bricht rasch die Abendkühle herein. Ich schließe den Reißverschluss meiner Jacke, schlage den Kragen hoch und vergrabe meine Hände in den Jackentaschen.

Schon leuchten einzelne Lichter aus entfernten Gehöften in der einsetzenden Dämmerung auf. Abendnebel hüllt den Horizont ein, die Zeilen der Weinstöcke schlängeln sich über die Hügel und schließen mich völlig ein.

Die Weinstöcke sind ordentlich zurückgeschnitten, die Pfähle stehen wie Wächter neben den einzelnen Stöcken und die Reben schlingen sich elegant um die Drähte, die von Pfahl zu Pfahl gespannt sind. Die harte Arbeit im Winter bringt eine surrealistische Ordnung in den Weinberg. Man könnte sich fragen, ob in Gottes Schöpfung tatsächlich etwas so präzise geformt und angeordnet sein sollte.

Der Weinberg ruht sich aus und wartet nun geduldig auf den herrlichen Frühling und eine weitere ertragreiche Saison. Ich vermute, dass ich gerade deshalb diese Jahreszeit so sehr mag. In den Momenten, bevor die Dunkelheit hereinbricht, durchziehen Nebelschwaden die sorgfältig getrimmten Reihen und schenken dem Betrachter einen wunderbaren Frieden. Abgesehen von den gedämpften Geräuschen einiger Autos, weit weg

---

[1] Das San Joaquin Valley (Tal des San Joaquin River) ist der südliche Teil des Kalifornischen Längstals (Central Valley) im Bundesstaat Kalifornien der Vereinigten Staaten (Quelle: Wikipedia).

von mir, höre ich beim Weiterstapfen nur die aufgelockerte Erde unter meinen Stiefeln knirschen.

Erst wenigen Monate vorher war die Luft noch voller Staub, Stimmengewirr sowie dem Knattern der Traktormotoren, welche die hastigen Aktivitäten begleiten, mit denen unsere Rosinen noch rechtzeitig vor dem ersten Regen eingebracht wurden. Und in ein paar Wochen wird wieder der gleiche Lärm zu hören sein, wenn die neue Ernte eingeholt wird.

Doch jetzt herrscht Ruhe. Und auch wenn es von weitem so aussieht, als sei ich allein, ist das nicht richtig. Ich bin dieses Mal auf einen Spaziergang hierhergekommen, um mit dem Vater zu reden.

Das hier ist seit meiner Kindheit mein liebster Ort, um Gott zu begegnen. Hier empfinde ich mehr Ehrfurcht vor Gott als in irgendeiner von Menschenhand gebauten Kathedrale. Kein anderer Ort zieht mich schneller in die Gegenwart Gottes hinein; denn hier habe ich ihn zum ersten Mal erlebt, und hier sind wir uns seitdem so oft begegnet. An diesem Ort begann meine geistliche Reise.

Dies ist der Weinberg meines Vaters – eine 14 Hektar große Farm im Herzen des kalifornischen Central Valley. Mein Vater hatte beinahe seine ganzen ersten 65 Lebensjahre dort im Umkreis von einer Meile verbracht. Am weitesten weg wurde er als Soldat geführt – interessanterweise wiederum in einen Weinberg –, nämlich in den Nordosten Frankreichs, wo er in einer Schlacht kurz vor dem Neujahrstag 1945 verwundet wurde.

Nach dem Krieg kaufte er ein Weingut direkt neben dem Hof, auf dem er aufgewachsen war. Dort fand seine Familie ihren Unterhalt; aber noch wichtiger war, dass sich unserem leiblichen Vater dort die Gelegenheit bot, seinen vier Söhnen Gott und seine Wege nahezubringen. In diesem Weinberg habe ich mehr über Gott gelernt, als während all der Jahre meines Theologiestudiums.

Was uns unser Vater lehrte, wurde durch seine Rechtschaffenheit und den reichen Schatz seiner Erfahrungen untermauert. Er lehrte uns den Kreislauf der Jahreszeiten, Gottes Treue, das Überwinden von Schwierigkeiten und wie man sich in Gottes Willen fügt. Das meiste davon stammte aus der Bibel, vieles entsprang aber auch seiner lebenslangen Erfahrung im Weinbau.

Und ich lernte Gott auf meinen langen Spaziergängen durch den Weinberg, die ich gewöhnlich in der Dämmerung oder bei der Morgenröte unternahm, immer besser kennen. Ich las in der Bibel und lernte, dem himmlischen Vater meine Anliegen und tiefsten Geheimnisse zu unterbreiten. Allmählich fing ich an, Gottes Antworten zu hören: einfache innere Wahrnehmungen, kleine Erkenntnisse und mit der Zeit tiefe Überzeugungen; die Stimme Gottes übertönte immer mehr meine eigenen Gedanken. Ich konnte spüren und erkennen, was auf seinem Herzen war, genauso, wie ich ihn wissen ließ, was mir selber auf der Seele brannte.

Ich weiß noch, wie ich mit elf oder zwölf Jahren zum ersten Mal etwas wahrnahm, das größer war als ich selber. Auf einem langen Spaziergang zwischen den Weinstöcken blieb ich in einiger Entfernung von unserem Gehöft stehen und brachte die einfache Bitte vor: „Gott, wenn du wirklich da bist, würdest du dich mir bitte zeigen?"

Ehrlich gesagt, meinte ich damit eigentlich nicht sofort – doch schon im nächsten Augenblick wehte eine sanfte Brise durch die Reben. Eine Gänsehaut lief mir über den Rücken und ich spürte, dass mir etwas oder jemand näher kam. Ich schaute mich ängstlich um, ob einer meiner Brüder mir in den Weinberg gefolgt war, doch dem war nicht so. Die Luft wurde frisch und klar und ich dachte nur noch über den Gott nach, den ich schon immer kennenlernen wollte.

Er schien mich von allen Seiten zu umgeben und direkt durch mich hindurchzufließen. Mein Herz schlug wild und meine Nackenhaare sträubten sich. Zuerst erfasste mich reines Entzücken – aber je mehr ich mich fragte, was da eigentlich vorging, umso mehr hatte ich Angst davor, dass eine Stimme zu mir sprechen oder ein Weinstock in Flammen aufgehen könnte. Dazu war ich noch nicht bereit. Schließlich übermannte mich die Angst und ich rannte so schnell ich nur konnte zu unserem Hof zurück.

Auf was war ich da nur gestoßen? Es war zweifellos etwas, was nicht aus mir kam. Es fühlte sich wunderbar und unheimlich an, alles gleichzeitig. Und obschon ich mir fest vornahm, so etwas nie wieder zu tun, merkte ich bald, dass meine Sehnsucht nach Gott stärker war und alle meine Ängste übertrumpfte, sodass ich dieses Gebet wiederholte. Gott zeigte sich mir nicht wieder wie beim ersten Mal, aber er fuhr fort, sich mir auf verschiedenste Weise bekannt zu machen. Dadurch wurde mein Herz für ihn eingenommen und mein Glaube nahm zu.

Aus diesem Grund war und ist der Weinberg für mich ein besonderer Ort, und es wundert mich nicht, dass Jesus seinen Jüngern anhand eines Weinbergs erläuterte, was es heißt, in seinem Reich zu leben. Kein anderes Gleichnis ist eine so kostbare Quelle, was Lebensanweisung, Ermutigung oder Herausforderung angeht.

Die Bibelstellen, die sich mit Reben und Weintrauben befassen, gehören zu meinen Lieblingsversen. Ich habe sie nicht nur studiert, sondern sie auch durchlebt, und sie haben mein Leben verändert. Der Weinberg meiner Kindheit unterscheidet sich nicht wesentlich von den Weinbergen, die Jesus mit seinen Jüngern besucht und in Gleichnisse einbezogen hat.

In jener letzten Nacht vor seinem Prozess und seiner Kreuzigung wollte Jesus seine Jünger auf das Leben mit ihm nach seinem Tod und seiner Auferstehung vorbereiten. Wohin nahm er sie mit? In einen Weinberg, um sie dort zum letzten Mal zu unterrichten. Zwischen den Weinstöcken redete er von einem größeren Weinberg jenseits von Raum und Zeit – dem Weinberg seines Vaters. Er erklärte seinen Jüngern, dass sie nur durch ihn Frucht bringen konnten und dass er sie dabei mit seiner Freude erfüllen würde, um ihre Freude vollkommen zu machen.

Fruchtbarkeit und Erfüllung sind die Themen des Weinbergs. Wer sehnt sich nicht nach einer Freude und einem Frieden, die tief genug sind, um auch die schlimmsten Umstände durchzustehen? Wer möchte nicht das Gefühl haben, dass sein Leben einen Sinn hat, weil er weiß, dass sein Leben in der Welt einen Unterschied macht?

Für viele Menschen bleiben diese Zusagen leider eine flüchtige Illusion. Auch wenn viele Dinge in unserer Welt Erfüllung versprechen, so bringen sie doch nur kurze Glücksmomente, die schnell wieder verblassen. Keines davon bietet die anhaltende Freude und den dauerhaften Frieden, die versprochen wurden. Darum sind die Menschen nicht überrascht, wenn die Freude an Religion sich ebenfalls verflüchtigt und die Freude an der Errettung rasch der bloßen Pflichterfüllung weicht.

Leider denken die meisten, sie seien die Einzigen, die das so empfinden. Sie erkennen nicht, dass auch andere ihnen nur etwas vorspielen. Selbst jene Christen, die andere davon überzeugen wollen, sie seien hinter die Geheimnisse gekommen, wie man Erfüllung und Fruchtbarkeit erlangt, belegen häufig durch ihren eigenen Stress, durch moralisches Fehlverhalten oder geistige Leere, dass dem nicht so ist.

Religiöse Aktivität wird nie zu der Fruchtbarkeit und Erfüllung führen, die Jesus seinen Jüngern verheißen hat. Als Jesus sie in einen Weinberg führte, wollte er, dass sie verstehen: Der Weg zur Fülle des Lebens führt durch die Realität einer Beziehung – nicht durch das Befolgen einer Religion.

Schon vor langer Zeit bin ich von meinem heimatlichen Hof in städtische Gefilde umgezogen. Meine Tage sind nicht mehr durch den Weinbau, sondern durch Computer, Autos und andere technische Errungenschaften unserer Zeit geprägt. Wie leicht wird man von der Vorstellung verführt, geistliches Wachstum ergebe sich aus der sorgfältigen Befolgung von Prinzipien und Ritualen, anstatt durch die eher natürlichen Realitäten einer wachsenden Beziehung.

Wir sind Organismen und keine Maschinen. Wie geistliches Wachstum geschieht, hat mehr mit den vier Weinstöcken gemeinsam, die heute in meinem Garten wachsen, als mit dem Computer, auf dem ich diese Zeilen tippe. Aus diesem Grund gebraucht die Bibel, wenn es um geistliches Wachstum geht, so lebendige Bilder, wie die vom Wachstum eines Weinstocks in einem Weinberg und dem Wechsel der Jahreszeiten, der sein Wachstum beeinflusst.

Lassen Sie uns nun gemeinsam in den Weinberg gehen. Wir wollen gemeinsam mit dem Vater des Weinbergs die Rebzeilen entlanggehen und uns ansehen, wie die Reben wachsen und Frucht tragen. Dabei werden wir immer mal wieder anhalten, das Blattwerk beiseiteschieben und über den wundervollen Prozess staunen, wie ein Weinstock Frucht trägt. Lassen Sie sich vom Vater zeigen, was Sie vom Weinberg lernen können und welches Geheimnis dahinter steckt, dass man die Fülle der Freude und Fruchtbarkeit findet, die er jedem, der an ihn glaubt, versprochen hat – Sie inbegriffen!

Kapitel 3

Die Jahreszeiten des Weinbergs

Für alles gibt es eine (bestimmte) Stunde und für jedes Vorhaben unter dem Himmel (gibt es) eine Zeit: Zeit fürs Gebären und Zeit fürs Sterben, Zeit fürs Pflanzen und Zeit fürs Ausreißen des Gepflanzten.

Der Prediger Salomo 3,1-2 (ELB)

Wer hat Ihnen weißgemacht, an jedem Tag müsse es eine Ernte geben bzw. Fruchtbarkeit gehe aus Tagen großer Freude und Leichtigkeit hervor?

Wer den Lebenszyklus eines Weinbergs nicht verstanden hat, gibt sich gerne der Illusion hin, alle Tage sollten gleich sein, das Leben sei eine fortwährende Ernte, oder ein gesegnetes Leben sei ein Leben, das frei von Herausforderungen und Leiden ist. Solche Menschen werden schnell frustriert, wenn ihre Umstände nicht in ihre sorgfältig erstellten Pläne passen, als hätten sich Gott und Himmel gegen sie verschworen.

Man kann das Leben im Weinberg jedoch nicht verstehen, wenn man die Jahreszeiten nicht berücksichtigt, die sein Leben und den Prozess diktieren, den Gott benutzt, um die Reben Frucht tragen zu lassen. Man braucht alle vier Jahreszeiten, um eine Ernte zu bekommen. Es ist nicht so, dass eine davon wichtiger wäre als die anderen; jede hat ihre Funktion in diesem wunderbaren Prozess. Ohne die bittere Kälte im Winter kann die Rebe nicht beschnitten werden. Ohne die heißen Tage im Sommer werden die Trauben nicht reif.

Mein Computer arbeitet immer gleich – ob an einem Morgen im Januar oder an einem Nachmittag im Juli. Wenn ich etwas eintippe, reagiert er. Das trifft aber nicht auf die Weinstöcke am Hang vor meinem Fenster zu; sie richten sich nach den Jahreszeiten. Der Winter macht dem Ausbruch des Frühlings Platz, der Frühling dem überbordenden Sommer, der Sommer dem sanften Herbst, der Herbst der Kälte des Winters. Das war so seit der ersten Morgendämmerung und wird bis zur letzten weitergehen.

Unsere Erdachse hat eine bemerkenswerte Neigung, die dafür sorgt, dass die Sonne im Lauf eines Jahres das größtmögliche Gebiet unseres Globus erreicht. Dieser sorgfältig eingerichtete Kreislauf bewirkt in jeder Hemisphäre einen nie endenden saisonalen Zyklus. Wenn die Sonne ihre Strahlen über die nördliche Hemisphäre ergießt, erleben wir die heißen Sommertage, während der südliche Teil unseres Erdballs noch im Winter steckt. Unsere Tage sind länger, ihre kürzer. Aber im Juni fängt die Sonne an sich nach dem Süden zurückzuziehen. Jetzt werden unsere Tage kürzer und ihre werden länger. So sehr die Leute die Sommertage genießen, so sehr ist der Winter für die Fruchtbarkeit der Weinstöcke nicht weniger bedeutsam.

Der Winzer ist bei seiner Arbeit im Weinberg immer von den Jahreszeiten abhängig. Sollte er Trauben im Frühling zu ernten versuchen, wird er nur ganz winzige Ansätze der späteren Ernte vorfinden. Niemand wird solche Trauben essen wollen. Nimmt er den Rebschnitt im Sommer vor, schädigt er den Weinstock. Die Jahreszeiten bestimmen, was der Winzer in seinem Weinberg tut.

Jeder, der schon seit geraumer Zeit dem Herrn Jesus nachfolgt, hat erfahren, dass Gott an uns zu verschiedenen Zeiten auf unterschiedliche Weise handelt. Manchmal sprudelt unser Leben vor Freude und Leichtigkeit über. In allem, was wir unternehmen, spüren wir, wie Gott handelt, und wenn wir die

Bibel öffnen, springen uns die Worte schier entgegen und sprechen uns direkt an.

Dann gibt es andere Zeiten, in denen unsere Freude aus tieferen Schichten unseres Wesens kommen muss, wenn wir mit schmerzlichen oder leidvollen Umständen zu kämpfen haben. In solchen Zeiten Gottes Stimme zu erkennen ist nicht einfach. Nöte bedrängen uns von allen Seiten, und vielleicht tun wir dann mehr Buße, als dass wir vor Freude umherspringen. Haben wir noch nicht verstanden, dass Gott mit uns durch verschiedene Zeiten geht, dann verfallen wir leicht in den Irrtum, Zeiten des Hochgefühls seien das Kennzeichen für echtes Christsein, und alles, was nicht daran heranreicht, sei ein Beweis von Gottes Missfallen.

Betrachten wir das Leben Jesu: Wir finden darin Zeiten, in denen er voller Freude ist, aber auch andere, in denen er zutiefst betrübt ist und nur noch „mit lautem Schreien und unter Tränen gefleht hat“ (Hebr 5,7). Wir sehen ihn, wie die Menge ihn lautstark bedrängt, sich ihrer anzunehmen, und ein anderes Mal, wie er sich die Zeit nimmt, auf einem Berg allein mit dem Vater zu sein. Einmal verwandelt er auf der Hochzeit eines jungen Paares Wasser in Wein, und später vertreibt er Geldwechsler aus dem Tempel.

Jesus hatte keine Angst, die wechselnden geistlichen Zeiten in seinem eigenen Leben und auch im Leben der anderen als gegeben anzunehmen. Er folgte keinem festen Gesetz, das ihn durch jedes Geschehen leitete, dem er sich ausgesetzt sah. Jesus überließ sich vielmehr dem, was er den Vater tun sah, und achtete in jeder Situation darauf, dass er dessen Willen tat.

Wir täten gut daran, ihm darin zu folgen. Damit wir geistlich wachsen, brauchen wir ständig wechselnde Situationen, in denen Gottes Wirken auf unsere aktuellen Umstände zugeschnitten ist. Diese Jahreszeiten werden nicht von der Sonne bestimmt, sondern vom Vater. Dabei spornt er uns an, Frucht hervorzubringen. Er leitet uns in eine gesunde Balance zwischen freudigen und herausfordernden Momenten, zwischen fleißiger Arbeit und regenerierenden Ruhepausen.

Jede Jahreszeit bietet etwas, was der Weinstock für sein beständiges Wachstum braucht. Der Frühling bringt den nötigen Regen und milde Tage, die dem Wachstum guttun, ohne dass die brennende Hitze zuschlägt. Im Sommer gibt es dann genug Sonne, um die Trauben reifen zu lassen. Der Herbst bietet die Gelegenheit, die Ernte ohne Furcht vor Regen einzubringen, und verhilft dem Weinstock, sich vor Wintereinbruch zu erholen. Der Winter sorgt schließlich für die dringende Vegetationsruhe und schenkt die Gelegenheit, die Weinstöcke auf eine neue ertragreiche Zeit vorzubereiten. Ohne den Wechsel der Jahreszeiten gäbe es keine Frucht.

Das Gleiche gilt für unseren geistlichen Weg. Fruchtbarkeit erwächst aus Gottes Prozess, dass er unsere täglichen Schwierigkeiten dazu benutzt, unser Leben für seine Zwecke umzugestalten. Gottes Ziel mit uns ist nicht, dass wir ständig in der Erntefreude leben. Die Frucht reift in den schwierigen, von Herausforderung und Ausdauer geprägten Tagen. Verstehen wir den Wechsel der Jahreszeiten nicht, dann werden wir letztlich dem Wirken Gottes widerstehen, anstatt uns darauf einzulassen.

Ungesunde Religion bringt den Leuten bei, ihre Bemühungen könnte Gott dazu veranlassen, sie mit Wohlstand und mit seiner Gunst zu segnen: Wenn wir Gutes tun, auf die rechte Weise beten oder ein gutes geistliches Leben führen, können wir Gott dazu bringen, das zu tun, was wir wollen. Ohne das offen zuzugeben, will Religion den Leuten beibringen, sie könnten Gott manipulieren, ihnen zu Willen zu sein. Wer dieser falschen Lehre glaubt, landet in Verzweiflung, wenn seine Umstände sich nicht so verändern, wie er es will. Er zieht dann den Schluss, Gott vernachlässige ihn oder er sei einfach nicht in der Lage, Gott zufriedenzustellen.

Um uns in Gottes Prozess der Fruchtbarkeit einzuklinken, sollten wir viel weniger Mühe darauf verwenden, unsere Umstände zu ändern. Dann werden wir eine viel größere Freiheit erleben, zu lernen, auf Gott einzugehen, während wir durch unsere Umstände gehen. Was Gott dabei in uns verändert, wird viel wichtiger als unser Wohlergehen. In jeder Saison werden wir etwas gewinnen, das wir zum beständigen Wachstum benötigen. Wenn wir ständig in irgendeiner Jahreszeit unseres Lebens verweilen könnten, würde keine Frucht wachsen. Gehen wir stattdessen in jeder dieser Zeiten auf Gott ein, dann geben wir seinem Wirken Raum und können sogar diejenigen Dinge loslassen, die wir lieben, wenn die Zeiten sich ändern. All das gehört zu dem Prozess, uns fruchtbar zu machen.

Wir können sowohl die Vorzüge eines jeden Zeitabschnittes genießen als auch die Herausforderungen ertragen, damit geschieht, was Gott langfristig mit uns vorhat, denn jede Jahreszeit hat auch ihre Herausforderungen. Den Gefahren, die Unkraut und Schädlinge mit sich bringen, kann begegnet werden, aber sie können nicht aufgehalten werden. Ohne den Winterschnitt und das Herrichten im Frühling gibt es kein Wachstum. Das Gleiche gilt für die langen, heißen Sommertage, welche die Frucht reifen lassen.

Jesu Beispiel am Kreuz lehrt uns, dass wir inmitten von Schmerzen das Leben feiern können. Nicht jedes Leiden ist schädlich – es kann genau die Frucht hervorbringen, die dem Vater große Freude bereitet. Obwohl der Vater nie an dem, was uns Schmerzen bereitet, Freude empfindet, so ist ihm doch bewusst, wie notwendig manches davon ist, um uns in die Fülle seiner Herrlichkeit zu bringen.

Wir werden unsere Reise im Frühling beginnen und dann unsere Wanderung durch den Weinberg in seinen verschiedenen Jahreszeiten fortsetzen. Beim Beobachten der Phasen, die der Weinstock durchläuft, achten wir auf Parallelen in unserem geistlichen Leben. Wenn wir Gottes Hand in diesen Zeiten entdecken, sind wir besser darauf vorbereitet, sein Wirken in unserem Leben wahrzunehmen, und weniger darauf aus, Gott zu veranlassen, unsere Umstände zu verändern, damit wir uns wohler fühlen.

Bevor wir damit anfangen, erlauben Sie mir bitte, einen wichtigen Unterschied zwischen den Zeiten im Weinberg und denen in unserem Leben deutlich zu machen. Im Weinberg ertragen alle Reben gemeinsam die gleichen klimatischen Gegebenheiten.

Sie alle werden im Winter beschnitten, im Frühling und im Sommer kultiviert und im Herbst abgeerntet.

Sie werden bald entdecken, dass dies nicht gleichermaßen für unser geistliches Leben gilt. Gott handelt mit jeder Rebe seines Weinstocks ganz individuell und achtet sorgfältig auf ihr einzigartiges Wachstum. Und da unsere Zeiten nicht durch die äußere Umwelt bedingt sind, können sie verschieden sein von denen einer anderen Person aus unserem Umfeld. Vielleicht ist mir gerade eine Erholungspause des Winters vergönnt, während mein Nachbar das Vergnügen des Herbstes genießen darf.

Darum warnt uns die Bibel immer wieder davor, uns mit anderen zu vergleichen, weil wir sonst leicht verwirrt werden (vgl. 2 Kor 10,12). Wenn wir uns mit einer anderen Person vergleichen, dann vergleichen wir oft das Beste, das in deren Leben momentan vor sich geht, mit dem Schlimmsten in unserem eigenen. Anstatt die Vegetationsruhe zu genießen und die Erfrischung zu sehen, die Gott mir in meinem geistlichen Winter beschert, starre ich stattdessen auf die Umstände, die mir das bringen: verringerte Aktivität und frische Wunden durch die gerade erlittene Beschneidung. Wenn ich die Person betrachte, die sich gerade mitten in der fruchtbaren Ernte befindet, sehe ich ihre Freude und ihr Jubilieren und vergesse das Risiko und die Beschneidung, die in dieser Zeit ebenfalls dazugehören. Dieser Vergleich hat auch noch eine ironische Pointe: Eine Rebe, die überwintert, mag sich nach dem Herbst sehnen, während die Reben, die dem Trubel des Herbstes ausgesetzt sind, sich wohl eher nach dem Frieden und der Gelassenheit des Winters sehnen!

Alle Kinder Gottes wären viel besser dran, wenn sie damit aufhörten, sich nach etwas Besserem umzusehen und sich stattdessen auf das gegenwärtige Wirken Gottes einließen.

Gott hört nie auf zu wirken. Jesus hat uns das bekräftigt (vgl. Joh 5,17). Manchmal mag es nicht danach aussehen, weil wir sein Handeln in den Ablenkungen oder Herausforderungen, denen wir ausgesetzt sind, verpasst haben oder weil er nicht das tut, was er unserer Meinung nach tun sollte. Anstatt mich mit anderen zu vergleichen oder mich zu beschweren, sollte ich lieber darauf achten, was Gott in meinem Leben gerade tut. Das ist der Schlüssel für den Wandel mit Gott.

Er bestimmt die Zeitabschnitte unseres Lebens – wann Beschneidung dran ist, wann wir neue Nahrung brauchen, wann die Ernte unserer Frucht eingebracht wird. Wir sind seine Jünger, und er möchte uns darin unterweisen, wie man ihm nachfolgt.

FRÜHLING

Neues Leben beginnt

Denn siehe! Der Winter ist vorbei, die Regenzeit ist vorüber, ist vergangen, die Blumen zeigen sich im Lande, die Zeit des Singens ist gekommen, und die Stimme der Turteltaube lässt sich hören in unserm Land. Der Feigenbaum rötet seine Feigen, und die Reben, die in Blüte stehen, geben Duft. Mach dich auf, meine Freundin, meine Schöne, und komm!

Das Hohelied 2,11-13 (ELB)

Der Frühling im Weinberg verbreitet lauter Hoffnung und Verheißung, während die frischen Triebe aus dem Weinstock sprießen und sich der warmen Sonne entgegenstrecken, welche die Reben in ihr Licht taucht und in einen neuen Zyklus der Fruchtbarkeit einlädt.

Kapitel 4

Es gibt immer Hoffnung

Ferner wollen wir unbeirrbar an der Hoffnung festhalten, zu der wir uns bekennen; denn Gott ist treu und hält, was er zugesagt hat.

Hebräer 10,23

Zunächst langsam und fast unmerklich regen sich die Reben. Die wärmende Luft des Nachmittags zeigt das Ende des Winters an. Der Weinstock reagiert darauf mit aufsteigendem Saft, der durch den Stamm in die Reben fließt. Winzige Tropfen des Saftes glitzern am Ende der frisch beschnittenen Reben[1] und die Knospen fangen an zu schwellen, doch sonst gibt es noch kein anderes Lebenszeichen.

Im Weingut sind die Reben nicht die Ersten, die den Frühling ankündigen. Die weißen Blüten des Mandelbaums und das leuchtende Rosarot des Pfirsichbaums öffnen sich viel eher. Der Weinstock lässt sich Zeit und ist nicht bereit, seine zarten Blätter zu öffnen, bevor die Frostgefahr vorüber ist.

Dann an einem Tag, wie auf Verabredung, öffnen sich auch die Knospen der Weinstöcke, und, wenn man die Rebzeilen mit seinen Blicken verfolgt, kann man einen zartgrünen Schimmer wahrnehmen. Winzige Blättchen winden sich aus

---

[1] Sie beginnen aus den Schnittstellen zu „weinen", wie der Winzer sagt (Anm. d. Übers.).

den sich öffnenden Knospen und streben dem Himmel entgegen. Die zarten Schösslinge haben ein schillerndes Grün, fast durchsichtig gegen die Strahlen der aufgehenden Sonne. Sie sind weich und biegsam. Der Frühlingsregen und die angenehm wärmende Sonne an den folgenden Tagen fördern das rasche Wachstum und setzt den Rebzeilen der Weinstöcke einen frischen grünen Ehrenkranz auf. Jedes Blatt ist frisch und rein und streckt sich aus, die Sonne zu erhaschen. Unter den Blättern kommen die Blüten zum Vorschein und deuten schon auf die Monate später stattfindende Ernte hin.

Die Fruchtbarkeit des Weinstocks beginnt in den ersten Frühlingstagen, und so verhält es sich auch mit unserer geistlichen Entwicklung. Auch unsere Fruchtbarkeit fängt in einer Saison an, in der unser Leben durch überschäumende Liebe, Freude, Schönheit und große Erwartungen geprägt ist. Das ist die Zeit, in der uns Gottes Liebe mit Freude überwältigt, in der wir seine Gegenwart bei jeder Bewegung zu berühren scheinen und wo unser Herz voller Begeisterung ist, ihn zu kennen.

Wir vernehmen seine Stimme mit bemerkenswerter Klarheit und stellen fest, dass unser Glaube allen Umständen gewachsen ist, insbesondere weil wir in dieser Zeit so wenigen Herausforderungen begegnen. Wir sind voller Hoffnung und Zuversicht für die kommenden Tage und strotzen vor Vertrauen, dass Gott fähig ist, unsere Hoffnungen eintreffen zu lassen. Weil der Frühling den kälteren und schwierigeren Tagen des Winters auf dem Fuße folgt, ist er stets willkommen. Jeder Tag bietet ein frisches Abenteuer in der Gnade Gottes.

Dies ist die Zeit, in der unsere Verbindung mit Jesus gefestigt wird. Er ist der Weinstock; wir sind die Reben. Unser Leben kommt von ihm, und Momente des Friedens sind die beste Zeit, um diese Freundschaft zu pflegen. Die meisten begnügen sich allerdings damit, sich in der Leichtigkeit des Frühlings dahingleiten zu lassen, und verpassen die Gelegenheit, ihre Freundschaft mit ihm zu vertiefen. Es gibt viele, die ihre geistliche Reise zwar angefangen haben, sich aber dann irgendwie verirrt haben, als die Umstände schwieriger wurden. Wachsende Zweifel, ein unfreundliches Wort eines Freundes oder eine ungesunde Beschäftigung mit den Dingen dieser Welt führten dazu, dass sich ihr Herz allmählich von Gott abwandte, hin zu eher irdischen Genüssen.

Der Frühling ist die beste Zeit, um mit Jesus vertraut zu werden, sodass unsere Verbindung tiefer wird. Wir werden das in den kommenden Tagen viel mehr benötigen als jetzt, wenn sich unser Leben so voll anfühlt. Das ist auch die beste Zeit, um zu lernen, seiner Stimme zu folgen, und die Wege kennenzulernen, die er mit uns geht.

Ist das nicht der Fall, werden wir Monate später mit Wehmut auf diese verheißungsvollen Tage zurückschauen und voller Frust über unsere gescheiterten Hoffnungen sein. Wir werden uns irrtümlicherweise fragen, weshalb wir uns nicht ernsthafter bemüht haben, oder gar Gott die Schuld geben, er habe sich von uns zurückgezogen. Wir erkennen dabei nicht, dass wir es ja waren, die sich nicht die Zeit genommen haben, die wir ja hatten, um ihn und die Tragfähigkeit seiner Liebe besser und tiefer kennenzulernen.

Kapitel 5

Ein Vater, dem man vertrauen kann

Ich bin der wahre Weinstock, und mein Vater ist der Weinbauer.

Johannes 15,1

Mein Vater ist der Weinbauer, sagte Jesus seinen Jüngern in dieser Nacht. Während Jesus der Weinstock ist, ist sein Vater der Herr des Weinbergs. Je nachdem, welche Sicht von Gott Sie haben, kann das eine gute oder eine schlechte Nachricht sein.

Leider nehmen viele Menschen Jesus nur deshalb als Retter an, weil sie vor den Konsequenzen Angst haben, falls sie es nicht tun. Für sie ist Gott keine liebenswerte Person, sondern ein Angst einflößender Richter, der sich über sündiges Verhalten ärgert und bereit ist, diejenigen zu strafen, die sich nicht nach seinen Regeln richten. Sie glauben, der Herr des Weinbergs handle nach dem Motto „Wer die Macht hat, hat recht“.

Menschen, die in dieser Angst groß geworden sind und die Vorstellung haben, Gott habe im Weinberg die Oberaufsicht, sind voller Unruhe. Sie erkennen wahrscheinlich nicht, dass ihre Ängste und die Besorgnis, ihn zu verärgern, dem Prozess der Fruchtbarkeit ein Ende setzt. Solche Gedanken findet man vor allem bei Menschen, die die Erfahrung gemacht haben, dass sie sich den Machtansprüchen anderer Menschen auf ihr Leben nicht widersetzen konnten. Mobbing in der Schule und – noch schmerzhafter – dominante Väter und Autoritätspersonen können einem diese Lektion nur zu gut vermitteln: Sie nutzen andere für ihre eigenen Zwecke aus und lassen sie dann fallen, wenn sie sie ausgebeutet haben.

„Wer die Macht hat, der hat recht" bedeutet für eine missbrauchte Person: Der Starke kann sich alles leisten und kommt ungestraft davon, während jeder andere ihm hilflos ausgesetzt ist.

Eine solche Vorstellung vom Herrn des Weinbergs könnte verkehrter nicht sein.

Ich kenne ein junges Ehepaar, das ein chronisch krankes Kind hat. Es könnte sein, dass es nie das Erwachsenenalter erreicht. Ihren flehentlichen Bitten zum Trotz hat Gott noch nicht sichtbar eingegriffen. Tag für Tag erleben sie, wie ihr Kind unter Schmerzen leidet, und befürchten, dass es bald sterben könnte. Sie sind dabei völlig irritiert, was Gott wohl dadurch mit ihnen vorhat.

Ich leide jedes Mal mit ihnen, wenn ich für sie bete, denn ein Stück weit kann ich mich in sie hineinversetzen. Unser eigenes erstgeborenes Kind, ein Mädchen, litt bei der Geburt unter schwerer Gelbsucht. Jeden Tag hüllten wir sie in warme Decken, um sie gegen die beißende Winterkälte zu schützen, und fuhren sie zur Blutentnahme in die Klinik. Sie schrie vor Schmerz.

Wir verfolgten die ersten fünf Tage, in denen die Blutwerte weiter anstiegen. Der Arzt informierte uns, falls die Werte nicht fielen, müssten wir sie im Krankenhaus lassen. Obwohl ihr Zustand nicht lebensbedrohlich war und ihre Schmerzen relativ klein, weiß ich noch, wie verzweifelt ich eines Nachmittags auf der Heimfahrt war und dass mich fragte, warum wir nur unsere Tochter nicht nach Hause holen und wie andere Eltern einfach Freude an ihrem Kind haben könnten.

Wenn ich an das junge Paar denke und meinen Fünftagefrust auf acht Jahre hochrechne, bekomme ich eine Ahnung vom Ausmaß an Verzweiflung, das die Eltern durchmachen. In ihrer Situation mag der Hinweis, wir müssten Gott vertrauen, weil er so viel größer ist als wir, nicht gerade tröstlich sein.

Wenn wir ihn als den Eigentümer des Weinbergs sehen, können wir Gottes Autorität verstehen und auch, dass wir ihm Rechenschaft schuldig sind. Er ist schließlich Gott, und wir erwarten nicht weniger als das. Bleiben wir aber hier stehen, dann wird das zu einem sehr verzerrten Bild von Gott führen. Wir dürfen nicht nur die Autorität sehen, die ihm eigen ist, sondern auch, wie er diese ausübt.

Jesaja führt uns auf bewegende Weise vor Augen, wie Gott sich leidenschaftlich um seinen Weinberg kümmert (vgl. Jes 5,1-7). Er wacht über ihn Tag und Nacht, damit ihm niemand Schaden zufügt. Er bewässert seinen Garten regelmäßig. Jesus wollte seinen Jüngern vor allem eines verständlich machen: Sein Vater liebt sie mehr, als irgendjemand sonst sie lieben könnte. Das ist das wachsende Vertrauen, aus der Erfüllung und Fruchtbarkeit erwachsen.

Das Wort aus Johannes 15, das meist mit *Weingärtner* oder *Weinbauer* übersetzt wird (geórgos), meint eigentlich eine Person, die sich innig um das Wachstum und die Pflege der Pflanzen kümmert. Das – so Jesus – spiegelt die Rolle des Vaters im Weinberg wider. Gott ist nicht nur der Ehrfurcht gebietende majestätische Schöpfer von allem, er ist auch ein sanfter und zärtlicher Gott, der das, was er geschaffen hat, mit einer überwältigenden Liebe behandelt. Das Gleichnis vom Weinberg vereint beide Aspekte von Gottes Wesen und bietet sie uns in einer dynamischen Spannung dar, die Gott äußerst anziehend macht. Er ist um jede Rebe mit inniger Liebe besorgt.

Ein Abbild dieser liebevollen Fürsorge habe ich in den Augen meines irdischen Vaters in Bezug auf seinen eigenen Weinberg entdeckt. Er gehörte zu einer aussterbenden Generation von Familienbetrieben. Er kümmerte sich um seine eigenen Weinstöcke und weigerte sich, mehr Land zu kaufen, als er selbst bewirtschaften konnte. Er hätte nie Manager einer Winzergenossenschaft sein können. Wären Sie an seinem Weingut vorbeigekommen, dann hätten Sie ihn (oder seine Kinder) wohl draußen angetroffen, wie er während der eisigen Morgenstunden die Reben beschnitten oder den Traktor durch eine Staubwolke gesteuert hätte.

Als er nicht mehr die Kraft hatte, seinen Weinberg selbst zu bewirtschaften, ging er in Rente und verkaufte sein Weingut. Viele Weingärtner stellen dann Arbeiter an oder verpachten ihr Land, leben aber weiterhin auf dem Hof. Nicht so mein Vater. Er hätte keinen Gefallen daran gefunden, seinen Weinberg Aushilfskräften anzuvertrauen. Er setzte Arbeiter nur für die Arbeit ein, die er selbst nicht schaffte – und selbst das nur mit großem Misstrauen.

Keiner dieser Arbeiter hatte es ihm je recht machen können; nicht etwa weil er sich für den großartigsten Weinbauern der Welt hielt. Er wusste einfach, dass sich niemand sonst derart um seinen Weinberg kümmern würde wie er selbst. Deshalb heuerte er am liebsten Familienangehörige oder Freunde an, die sein Anliegen am ehesten teilten.

Ich habe die Enttäuschung in seinen Augen gesehen, wenn er auf dem Boden liegende Rosinen fand, weil jemand die Schalen[1] umgekippt hatte. Wer nach der Anzahl an vollen Schalen bezahlt wird, dem macht es nichts aus, wenn ein Teil der Ernte herausfällt. Im Gegenteil: Er bekommt ja weniger Lohn, wenn er stehen bleibt, um das Heruntergefallene aufzuheben.

Auch ich habe den Schmerz meines Vaters zu spüren bekommen, als er einmal einen Weinstock entdeckte, den ich nachlässig beschnitten hatte. In meiner Eile, meine Brüder am Ende der Rebzeile einzuholen, hatte ich zu viele gute Reben entfernt; es waren nicht genügend Reben übrig, damit der Weinstock im kommenden Jahr sein volles Potenzial erreichen konnte. Ich weiß noch, dass mein Vater uns mit viel Geduld ermahnte, wir sollten uns genügend Zeit nehmen, um unsere Arbeit besser zu tun.

---

[1] Die Weintrauben werden in diesem Fall beim Pflücken in auf dem Boden liegende Schalen gelegt. Dort trocknen sie und werden so zu Rosinen (Anm. d. Hrsg.).

Aber keine Lektion war wirkungsvoller als die Tatsache, dass ich meinen Vater enttäuscht hatte. Wie ich diesen Weinstock behandelt hatte, hatte ihn verletzt. Das konnte ich ihm von den Augen ablesen, auch wenn er seinen Ärger nicht offen zeigte. Ich starrte auf die guten Ruten (Rebzweige), die nutzlos zu meinen Füßen lagen. *Wenn ich sie wenigstens wieder an den Stamm hätte ankleben können ...*

Weiter vorne im Johannesevangelium wird erzählt, dass Jesus seine Fürsorge um jeden einzelnen Jünger einmal mit einem anderen Gleichnis beschrieb. Vielleicht wusste er, dass uns Menschen die Sorge um Tiere näher geht als die um Weintrauben. Wenn Sie jemals ein geliebtes Haustier hatten, dann verstehen Sie die Liebe eines Hirten für seine Schafe.

> *Ich bin der gute Hirte. Ein guter Hirte ist bereit, sein Leben für die Schafe herzugeben. Einer, der gar kein Hirte ist, sonder die Schafe nur gegen Bezahlung hütet, läuft davon, wenn er den Wolf kommen sieht, und lässt die Schafe im Stich, und der Wolf fällt über die Schafe her und jagt die Herde auseinander. Einem solchen Mann, dem die Schafe nicht selbst gehören, geht es eben nur um seinen Lohn; die Schafe sind ihm gleichgültig* (Joh 10,11-13).

Dies ist ein interessanter Hirte. Wenn es gefährlich wird, ist er bereit, sein Leben für die Schafe einzusetzen – sein eigenes Leben zu riskieren, damit sie in Sicherheit sind. So sehr liebt Jesus die ihm Anvertrauten. Tagelöhner würden das nicht tun; sie würden nur so weit gehen, wie das Risiko von ihrem Stundenlohn gedeckt ist – danach würden sie sich um einen weniger gefährlichen Job bemühen.

Wie käme jemand nur auf den Gedanken, das Leben eines Menschen für ein Schaf zu riskieren? Und was ist mit einem Gott, der sein Leben für das Ihre hingibt? Das ist der Weingärtner, der Sie in seinen Weinberg eingepflanzt hat. Sein Weinstock ist sein eigener Sohn und jede Rebe ein anderer Sohn oder eine Tochter. Diese liebt er mehr, als irgendjemand sonst das je tun könnte.

Ich kann den jungen Eltern nicht erklären, warum ihr Sohn so leiden muss. Obwohl ich ihren Schmerz verstehe, würden die Eltern falsch liegen, wenn sie glaubten, der himmlische Vater sei der Verursacher. Er liebt sie und auch ihren Sohn, und obgleich ich nicht erklären kann, weshalb er ihren Sohn noch nicht geheilt hat, weiß ich: Gott ist nicht schuld an diesem Leiden.

Ihre Gebete und ihr Schmerz sind Gott nicht egal, sondern er leidet mit den Eltern mit. Er möchte sie gerne aus ihrer Situation erlösen und den Schmerz in Herrlichkeit verwandeln. Damit das möglich ist, müssen sie allerdings ihre falschen Schlussfolgerungen loslassen und ihm vertrauen. Enttäuschung und Schmerz können Hindernisse sein, die nicht leicht zu überwinden sind, aber der Vater weiß das. Darum begegnet er uns so behutsam und verständnisvoll.

Der Vater ist durchaus in der Lage, jede Rebe wieder instand zu setzen, ganz gleich, wie zerbrochen sie auch ist. Das bedeutet nicht unbedingt eine schnelle Heilung. Es mag eine Weile dauern, aber der Vater hat Gnade genug, uns unsere Verfehlungen zu vergeben, und er ist stark genug, um jede Krise in etwas zu verwandeln, was ihn verherrlicht.

Auch wenn andere für meinen Vater gearbeitet haben, ließ er ihre Arbeit nicht aus den Augen. Lange nachdem sie schon nach Hause gegangen waren, um sich auszuruhen, pflegte mein Vater durch die Gassen der Rebzeilen zu gehen. Er war immer der Letzte, der den Weinberg verließ. Er pflückte Trauben, die übersehen worden waren, las Rosinen vom Boden auf und befestigte Reben, die herunterhingen, wieder am Draht.

Ich habe beobachtet, dass Gott im Leben seiner Kinder genauso vorgeht. Ganz gleich, was wir erdulden, ganz gleich, was andere an uns versäumt haben – er möchte der Letzte sein, der jeden Bereich unseres Lebens anrührt. Er wird unsere Fehler ausbügeln und ebenso den Schaden heilen, den wir durch den Missbrauch anderer erlitten haben. Er bringt auch aus den grässlichsten Umständen noch Fruchtbarkeit hervor.

Die Geschichte von Josef im Alten Testament ist im Weinberg des himmlischen Vaters kein Einzelfall – sie offenbart, wie sehr er alle seine Kinder liebt. Der Neid seiner Brüder führte dazu, dass Josef als Sklave nach Ägypten verkauft wurde. Aber dort ist Gott immer noch dabei, seinen Plan mit Josef zu verfolgen, auch wenn andere diesem großen Schaden zufügen wollten. Später, als Josef wegen der Unbestechlichkeit seines Herzens verleumdet wurde, gebrauchte Gott Josefs ungerechte Gefängnisstrafe als Sprungbrett, um ihn ins höchste Amt im Reich des Pharaos zu katapultieren!

Trauen Sie Gott zu, dass er das Gleiche auch in Ihrem Leben tun will? Wenn Sie das Angesicht des Vaters suchen, wird er Ihre Verletzungen heilen und Ihr Versagen ausmerzen, indem er beides für Ihr Wachstum verwendet.

Das ist doch wirklich eine gute Nachricht!

KAPITEL 6

Ich bin auserwählt

Nicht ihr habt mich erwählt, sondern ich habe euch erwählt: Ich habe euch dazu bestimmt, zu gehen und Frucht zu tragen – Frucht, die Bestand hat.

Johannes 15,16a

Jeder, der in der Schulzeit bei der Auswahl einer Mannschaft im Sport einmal als Letzter übrig blieb, weiß, wie demütigend es ist, wenn man nicht gewollt wird.

Leider haben viele von uns dieses Gefühl in ihre Beziehung zu Gott übernommen. Wir denken, Gott müsse ja ohnehin jeden nehmen, der zu ihm kommt. Wenn er uns dann anredet mit: *„Ihr seid das von Gott erwählte Volk, ihr seid eine königliche Priesterschaft, eine heilige Nation, ein Volk, das ihm allein gehört ...“* (1 Petr 2,9), bedeutet uns das nicht viel. Und doch gibt es keine größere Gewissheit als die, zu wissen, dass Jesus uns erwählt hat, in ihn eingepflanzt zu werden.

„Ich habe euch erwählt“ – so einfach war das. Die zwölf Jünger waren nicht aus eigenem Entschluss zu ihm gestoßen oder weil sie gerade zur rechten Zeit am rechten Platz gewesen waren. Ihre Teilnahme an seinem Leben war kein glücklicher Zufall. Er hatte sie erwählt.

Ich frage mich, welche Bedeutung diese Worte für Petrus in jener Nacht hatten, als er den Herrn verleugnete. Die Umstände rissen ihn immer rascher in den Abgrund. Gefahr und Verwirrung lauerten in der Dunkelheit. Gewiss dachte er: *Wie bin ich da nur hineingeraten?*

„Ich habe dich erwählt": Diese Worte Jesu mussten ihn förmlich angesprungen haben. Die Ereignisse jener ersten Begegnung waren wohl sehr lebendig in seinem Gedächtnis haften geblieben. Erschöpft von einer langen und erfolglosen Nacht beim Fischen, hatte er gerade die Netze gereinigt, als Jesus ihn ansprach. Was Simon Petrus bis dahin über Jesus wusste, ist nicht überliefert. Wir wissen aber, dass er trotz dieser vergeblich verbrachten Nacht auf Jesu Bitte einging und ihm sein Boot überließ, damit Jesus von dort aus seine Zuhörer mit seiner Botschaft erreichen konnte.

Offenbar war Simon Petrus irgendwie beeindruckt, denn er redete Jesus als „Meister" an, gleich nachdem Jesus seine Ansprache beendet hatte, und er ging sogar auf ein weiteres merkwürdiges Verlangen Jesu ein. Jawohl, er warf die Netze noch einmal aus, obwohl er in der vorigen Nacht nichts gefangen hatte und die Netze wahrscheinlich schon für die nächste Nacht gesäubert und gefaltet waren.

Kaum hatte er die Netze über Bord ausgeworfen, wimmelte es im Wasser plötzlich vor lauter Fischen, die in seine Netze sprangen. Der Fang konnte von ihm allein nicht bewältigt werden und er musste Hilfe anfordern. Obschon er seine Netze nicht aus den Augen ließ, war sein Herz auf diesen unglaublichen Mann gerichtet: „Geh mir aus den Augen, Herr; ich bin ein sündiger Mensch."

Jesus kam dieser Aufforderung nicht nach, sondern lud ihn stattdessen ein, wieder fischen zu gehen – diesmal aber Menschen (vgl. Luk 5,10). Mehr brauchte es nicht. Simon Petrus ließ sein Boot und den größten Fischfang seines Lebens zurück, um sich auf ein völlig unbekanntes Abenteuer einzulassen.

Ich bin zwei Arten von Menschen begegnet, die enttäuscht darüber waren, dass ihre Beziehung zum Retter Jesus sich so wenig real erwies. Die einen klagen Gott an, er würde sich nicht genug um sie kümmern und ihnen nicht helfen. Die anderen, und zu diesen zähle ich Petrus, kommen sich minderwertig vor. Sie fühlen sich zu schmutzig und zu hässlich, um Gottes Gegenwart auszuhalten. Sie sagen zu ihm: „Lass mich in Ruhe“, und wenn er das nicht tut, rennen sie weg.

Petrus jedoch war erwählt worden, und durch diesen einfachen Akt wurden seine Befürchtungen zerstreut. Dies zeigt uns eine erstaunliche Eigenschaft des wahren Weinstocks: Jesus wählt die Reben aus, die das Leben aus ihm beziehen dürfen. Das hatte Petrus nicht in seiner Hand. Er hatte es sich nicht verdient.

Welch dramatischer Unterschied zu allem, was in der damaligen Kultur üblich war (und es auch heute noch ist): „Willst du etwas haben, dann geh los und hol's dir. Niemand wird für dich hingehen und es dir auf dem Silbertablett servieren!“ Das trifft besonders auf die Religion zu. Die religiösen Leiter waren eine Kaste für sich; sie mussten reich sein oder die richtigen Beziehungen aufweisen, um die Leiter bis zur obersten Sprosse zu erklimmen. Jesus umging diesen Prozess einfach in einem Moment. Er ließ alle, welche die Hürden der damals üblichen religiösen Ausbildungswege überwunden hatten, links liegen und wählte Petrus aus: „Ich möchte dich; kommst du mit?“

Jesus richtet die gleiche Einladung an uns – denn im Weinberg seines Vaters sprießen Reben nicht wie von selbst, wie das im Weinberg meines leiblichen Vaters ganz natürlich geschah. Jesu Worte erinnern an einen ganz besonderen Prozess: das *Ein- oder Aufpfropfen*.

Der Apostel Paulus erklärt dieses Verfahren des Einpfropfens in Römer 11,17-24. Er schreibt zwar über Olivenbäume, aber das Gleiche wird auch im Weinbau angewandt. Und obwohl es bei Paulus um Israel und die neue Situation für die heidnischen Völker geht, schildert er einen Prozess, den wir alle persönlich durchlaufen, damit wir am Leben in Gott teilhaben können.

Einpfropfen ist ein erstaunlicher Prozess, bei dem aus zwei Pflanzen eine neue gemacht wird. Es gibt dazu verschiedene Methoden, doch alle gründen darauf, dass ein Zweig von einer

Pflanze abgeschnitten und in den Einschnitt einer anderen Pflanze eingefügt wird. Beide werden dann durch einen Heftverband miteinander verklebt (im Altertum durch Lehm). Während die Wunde heilt, werden beide Pflanzen eins und der neue Zweig zieht seinen Saft aus den Wurzeln der bestehenden Pflanze.

Beachten Sie, dass auf beiden Seiten Wunden erforderlich sind, damit das Pfropfen gelingt. Jesus, unser Weinstock, wurde am Kreuz durchbohrt, um für uns Platz zu machen. Um in Jesus eingepfropft zu werden, müssen auch wir auf eine Weise verletzt werden, dass wir in den für uns vorgesehenen Platz hineinpassen. Deshalb müssen wir uns mit Christi Tod identifizieren und allem, was wir waren, bevor wir unser Leben Jesus anvertraut haben, sterben. Wenn wir nicht von unseren Wurzeln in der Vergangenheit abgetrennt werden, können wir nicht in ihn eingefügt werden.

Wir können nur dann eingepfropft werden, wenn wir glauben, dass er uns erwählt hat. An Jesus zu glauben heißt, dass wir unser Leben seiner Herrschaft unterstellen und in eine vertrauensvolle Beziehung zu ihm hineinwachsen. Das trifft den eigentlichen Kern von Paulus' Analogie. Paulus betont, dass das Einpfropfen unserer alten Natur zuwiderläuft und somit ausgezeichnet unser neues Leben widerspiegelt. Wir können nicht länger auf die natürlichen Neigungen unseres ‚Fleisches' vertrauen, da wir Teil von etwas so wundervollem Neuem geworden sind.

Weshalb ist es für uns so wichtig zu wissen, wer am Anfang wen erwählt hat? Zum einen, weil uns das die Zuversicht gibt, Jesus voller Hoffnung und Freude nachzufolgen, zum anderen aber auch, weil wir daran klar erkennen, was im Weinberg des Vaters grundsätzlich vor sich geht. Alles, was die Reben brauchen, fließt durch den Weinstock. Feuchtigkeit und Nährsubstanzen aus dem Boden werden den Reben im Zeitmaß des Weinstocks zugeführt. Als Weinstock gibt Jesus die Richtung für unser Leben vor. Er bestimmt, was heute für mich dran ist, meine Ziele, meine Nahrung. Ich soll von ihm abhängig werden;

ich gehe auf ihn und das Leben in seinem Reich ein und initiiere nichts. Es geschieht also nichts aus mir heraus, es sei denn, Jesus hat es zuvor so vorgegeben.

Pfropfen geschieht immer Rebe für Rebe. Es erfordert die persönliche Aufmerksamkeit des Weingärtners (des Vaters), wenn er uns beschneidet und in den Weinstock Christus einfügt, und es verlangt eine persönliche Antwort von uns. Jeder Mensch muss ganz persönlich auf ihn eingehen. Unser Gott hat keine Ersatzjünger.

Meine Frau Sara und ich durften beobachten, wie dieser segensreiche Prozess in unserer Tochter ablief, als sie ungefähr zwölf war. Wir unterstützten Julie dabei, eine eigene Beziehung zu Gott zu entwickeln, die nicht von uns abhängig war. An ihrem zwölften Geburtstag eröffneten wir ihr, sie dürfe künftig eine zunehmende Anzahl von Entscheidungen selber treffen, und wir würden ihr dabei helfen zu lernen, die Stimme Gottes zu hören und ihr zu vertrauen.

Das zahlte sich aus! Einmal wurde unsere Tochter zu einer Geburtstagsfeier einer guten Freundin eingeladen; es sollte eine Party mit Übernachtung werden, und weil die Freundin in einem anderen Ort wohnte, war Julie die Einzige, die nicht dieselbe Schule wie die anderen besuchte. Julie hatte schon andere Tagespartys ihrer Freundin besucht und war sich dort als Mauerblümchen vorgekommen, weil alle anderen Mädchen sich so gut kannten.

„Muss ich hin, Daddy?“, fragte sie mich mit weinerlicher Stimme. Wir hatten sie schon oft dazu gedrängt, auf Partys der Kinder zu gehen, die sie zu ihrer eigenen Party eingeladen hatte. „Julie, du bist jetzt zwölf, ich dränge dich nicht dazu. Das ist deine Entscheidung. Nun musst du selber entscheiden, ob das richtig ist.“

Sofort änderte sich ihre Miene. „Sollte ich gehen?“, fragte sie, nunmehr nicht mehr weinerlich. Ich versuchte nicht, sie zu überreden zu gehen, und durch diese einfache Maßnahme war ich nun jemand geworden, der ihr bei ihrer Entscheidung helfen konnte.

„Sie kam zu deiner letzten Party."

„Ich weiß, aber Daddy, keiner kümmert sich dort um mich", antwortete sie mit zittriger Stimme.

„Ich sage nicht, du musst hin. Ich will dir nur helfen, das Für und Wider abzuwägen. Hast du schon darüber gebetet?" Damit erntete ich ein Naserümpfen und diesen „Was soll das?"-Blick.

„Warum gehst du nicht auf dein Zimmer und fragst Gott, was er dazu sagt? Wenn er möchte, dass du gehst, dann geh! Wenn nicht, dann lass es bleiben."

Zwanzig Minuten später erschien sie wieder auf dem Treppenabsatz. „Ich werde auf die Party gehen", sagte sie mit einem breiten Lächeln. Es ist so viel schwieriger, Gott Rechenschaft zu geben als Eltern zu manipulieren, aber es macht viel mehr Freude.

Das war nur eine kleine Sache, durch die sich aber meine Beziehung zu meiner Tochter langsam veränderte. Gott nahm nun die Stelle ein, die ich in ihren ersten Lebensjahren innehatte. Julie hat ein Herz für Gott und den Wunsch, ihm zu gefallen – und ich musste sie freigeben, damit auch sie in diesen Weinstock eingepfropft werden konnte. Ohne selbst eingepfropft zu sein, wird unser Leben mit Gott immer nur leer und belanglos sein. Wir können es uns nicht leisten, dass die Eltern, der Pastor oder ein Autor zwischen uns und Jesus stehen.

Jesus ist auch heute noch dabei, seine Nachfolger persönlich auszuwählen. Er ist derjenige, der uns unseren Platz an seiner Seite garantiert. Er möchte *uns*, nicht unsere Fähigkeiten oder Talente. Welche Ausreden wir uns auch ausdenken, die solches Eingepfropftwerden verhindern sollen – sie müssen sich wie die Einwände von Petrus in nichts auflösen, denn bevor es unsere Entscheidung war, war es die von Jesus.

Was mich an der Wahl des Herrn besonders begeistert: Wenn er mich erwählt, schließt das niemand anderen aus. Wenn sich fünf Personen um eine neue Stellung in einer Firma bewerben, wird die Freude der ausgewählten Person mit der heftigen Enttäuschung der abgelehnten übrigen vier Bewerber erkauft. Aber im Weinberg des himmlischen Vaters gibt es im Leben eines jeden Menschen eine Zeit (ja, sogar zahlreiche Zeiten), in der Gott die Hand nach ihm ausstreckt, um ihn zu erwählen. Jedoch schlagen nicht alle in seine Hand ein, um Teil seines Team zu werden. Viele laufen weg, weil sie nicht bereit sind, ihr eigenes Leben aufzugeben, damit sie sein Leben erhalten.

Ganz gleich, wie ungeliebt ich mich in der Vergangenheit gefühlt habe, ganz gleich, wie beschmutzt ich mich in meiner Sünde fühle – Gott wusste über mich Bescheid, als er mich für sein Team auswählte. Er wollte mich, und genauso will er auch Sie. Die Hoffnung, in seinem Reich Erfüllung zu finden, entspringt dieser einfachen Wahrheit.

Ich weiß nicht, ob Petrus an jenem Morgen, nachdem er Jesus verleugnet hatte, in dieser Wahrheit Trost fand. Jesus hatte ganz genau gewusst, wie schwach Petrus' Fleisch in dieser Versuchung sein würde. Dennoch sagte er immer noch zu ihm und zu den anderen: „Ich habe dich erwählt."

Und wenn er Sie erwählt hat – was spielt da noch eine Rolle?

Kapitel 7

Ihr seid schon rein

Ihr seid schon rein aufgrund des Wortes, das ich euch verkündet habe.

Johannes 15,3

Trage Frucht, oder brenne!

Das scheint der Kern der ominösen Worte *„Jede Rebe an mir, die nicht Frucht trägt, schneidet er ab ...“* von Jesus in Vers 2 zu sein. Die nicht länger ertragreichen Reben entfernt der Weinbauer und verbrennt sie (vgl. Vers 6). Aber Jesus stellte schnell klar, dass seine Worte keine Drohung waren.

Die Jünger, so wie wir auch, haben sich wohl gefragt: „Und was denkt er über mich? Muss ich abgeschnitten werden?“ Deshalb sagte Jesus gleich darauf, wie er sie sah: *„Ihr seid schon rein!“* Fürchtet euch nicht vor der Rebschere! Jetzt ist nicht die Zeit dafür. Ihr seid schon passend für die kommende Jahreszeit beschnitten und vorbereitet. Jesu Einladung, ihm nachzufolgen, hatte sie schon rein gemacht.

Das war nicht ihr eigenes Verdienst, sondern ein Gnadengeschenk Gottes. Jesus wollte ihnen ins Herz schreiben: Das war das leidenschaftliche Anliegen des Vaters – sein Handeln würde das in ihnen bewirken, nicht ihre eigenen Fähigkeiten und Anstrengungen. Trotz all ihrer Schwächen und Ängste, trotz ihrer Begriffsstutzigkeit und ihrem beschränkten geistlichen

Durchhaltevermögen sah er sie als rein an. Er hatte sie durch sein eigenes Wort rein gemacht. Sie hatten wirklich nichts zu befürchten.

Als Jesus seinen ersten Jüngern seinen Herzenswunsch offenbarte, er wolle sie mit seiner Freude erfüllen und in der Welt fruchtbar machen, lud er sie zu einem geistlichen Frühling ein. Nichts ist reiner, als wenn es neu ist – und das trifft in besonderem Maße auf das San Joaquin Valley in Kalifornien zu. Das ist eine Wüste, aber keine, die von Kakteen übersät ist. Überließe man das Tal dem Jahresniederschlag von 250 mm, reichte das nur für ein kümmerliches Buschwerk, das bald unter dem Staub, der in unserem Tal eine solche Plage ist, begraben würde. Zwischen Mai und Oktober regnet es so gut wie nie!

Es würde hier nichts von Wert wachsen, gäbe es hier nicht reichlich Grundwasser, das von der Schneeschmelze aus dem mächtigen Gebirge der Sierra Nevada im Osten gespeist wird. Dadurch wurde diese Wüste in einen Garten verwandelt, eines der fruchtbarsten Gebiete der Erde. Aber dennoch ist der Staub allgegenwärtig, sobald es ein paar Tage nicht regnet. Er haftet auf dem Blattwerk und wird durch die geringste Bewegung aufgewirbelt. Bearbeitet ein Weinbauer mit dem Traktor den Boden, kann er sich bei ungünstigen Windverhältnissen den ganzen Tag in einer Staubwolke befinden, die Hustenreiz auslöst. Selbst in gut abgedichteten Häusern ist der Staub ein großes Problem. Er ist überall.

Der Frühling dagegen ist die einzige Jahreszeit, in welcher der Weinberg ordentlich und sauber ist. Bei unserer Winterarbeit haben wir den Weinberg schön zurückgeschnitten und die Reben perfekt an den langen, nachgespannten Drähten befestigt. Die Gassen zwischen den Rebzeilen sind frisch aufgelockert, das Unkraut ist gejätet. Die biegsamen neuen Triebe und winzigen Blätter strahlen in brillantem Hellgrün, fleckenlos. Der Frühregen hat den Staub gebändigt.

Alles ist unter Kontrolle. Der Winzer lässt seine Blicke über den Weinberg schweifen und ist zufrieden, dass er so schön und ordentlich ist. Alles ist frisch und gerüstet für die bevorstehende Wachstumsperiode.

In diesem Zustand befanden sich die Jünger an jenem Abend. Er hatte sie rein gemacht. Mag sein, dass der Ausdruck „ursprünglich“ die Situation noch besser trifft. Sie waren weder perfekt, noch waren sie reifer geworden. Petrus sollte Jesus in wenigen Stunden trotzdem verleugnen. Sie hatten noch viel über das Reich Gottes zu lernen, das Jesus ihnen vorgestellt hatte. In ihrem Spagat zwischen zwei Welten – der natürlichen, in der sie sich so wohlfühlten, und der geistlichen, die sich vor ihren Augen auftat – machte Jesus sie rein und unschuldig, bereit für das, was die folgenden Tage mit sich bringen würden.

So beginnt ein jeder oder eine jede die eigene geistliche Reise. Jesus findet uns und rüstet uns zu. Er haucht neues Leben in uns hinein und die Alte Schöpfung macht der Neuen Platz.

Jesus benutzt hier ein interessantes Wortspiel, das die meisten Übersetzungen nicht wiedergeben: Das Wort, das er für „rein“ benutzt, stammt aus derselben Wurzel wie das Wort, das er für „beschneiden“ gebraucht. Damit will er verdeutlichen, was durch das Zurückschneiden erreicht werden soll: Es macht die Rebe rein in der ganzen Fülle der Wortbedeutung – nicht nur staubfrei, sondern gut vorbereitet für neues Wachstum. Jesus scheint damit nicht zu sagen, dass die Jünger gerade gestutzt worden waren. Nein, in ihrem geistlichen Leben war das ihr *erster* Frühling. Auch wenn das Thema von Johannes 15 ein Aufruf ist, Früchte hervorzubringen, ging es Jesus an dieser Stelle noch nicht darum.

Schließlich war jetzt Frühling, *nicht* Erntezeit. Sie waren bereit, dass der Prozess, Frucht zu bringen, beginnen konnte. Wachstum im Reich Gottes zielt letzten Endes nicht auf Reinheit ab; das ist nur der Anfang. Jesu Wort selbst macht uns rein und versetzt uns in die Lage, vor Gott wunderschön geschmückt und fleckenlos dazustehen. Das ist die einzige Grundvoraussetzung, um Frucht zu bringen. Weil es sich nur aus der engen Beziehung mit Jesus ergibt, dass wir fruchtbar werden, kann das erst beginnen, wenn wir uns in seiner

Gegenwart wohl fühlen und darauf vertrauen: Dort gehören wir hin!

Jesus hat uns den Weg eröffnet, damit wir – so frisch gereinigt wie eine Rebe im Frühling – zum Vater kommen können. Dasselbe Wort, das Jesus für *rein* gebraucht, benutzt der Verfasser des Hebräerbriefes, wenn er über das gereinigte Gewissen eines Gläubigen im Neuen Bund spricht. Unser Gewissen ist durch das Werk Christi vollkommen gemacht. Es geht nicht darum, dass wir davon ausgehen, uns sei vergeben, weil wir die richtigen theologischen Schritte getan haben, sondern es geht um eine tiefe innere Überzeugung, dass wir trotz unserer Schwächen und Fehler bei Jesus sicher sind.

Das war die Begrenzung der Opfer, die das Alte Testament vorsah. Man hatte daran zu glauben, dass einem vergeben ist, weil man ja ein Opfer gebracht hatte. Aber das Sündenbewusstsein hatte einen noch nicht verlassen. Als jemand, der Gott sowohl unter dem Alten Bund als auch dem Neuen Bund gedient hat und den Unterschied wohl aus erster Hand kannte, rühmt der Autor des Hebräerbriefes die wunderbare Reinigung im Neuen Bund, die uns mit einem vollkommenen Gewissen in Gottes Gegenwart führt (vgl. Hebr 9–10). Keine Schuldgefühle nagen noch an unserem Gewissen, keine Angst vor Bestrafung bleibt zurück. Sein Wort der Vergebung begräbt die Vergangenheit am Fuß des Kreuzes. Durch Jesu Opfer ist alle unsere Befleckung durch Sünde und Auflehnung getilgt.

Wir werden ermutigt, mit Zuversicht und Kühnheit in Gottes Gegenwart zu treten; dorthin gehören wir. Intimität verlangt nach solchem Zutrauen. Erst nachdem die Schuld gesühnt ist, kann daraus Freundschaft erwachsen. Alles, was wir beizutragen haben, um diese Reinigung bereitwillig annehmen zu können, ist, dass wir Buße tun, dass wir uns also davon abwenden, unser Leben nach unseren eigenen Maßstäben zu führen, und uns entschließen, in Gottes Wegen zu wandeln. Das ist die Tür, um von ihm gereinigt zu werden. Das gilt sowohl für das erste Kennenlernen von ihm als auch für jeden weiteren Tag, den wir mit ihm unterwegs sind.

Gott geht es nicht in erster Linie darum, uns von unseren Sünden zu reinigen, sondern er möchte uns helfen zu lernen, wie wir in seiner Liebe leben können. Seine Reinigung ermöglicht dies selbst dort, wo wir uns immer noch in Sünde verstrickt fühlen. Gewiss möchte er, dass unser Innerstes gereinigt wird, um uns von unseren selbstsüchtigen Wegen zu befreien – aber das ist nur die Folge dessen, dass wir uns von Gott geliebt wissen. Weil wir rein sind, können wir in ihm leben, und wenn wir in ihm leben, wächst seine Frucht in uns und verdrängt den Eigensinn unseres alten Verhaltens.

Das Alte Testament vermittelte uns den Eindruck, je rechtschaffener wir sein könnten, umso eher könnten wir uns Gott nahen. Das hat jedoch nie geklappt. Unsere größten Anstrengungen, heilig zu werden, scheiterten jämmerlich. Jesus machte uns klar, dass die Beziehung zu ihm die einzige Tür zur Gerechtigkeit ist. Je enger wir die Beziehung mit ihm leben, desto gerechter wird er uns machen.

Darum steht die Reinigung am Anfang der Reise. Indem Jesus uns rein macht, können wir mit ihm vereint werden, und wenn seine Liebe dann anfängt, uns zu durchströmen, beginnt Jesus unser Leben in einer Weise zu verändern, dass wir aus der Zwangsherrschaft unseres Eigensinns befreit werden zu einem erfüllten Leben in ihm. Wir können jedoch nicht in der Wirklichkeit seiner Liebe leben, ohne festzustellen, dass unser zügelloses Denken anfängt, dieser Liebe zu weichen. Je mehr Jesus den Knäuel unseres Lebens entwirrt, desto freier werden wir von der Sünde.

Hier sollten besonders diejenigen genau hinhören, die unter Missbrauch oder Vernachlässigung in ihrer Kindheit gelitten oder die tief in einen sündigen Lebensstil abgerutscht sind. Solche Erfahrungen bieten dem Feind eine Gelegenheit, uns bestimmte Denkweisen und Vorstellungen einzupflanzen, die zur Folge haben können, dass sich die Betroffenen wie Bürger zweiter Klasse in Gottes Weinberg vorkommen, falls man sich nicht damit befasst. Bleiben Sie da nicht stehen! Gott möchte alle Wunden Ihrer Vergangenheit heilen, damit Sie weitergehen können und die Fülle der Freude in seinem Reich kennenlernen. Falls Sie sich immer noch von Ihrer Vergangenheit befleckt fühlen, dann gehen Sie damit zu Gott, damit er sich darum kümmern kann. Bitten Sie auch andere Christen um Gebet und ihren Rat, die Ihnen dabei helfen können, sich die Reinigung ganz und gar zu eigen zu machen, die Gott Ihnen schon längst geschenkt hat.

Wenn Sie jeden Tag in der Zuversicht aufwachen, dass Gott große Zuneigung für Sie empfindet, dann wissen Sie, dass diese Dinge erledigt sind. Bewahren Sie sich dann für den Rest Ihres Lebens diese Reinheit und halten Sie sie frisch, indem Sie immer aufs Neue umkehren und sich Gott ausliefern. Verhalten Sie sich nicht störrisch, wenn Gott bestimmte Dinge in Ihrem Leben aufdeckt, denn er möchte Ihnen nur Vergebung schenken und Sie in sein Wesen umgestalten.

Wie für die Jünger stellen auch unsere ersten Tage des Glaubens unseren ersten Frühling dar. Nichts beschreibt die Situation derjenigen, die sich neu auf den Weg mit Jesus machen, besser! Wir fangen in seinem Reich von Neuem geboren an, frisch und rein. Das ist jedoch nicht unser einziger Frühling im Reich Gottes. Von Zeit zu Zeit fällt uns auf, dass Gott seine Gegenwart auffrischt und uns erneuert, indem er seine Zusagen bestätigt und uns eine klare Perspektive gibt. Solche Zeiten kommen gleich nach unserem geistlichen Winter, wenn unser Leben für das nächste Werk, das wir für Gott tun sollen, beschnitten und zubereitet wird.

Fruchtbarkeit fängt mit dem Vertrauen an, dass Gott uns rein gemacht hat. Sie beginnt, wenn wir uns in der Gegenwart des Heiligen Gottes ausruhen und entspannen, selbst wenn unser Leben diese Heiligkeit noch nicht widerspiegelt. Das kommt schon mit der Zeit. Zunächst dürfen wir unser Leben einfach im Vertrauen auf seine Liebe zu uns führen und beobachten, was er tut, um unser Leben zu verändern.

Kapitel 8

Wie man die neue Rebe kultiviert

Jede Rebe an mir, die nicht Frucht trägt, schneidet er ab; eine Rebe aber, die Frucht trägt, schneidet er zurück; so reinigt er sie, damit sie noch mehr Frucht hervorbringt.

Johannes 15,2

Im Englischen nennt man sie „suckers" (wörtl. „Sauger"; dt. Wurzeltriebe), und das beschreibt genau, was sie tun. Es sind neue Triebe, die aus dem unteren Stamm des Weinstocks sprießen. Würde man sie dort belassen, dann würden sie den Lebenssaft aus der Rebe saugen, der sonst der Frucht zugutekäme.

Neues Wachstum im Frühjahr ist besonders üppig. Nicht alles davon ist gut. Zu viele Triebe entziehen der Rebe die Kraft. Darum ist eine der wichtigsten Aufgaben des Winzers im Frühjahr, das Wachstum des Weinstocks so zu steuern, dass er gute Frucht bringen kann.

Zum Beispiel müssen diese Wurzeltriebe herausgerissen werden. Manchmal wird anfangs sogar ein Teil der sich bildenden Beerentrauben abgepflückt, entweder weil einfach zu viele dranhängen, oder um sicherzustellen, dass die Trauben, die reif werden, größer und süßer werden. Einige Winzer, die zum Verzehr bestimmte „Tafeltrauben" anbauen, ziehen einen kleinen Graben um den Stamm, damit er die Nährstoffe besser aufnehmen kann.

Wie Winzer beim Erziehen seiner Reben vorgeht, kann man am besten bei den neu gesetzten Weinstöcken beobachten, die ihre erste Wachstumsphase vor sich haben. Wie ein solcher neuer Weinstock kultiviert wird, beeinflusst alle seine weiteren Jahre. Der Winzer reißt jeden Trieb ab, der aus dem neuen Weinstock wächst, bis er die gewünschte Höhe erreicht hat. Er möchte, dass der junge Weinstock nur einen langen Trieb entwickelt. Dies konzentriert die ganze Energie des Weinstocks auf diesen Teil und sorgt dafür, dass er schneller reift und eher Frucht trägt.

Wächst er weiter, kappt der Winzer den Trieb an der gewünschten Höhe, damit die Triebe sich dann von der Spitze verzweigen können. Triebe, die weiter unten herauswachsen, werden wiederum entfernt, damit die Kraft des Weinstocks in die Triebe geleitet wird, die letztlich Frucht tragen werden. Auch in jedem folgenden Jahr muss der Winzer die Triebe entfernen, die zu weit unten am Weinstock wuchern.

Es gibt kein besseres Bild dafür, wie der himmlische Vater uns erzieht. Viele Menschen sehen Disziplin als Bestrafung an, aber das ist sie nicht. Bestrafung ist Vergeltung; sie zielt darauf ab, das Verhalten einer Person zu beeinflussen, indem noch schlimmere Konsequenzen aufgezeigt werden. Die Disziplinierung des Herrn zielt jedoch nicht darauf ab, uns zu bestrafen, sondern will uns dazu befähigen, dass wir wachsen und Früchte hervorbringen. Das hatte der Verfasser des Hebräerbriefes gemeint, als er schrieb:

> *Mit strenger Hand erzogen zu werden tut weh und scheint zunächst alles andere als ein Grund zur Freude zu sein. Später jedoch trägt eine solche Erziehung bei denen, die sich erziehen lassen, reiche Früchte: Ihr Leben wird von Frieden und Gerechtigkeit erfüllt sein* (Hebr 12,11).

Darum erzieht Gott alle, die er liebt. Er möchte uns in seine Fülle bringen, sodass unser Leben gute Frucht hervorbringt. Vor allem bei jungem Wachstum ist das aber ein sanfter Prozess. Der neue

Trieb ist sehr empfindlich und würde leicht abbrechen, wenn der Winzer ihn mit Gewalt umbiegen wollte. Ich bin sicher, dass das unbequem oder sogar schmerzhaft für die Rebe ist.

Gott will, dass wir jede Not als Teil seiner Erziehung ansehen, weil er diese Zeiten dazu gebraucht, um den Eigensinn unseres natürlichen Verhaltens aufzudecken und uns näher zu Jesus zu ziehen.

Oft widerstreben wir Gottes Erziehungsmaßnahmen. Wir meinen, der Weg des geringsten Widerstands sei der beste. Wir sagen uns, jede Einschränkung in unserem Leben müsse Gesetzlichkeit sein, da Gott ja schließlich wolle, dass wir frei sind! Wenn man aber die Triebe des Weinstocks wachsen lässt, wie es ihnen gerade einfällt, würden sie keine Frucht tragen. Sie würden wild durcheinander wachsen und jede Menge Blätter hervorbringen ... Aber es würde die Kraft dafür fehlen, dass es immer mehr Früchte gibt.

Gesetzlichkeit heißt, sich abzumühen, Regeln oder Erwartungen zu erfüllen, die sich Menschen ausgedacht haben, oder zu versuchen, durch Leistung Annahme und Anerkennung von Gott *zu erlangen*. Gott hat uns davon befreit. Dagegen ist Disziplin das Eingehen auf Gottes innere Leitung, mit der er unser Wachstum fördert. Gehorsam ist keine Gesetzlichkeit, sondern unbedingt notwendig, wenn wir fruchtbar sein wollen. Jesus sagte seinen Jüngern, wir könnten nicht in seiner Liebe leben, wenn wir nicht bereit seien, ihm zu gehorchen. Das bedeutet nicht, dass er uns nicht liebt, wenn wir nicht gehorchen – aber wir können seine Liebe zu uns nicht wirklich erfahren, wenn wir daran festhalten, unsere eigenen Wege zu gehen.

Unsere Freiheit in Christus ist die Freiheit, ihm zu folgen. Es ist nicht die Freiheit, zu tun, was wir wollen. Der Herr des Weinbergs beschneidet und formt den Weinstock, um den Fluss des Pflanzensafts in einige wenige gute Triebe zu lenken. So stellt er sicher, dass er fruchtbar sein wird. Indem wir lernen, Jesu Willen zu folgen, anstatt unserem eigenen, erlauben wir dem Heiligen Geist, uns zur Fruchtbarkeit und Erfüllung im Reich Gottes zu führen.

Auf der anderen Seite: Wenn wir uns gegen Gott sperren, werden wir dauernd enttäuscht sein, dass die Zusagen Gottes, die er uns gegeben hat, nie in Erfüllung gehen. Zu viele von uns haben sich in einer Nische unterhalb der Zusagen Gottes eingerichtet. Wir frönen kurzfristig unserer eigenen Bequemlichkeit oder Entspannung und wundern uns dann, warum wir auf lange Sicht nie fruchtbar sind. Fruchtbarkeit erfordert bewusstes Handeln, das oft über den Bereich der eigenen Bequemlichkeit hinausgeht.

Die beste Zeit für Erziehung ist nicht erst, wenn sie unumgänglich ist, sondern schon vorher. Die zarten Triebe eines jungen Weinstocks können abgerissen oder mit ganz geringem Aufwand an die Rebe zurückgebunden werden. Zu dieser Zeit sind die Triebe noch biegsam wie gekochte Spaghetti. Je länger sie werden, umso starrer werden sie. Ein Jahr später würden sie abbrechen, wenn man sie zu stark biegen würde. Ein junger Weinstock kann so erzogen werden, dass er gerade am Pfahl hochwächst, wenn er in der Wachstumsphase sorgfältig daran angebunden wird.

Lernen Sie, darauf zu achten, wie Gott leise zu Ihrem Herzen spricht. Lernen, wie man Jesus nachfolgt, fällt leichter, solange wir jung im Glauben sind, bevor wir im Lauf der Zeit starrköpfig und blind für sein Handeln werden. Darum sind auch die ersten paar Monate unseres Glaubenslebens so entscheidend. Charles Finney stellte fest: Die meisten Bekehrten leben ihr Leben lang nach den Gepflogenheiten und Glaubenslehren, die man ihnen während der ersten drei Monate nach ihrer Bekehrung beigebracht hat. Finney sah diese Zeit als die wichtigste Zeit für die Prägung an, weil die Menschen dann besonders formbar und empfänglich sind. Zu viele Leute sind starr auf falsche oder unvollständige Erkenntnisse festgelegt, wie man Jesus nachfolgt, oft Ratschläge, die sie während ihres ersten Frühlings aufgeschnappt haben.

Der Frühling ist am besten geeignet, um sich Jesu Wege einzuprägen und auf seine Stimme zu hören. Er kann durch die Bibel zu uns reden, durch Hinweise eines Freundes, durch ein

Ereignis in unserem Leben oder einfach durch das, was er unserem Herzen einflüstert. Das lernen wir am besten durch die Praxis.

Sie werden herausfinden, dass die Art, wie er denkt und was er von Ihnen will, oft Ihrer eigenen Weisheit oder Ihren persönlichen Neigungen zuwiderläuft. Wie eine Rebe, die gerade erzogen wird, gehen wir gerne unsere eigenen Wege und missdeuten Gottes Stimme oft, damit sie besser zu unseren eigenen Wünschen passt. Wenn wir seinem sanften Drängen widerstehen, gebraucht er unsere Umstände, damit seine Stimme klarer vernehmbar ist. Das tut uns oft weh, weil unser selbstsüchtiges Streben und unser Vertrauen auf unsere eigene Kraft bloßgestellt werden, für das, was sie sind – vergebliche Versuche, ohne ihn das Leben zu finden. Lesen Sie Psalm 32,8.9:

> *Du hast zu mir gesagt: Ich will dich unterweisen und dir den Weg zeigen, den du gehen sollst. Ich will dich beraten und immer meinen Blick auf dich richten. Seid nicht wie Pferde oder Maultiere, denen der Verstand fehlt und deren Schmuck aus Zaum und Zügel besteht. Damit muss man sie zähmen, denn sonst gehorchen sie ja nicht.*

Wenn wir gewillt sind, seiner sanften Stimme zu folgen, muss Gott nicht Zaum und Zügel schmerzlicher Umstände benutzen. Ich habe Pferde beobachtet, die so gut trainiert waren, dass die leichteste Berührung am Hals oder ein einziges Wort ihres Besitzers genügten, damit es das Richtige tat. Das wünscht sich Gott auch von uns.

Lernen, ihm zu folgen, bedeutet oft, dass man sein Leben für das hingeben muss, was Jesus will, und größere Freude an seinen Wünschen findet. Darum wird Gehorsam am Anfang oft als schwierig und riskant empfunden, aber mit der Zeit sieht man ein, dass seine Wege die besten sind. Dann begreift man instinktiv, dass man bei ihm auf der sicheren Seite ist, ganz gleich, wie die eigenen Umstände aussehen.

So merkwürdig es sich auch anhören mag: Wachstum geschieht am ehesten, wenn wir entspannt in Jesus leben. Wenn wir voller Leben sind, werden wir auch Frucht bringen. Der Prozess kann nicht beschleunigt werden. In jenen ersten Tagen liegt dem Weinbauern ganz besonders daran, für gesundes Wachstum zu sorgen. Er ist sich ohnehin bewusst, dass kein Weinstock schon im ersten Jahr Frucht tragen wird, auch nicht nennenswert im zweiten und im dritten Jahr. Ihm geht es darum, dass der Weinstock auf lange Sicht fruchtbar und gesund ist.

Darum sagte Gott den Israeliten, sie sollten in den ersten drei Jahren keine Frucht verzehren und *„im vierten Jahr sollen alle ihre Früchte unter Jubel dem Herrn geweiht werden; erst im fünften Jahr sollt ihr die Früchte essen, damit ihr künftig umso reicheren Ertrag einsammelt …“* (3 Mo 19,23-25 LUT). Nichts schadet der Gesundheit des Weinstocks mehr als der Versuch, sein Wachstum zu beschleunigen. In der Liebe des Vaters zu leben und seiner Stimme zu folgen, braucht Zeit.

Manche Menschen sind mehr darum bemüht, eine lästige Gewohnheit loszuwerden oder einen in ihren Augen wichtigen Dienst zu finden, als auf entspannte Weise ihre Beziehung zu Gott zu vertiefen. Ich habe ihnen oft erklärt, das Wichtigste sei, zuerst einmal Gott gut kennenzulernen. „Wenn du zwei Jahre lang nichts anderes tust, außer auf ihn zu hören, dann hast du deine Zeit gut verwendet.“ Manche finden diesen Rat hilfreich und reservieren in ihrem Leben genug Zeit, damit diese Beziehung wachsen kann. Andere wischen diesen Rat beiseite, weil sie davon überzeugt sind, dass ihre Ziele und Pläne wichtiger sind. Der erste Weg fördert tiefes Wachstum und eine Reise, die ein Leben lang fortdauert. Der zweite ist ein kurzes Strohfeuer der Leidenschaft und Aktivität, das bald in Ernüchterung endet.

Stehen Sie gerade am Beginn Ihrer Beziehung zu Gott, dann lassen Sie sich entspannt auf die Realität ein, dass Sie geliebt sind, und lernen Sie, seine Stimme zu hören. Lassen Sie sich Zeit. Gott hat keine Eile, Sie anzutreiben, dass Sie Frucht bringen. Falls Sie zu den Menschen zählen, die den wichtigsten Teil dieser Reise verpasst haben, weil Sie sich zu große Sorgen gemacht haben, Ihr sündiges Verhalten loszuwerden, oder einen wichtigen Dienst zu finden – dann ist wohl die Zeit gekommen, noch einmal von vorne anzufangen.

Der Meister des Weinbergs kann Sie direkt in den Frühling (zurück)versetzen. Er kann von Ihrem Rebzweig alle wertlose Aktivität abschneiden und Sie eng an sich ziehen. Sie werden herausfinden, dass es die Fülle in Gott ist, die Sie fruchtbar macht, und nicht umgekehrt, dass Sie durch Fruchtbarkeit Ihre Erfüllung finden.

Kapitel 9

Verheißungsvolle Blüten

In den kommenden (Tagen) wird Jakob Wurzeln schlagen, Israel wird blühen und knospen; und sie werden mit Früchten füllen die Fläche des Erdkreises.

Das Buch Jesaja 27,6 (ELB)

Blüten zeichnen sich nicht nur durch einige der schönsten Farben in der Natur aus, sondern auch durch eine Vielfalt der lieblichsten Düfte. Ein Pfirsichhain in seiner Blüte raubt einem im Frühling schier den Atem – eine hinreißende, leuchtend rosafarbene Wolke, die über der Landschaft schwebt. Der süße Duft eines Orangenhains oder von blühenden Fliederbäumen übertönen schwächere Düfte und beleben die Sinne.

Diese Pflanzenpracht würde man allein schon um ihrer Schönheit willen schätzen. Gott aber schuf die Blüten des Frühlings für etwas, das viel größeres Aufsehen erregt: Sie feiern die Aussicht auf süße Früchte und auf Samen für eine neue Generation.

Anders als bei vielen Pflanzen sind die Blüten des Weinstocks relativ unauffällig und unscheinbar. Unter den schützenden Blättern öffnen sich winzige weiße Blüten. Aus der Ferne nimmt man sie gar nicht wahr. Auch ihr Duft ist nicht gerade betörend. Das süße Aroma ist unaufdringlich und kann nur wahrgenommen werden, wenn man darin geübt ist. Kein Wunder, dass kein Mensch Weinblüten in Blumenarrangements einbinden möchte.

Für den Weinberg bedeuten sie jedoch die Pracht des Frühlings. Es erfordert keinen starken oder gealterten Weinstock, um Blüten hervorzubringen – das tun schon die ganz jungen. Der geistliche Frühling in unserem eigenen Leben ist dadurch gekennzeichnet, dass Jesus selbst uns eine neue Vision und neue Hoffnung gibt. Zu dem Zeitpunkt, an dem wir durch Erneuerung unseres Lebens förmlich explodieren, erlaubt uns Jesus, einen Blick auf die Herrlichkeit zu erhaschen, die uns erwartet.

In Andeutungen, die allmählich an Klarheit gewinnt, bis wir sie nicht länger ignorieren können, schenkt Gott seinen Kindern Zusagen: „Ich möchte, dass meine Leidenschaft dich erfüllt, sodass du mir helfen kannst, kaputte Menschen zu retten." „Ich habe dir die Gabe der Musik geschenkt, damit du die Ketten des Feindes sprengen kannst, so wie Davids Lobpreis den König Saul besänftigte." „Ich werde dich befreien von deinem Gebundensein an die Erwartungen anderer Leute." „Ich werde dich so geduldig wie ein kleines Rinnsal machen, das sich seinen Weg durch ein unwegsames Felsenmeer bahnt."

Fast jeder gläubige Mensch trägt in seinem Herzen konkrete Verheißungen, die ihm viel bedeuten – Zusagen, die Jesus in seine Seele eingehaucht hat – vorausgesetzt, dass er sie noch nicht unter Enttäuschungen und falscher Bescheidenheit begraben hat. Fast immer werden Sie feststellen können, dass diese Zusagen im persönlichen geistlichen Frühling empfangen worden sind, wenn die Beziehung mit Gott eine Zeit freudiger Erneuerung erfährt. Gott hegt in seinem Herzen wunderbare Dinge für einen jeden von uns und enthüllt sie, um uns Hoffnung und Perspektive für die Zukunft zu schenken.

Ein Christ, der die Zusagen Gottes in seinem Herzen trägt, ist ein ebenso schöner Anblick wie eine Pflanze, die in Blüte steht – solange er seine Hoffnung auf das Eintreten der Zusage nicht verliert. Viele gläubige Menschen, selbst einige der Angesehensten der Bibel, dachten, Gottes Verheißungen würden sich schneller erfüllen, als er es selber beabsichtigt hatte. Weinstöcke scheinen es nie eilig zu haben. Sie wissen, dass die Frucht zu ihrer Zeit kommen wird. Wir dagegen scheinen uns nach einem viel schnelleren Zeitplan zu richten als unser himmlischer Vater, weil wir unser Augenmerk eher der Frucht widmen als unserem Vater, der die Frucht ja erst möglich macht.

Von klein auf wollte ich Schriftsteller werden. Ich habe ganze Sommer damit verbracht, Geschichten zu schreiben und von Büchern zu träumen, die ich verfassen würde. Als ich dann älter wurde, bildete ich mir ein, Gott wolle, dass meine Bücher einen tiefen Eindruck auf meine Leser hinterlassen würden; ich schloss daraus, ich würde einmal ein einflussreicher und bekannter Autor sein. Können Sie sich meine Enttäuschung vorstellen, als ich Jahr um Jahr nur Absagen bekam? Selbst als mein erstes Buch herauskam, verkaufte es sich nicht so gut, wie ich erhofft hatte. Es machte mich weder zu dem bekannten Autor noch brachte es mir das erhoffte Einkommen.

Wenn man auf das gewünschte Ergebnis fixiert ist, dann können einem sogar Gottes Zusagen wie ein Bleigewicht um den Hals hängen. Auch mein zweites Buch (eine frühere Version dieses Buches) wurde kein Erfolg und vom Buchhandel nicht angenommen. Kurz danach betrog mich auch noch ein guter Freund und alle meine Träume gingen – zusammen mit Gottes Verheißungen, wie ich dachte – den Bach hinunter.

Ich war völlig entmutigt und zweifelte sogar daran, ob Gott mir überhaupt Zusagen gemacht hatte. Trieb Gott mit mir ein grausames Spiel? War er wie der Vater, der stets verspricht, er würde sich für seine Kinder Zeit nehmen, und dann doch länger bei der Arbeit bleibt? Wie hat das Salomon so schön in den Sprüchen formuliert: *„Hingezogene Hoffnung macht das Herz krank, aber ein eingetroffener Wunsch ist ein Baum des Lebens“* (Spr 13,2).

Hatte ich mich verrannt, indem ich meine eigenen Wünsche mit den Zusagen Gottes verwechselte? Zum Teil war das gewiss so. Gott hatte mir verheißen, meine Schriftstellerei würde Menschen berühren – doch meine Arroganz hatte das unangemessen aufgeblasen. Ich hatte ein Ergebnis erwartet, das nicht dem

Herzen Gottes entsprach. Auch bei anderen Gelegenheiten hatte ich mir Zusagen zurechtgelegt, die meinen eigenen Wünschen entsprachen.

Bevor man sich über Gott ärgert, wenn es nicht so läuft wie erhofft, sollte man lieber zu ihm hin rennen und herausfinden, wie seine Verheißung wirklich lautet.

Hatte ich die Erfüllung zu schnell erwartet und deshalb auch zu schnell aufgegeben? Wir sind schon eine ungeduldige Spezies! Vergehen zu viele Tage, ohne dass wir einen konkreten Beleg für Gottes Verheißung sehen, verlieren wir gleich den Mut. Mir geht es wie Habakuk, dem Propheten des Alten Testaments, der Gott zwei Beschwerden vorbrachte, die beide mit seiner Ungeduld über Gottes Zeitvorstellungen zu tun hatten. Wie fiel Gottes Antwort darauf aus? *„Die Offenbarung gilt erst für die festgesetzte Zeit … Wenn sie sich verzögert, warte darauf; denn kommen wird sie, sie wird nicht ausbleiben!“* (Hab 2,3). Wir vergessen, dass Gottes Verheißung Beweis genug ist. Wenn wir darüber jubeln und geduldig abwarten, wird sich diese Blüte zu einer voll ausgereiften Frucht entwickeln. Seine Zusagen erfüllen sich immer.

Können seine Zusagen unerfüllt bleiben, weil wir nicht auf Kurs geblieben sind und nicht das getan haben, worum Gott uns gebeten hat? Es ist zwar Gottes Sache, seine Verheißungen zu erfüllen, aber wir sind dabei seine Partner. Ignorieren wir seine Führung, wenn er zu uns spricht, dann kann es sein, dass der Plan nicht nach seinem Willen verläuft. Damit möchte ich aber nicht sagen, wir müssten perfekt sein, damit Gott seine Verheißung erfüllen kann. Wenn wir aber nicht im Weinstock bleiben und nicht lernen, aus ihm zu leben, dann kann die Frucht absterben, bevor sie ausreift.

Viele Menschen, mit denen ich zu tun habe, sind zutiefst frustriert, wenn nicht gar wütend auf Gott, weil Zusagen scheinbar unerfüllt geblieben sind und Bedürfnisse anscheinend nicht gestillt wurden. In Gott zu wachsen heißt auch, mit diesen konkreten Problemen zu ihm zu gehen und herauszufinden, was er darüber denkt. Dabei können Sie entdecken, was er Ihnen wirklich versprochen hat, und Ihren Kurs entsprechend berichtigen. Haben Sie erwartet, er würde Ihnen ein Leben ohne Probleme schenken, dann werden Sie entdecken, wie unrealistisch diese Erwartung ist.

Er möchte nicht, dass Sie über seine Zusage verwirrt sind. Was bewegt uns denn, wenn wir jemandem ein Versprechen geben? Wir wollen, dass er sich erst einmal entspannt, im Bewusstsein, dass wir uns in der Zukunft um sein Anliegen kümmern. Auch Gottes Zusagen wollen uns in unseren derzeitigen Umständen beruhigen und nicht zu unserem Frust oder Schmerz beitragen.

Die Bibel ist voller Verheißungen. Damit möchte Gott Hoffnung in uns wecken. Glaube ist die Zuversicht, dass Gott tun wird, was er zusagt. Wenn wir sicher sind, dass er handelt, dann können wir uns entspannen – wir wissen, wir müssen die Zusage nicht aus unserer eigenen Kraft erfüllen. Das gibt uns die Freiheit, auf Gottes Führung einzugehen, anstatt eigene Wege zu suchen, um das zu bekommen, was er versprochen hat. Wenige der Verheißungen Gottes werden auf direktem Wege erreicht. Vergessen Sie nicht: Das Reich Gottes ist ein Reich, in dem man, wenn man sein eigenes Leben retten will, sicher sein kann, dass man es verliert, und in dem man, wenn man Erster sein will, als Letzter endet.

Gottes Zusagen sind letztlich ein Mittel, das er benutzt, um uns zu verändern. Der Hunger, der durch seine Verheißung geweckt ist, unser Bedürfnis, Vertrauen zu lernen, und die Herausforderung, ihm zu folgen, anstatt uns auf unsere eigene Fähigkeit zu verlassen, das alles ist Voraussetzung, dass seiner Frucht in unserem Herzen wächst, und stellt die Verwerflichkeit unserer Wünsche bloß.

In seiner Güte hat er uns auch die größten und kostbarsten Zusagen gegeben. Gestützt auf sie, könnt ihr dem Verderben entfliehen, dem diese Welt aufgrund ihrer Begierden ausgeliefert ist, und könnt Anteil an seiner göttlichen Natur bekommen (2 Petr 1,4).

Durch die ganze Bibel hindurch sehen wir immer wieder, dass Gott seinem Volk Verheißungen gab und sie dann auch erfüllte. Mit diesem Vorgehen veränderte er sein Volk, dass es sich mehr in sein Ebenbild verwandelt. Der Vater des Glaubens, Abraham, ist dafür vielleicht das beste Beispiel. Gott verhieß, ihn zum Vater einer großen Nation zu machen, obschon Abraham keine Kinder hatte. Fünfundzwanzig Jahre lang hielt Abraham an dieser Verheißung fest – weit über die Altersschwelle hinaus, in der er oder seine Frau noch auf natürliche Weise Kinder haben konnten. Weshalb zog Gott das so lange hinaus? Gottes Verheißung hatte gelautet, Abraham zum Vater einer großen Nation zu machen. Das bedeutete mehr, als ein Kind zu zeugen; es bedeutete, dass Abraham zu einem Mann des Glaubens geformt werden musste. Gottes Verheißung bot die Gelegenheit für diese Umgestaltung.

Mir gefällt das Bild, das Paulus in Römer 4 für diesen Prozess benutzt, als Abraham mit der Verheißung Gottes ringt, Gott werde ihn zum Vater einer großen Nation machen. Abraham war weit davon entfernt, sich in dieser Sache perfekt zu verhalten. Im 1. Buch Mose werden sowohl sein Versagen als auch seine Triumphe aufgeführt – und durch beides lernte er, Gott zu vertrauen. Deshalb stellt Paulus ihn uns als ein Vorbild vor Augen, wie man auf Gottes Verheißung mit Zuversicht und nicht mit Frustration reagiert.

„Gott, der die Toten lebendig macht und das, was nicht ist, ins Dasein ruft“ (Röm 4,17b). Gott nannte Abraham den Vater einer großen Nation, schon bevor dieser im Natürlichen ein Vater war. Gott sieht von Anfang an, wie es ausgeht – und genau diese Sichtweise bringt seine Zusagen hervor. Wir lernen daraus, auf Gottes Zusagen zu vertrauen, selbst wenn keine Spur davon zu erkennen ist, ob sie Wirklichkeit werden können.

„Da, wo es nichts zu hoffen gab, gab Abraham die Hoffnung nicht auf, sondern glaubte, und so wurde er der Vater vieler Völker“ (Röm 4,18a). Abrahams Hoffnung bahnte der Verheißung Gottes den Weg, in Erfüllung zu gehen. Hätte Abraham die Hoffnung aufgegeben, hätte er vielleicht noch einen Nachkommen

zeugen können – aber er wäre nicht zu dem Vorbild geworden, das erforderlich war, zum Vater einer ganzen Nation zu werden.

„Abraham war damals fast hundert Jahre alt und konnte keine Kinder mehr zeugen; in dieser Hinsicht war sein Körper gewissermaßen schon tot. Nicht anders war es bei seiner Frau Sara, denn auch sie konnte keine Kinder mehr bekommen. Und obwohl Abraham seine Augen nicht vor dem allem verschloss, ließ er sich in seinem Glauben nicht entmutigen" (Röm 4,19). Glaube leugnet die Tatsachen nicht. Abraham konnte die konkrete Situation betrachten, ohne dass sein Glaube schwach wurde. Glaube, der sich vor der Wirklichkeit verkriechen muss, ist in Wahrheit gar kein Glaube. Obwohl die Tatsachen dagegen sprachen, hatte Abraham eine Verheißung von Gott. Das war Beweis genug, um jede Furcht zu ersticken.

„Statt die Zusage Gottes in Frage zu stellen, wie es der Unglaube tun würde, ehrte er Gott, indem er ihm vertraute, und wurde dadurch in seinem Glauben gestärkt" (Röm 4,20). Als er seine frustrierenden Umstände in seine Beziehung zu Gott einbrachte, hatte Gott das letzte Wort. Abraham konnte Gott die Ehre geben, als sein Vertrauen größer wurde.

„Er war fest davon überzeugt, dass Gott die Macht hat, das, was er zugesagt hat, auch zu tun!" (Röm 4,21). Gott vermag alles zu tun – doch das heißt nicht, dass er es auch tun wird. Abraham hatte seinen Glauben fest darin verankert, dass Gott auch tut, was er gesagt hat. Es war ja nicht Abrahams Idee gewesen, zu einem Vater einer großen Nation zu werden. Vielleicht hatte er sich schon mit dem Gedanken abgefunden, kinderlos zu bleiben, als Gott ihn mit der Verheißung überraschte. Darum ist es für uns so wichtig, dass wir in unserem Leben Gottes Stimme hören. Glaube hängt nicht von Gottes Fähigkeiten ab, sondern von seinem Handeln.

Der Ehemann einer jungen Mutter hatte sie in der ersten Woche nach der Geburt ihres dritten Kindes verlassen. Nun war es an der Zeit, dass sie sich Gedanken über ihre Zukunft machte. Ich war mir sicher, dass sie mich deshalb treffen wollte. Im

Gespräch teilte sie mir dann mit, sie mache sich keine Sorgen – Gott habe ihr versprochen, ihr Mann würde zurückkommen.

Ich prüfte sorgfältig, ob sie das richtig erkannt hatte. Zu oft hatte ich schon erlebt, dass sich Personen an ihre unbegründete Hoffnung geklammert hatten – an Verheißungen, die sie sich eingebildet hatten –, weil sie sich der Wirklichkeit nicht stellen wollten. Das schien auf den ersten Blick auch hier der Fall zu sein, doch irgendetwas in mir sagte mir, ich solle die Aussage der jungen Frau nicht einfach abtun. Wir sprachen offen darüber, ob das von Gott sein könne oder nicht, und obgleich ich ihr nicht sagen konnte, Gott habe es mir bestätigt, so war ich doch davon überzeugt, dass sie sich Jesus unterordnen wollte. Sie wollte nicht vor der Wirklichkeit fliehen.

Ich ermutigte sie, an der Verheißung unerschütterlich festzuhalten und trotzdem dafür offen zu bleiben, dass Gott ihr etwas anderes zeigen würde, falls sie sich geirrt hatte. Neun Monate gingen ins Land ohne ein Zeichen, dass der Ehemann zurückkehren würde. Dann, aus heiterem Himmel, rief er sie eines Tages an. Er bekannte, er habe sie im Stich gelassen, es täte ihm wirklich leid und er wolle wieder nach Hause kommen. In den nächsten Monaten tat Gott ein erstaunliches Wunder und brachte sie wieder zusammen – eine Verheißung war in Erfüllung gegangen!

Gottes Zusagen kommen in Zeiten persönlicher Erneuerung – wie die Blüten im Frühling. Hüten Sie seine Verheißungen; sie können Ihr Herz durch die bevorstehenden schwierigen Zeiten hindurch bewahren, vorausgesetzt, Sie versuchen nicht, die Zusagen selber zu erfüllen. Gottes Verheißungen werden zu *seiner* Zeit eintreffen.

Kapitel 10

Eine Art zu leben

An jenem Tag werdet ihr erkennen, dass ich in meinem Vater bin und dass ihr in mir seid und ich in euch bin.

Johannes 14,20

Nicht jede Rebe, die durch den Frühling gesegnet war, hält durch bis zur Ernte im Herbst. Manche überstehen noch nicht einmal das Frühjahr.

Auch wenn unsere aktuelle Situation nicht gerade schwierig ist, so lauern im Weinberg doch unbemerkte Gefahren. Das gerade begonnene Leben ist ein sehr zerbrechliches Leben. Die einfachsten Dinge können der Fruchtbarkeit ein rasches Ende setzen oder zumindest die Qualität der Frucht mindern.

Im Frühling drohen zwei Gefahren, die Hoffnung auf Ernte zu vernichten. Die erste Gefahr ist ein ungewöhnlich später Frost. Haben die Weinstöcke bereits Knospen getrieben, zerstört ein harter Frost die Knospen und lässt die Weinstöcke fruchtlos zurück. Neue Blätter werden sprießen, aber keine Frucht.

Die zweite Gefahr sind selten vorkommende heftige Hagelschauer. Hagel kann die Blüten zerfetzen; das Ergebnis ist dasselbe wie beim Frost. Blätter werden nachwachsen, aber keine Trauben.

Wären diese Gefahren doch nur auch so selten im Weinberg des Vaters! Wie oft sehe ich Leute unwahrscheinlich von der

Gnade und der Liebe Gottes berührt – aber die anfängliche Begeisterung verblasst schnell, als ob es nur eine vorübergehende Laune gewesen wäre. Ich treffe die Leute dann im selben Zustand an wie früher, und sie fragen sich, ob das alles echt gewesen war. Was ist da passiert? Obschon sie wirklich Gottes Berührung erfahren haben mögen, fanden sie keinen Weg, so auf Gott einzugehen, dass sein Leben in ihrem Herzen Wurzeln schlagen konnte.

Das Frühjahr ist die Saison, in der die Reben naturgemäß ihre Verbindung zum Weinstock vertiefen. Wachstum geschieht nicht bloß, weil Gott uns berührt, sondern weil wir auf diese Berührung antworten, indem wir ihm erlauben, in uns zu wachsen. Jesus hat uns durch das Gleichnis vom Sämann (vgl. Mt 13) gezeigt, wie dieser Prozess der Fruchtbarkeit danebengehen kann. Die Saat ging nicht auf oder gelangte nicht zur Reife, entweder, weil die Menschen nicht verstanden hatten, was er in ihnen tat, oder weil sie ihre Wurzeln nicht tief genug in den Boden getrieben hatten.

Deshalb arbeitet der Weinbauer im Frühling so unermüdlich – um die Reben auf das vorzubereiten, was später auf sie zukommen mag. Im Frühling hat der Weinstock nur wenige besondere Bedürfnisse. Der Regen wässert ihn, der Boden nährt ihn und das Unkraut ist noch viel zu klein, um ihn wirklich zu bedrohen. Der Winzer hat aber schon den Sommer im Visier, wenn das Unkraut wuchert und der Weinstock dadurch ersticken könnte, oder wenn intensive Hitze dem geschwächten Weinstock zusetzt.

An einem Tag pflügt der Winzer das Unkraut unter und ein andermal bringt er Dünger aus. Das alles dient dazu, den Weinstock widerstandsfähig gegen die Unbilden der Natur zu machen und ihn darauf vorzubereiten, dass er die kommenden Zeiten der erhöhten Belastung gut durchsteht. Am besten ist es doch, Vorkehrungen zu treffen, ehe man durch die Ereignisse unter Druck gerät.

Das trifft genauso auf unsere geistliche Reise zu. Lassen wir uns einfach treiben, solange es uns gut geht, und nutzen diese

Zeit nicht, um unsere Freundschaft mit Jesus zu vertiefen, werden wir überrascht, wenn Schwierigkeiten und Anfechtungen auf uns zu kommen. Allzu viele sehen nicht über den Augenblick hinaus. Alles läuft doch so gut, wie es gerade ist! Weshalb sollte ich mich um die Beziehung zu Jesus mühen, wo er mich doch ohnehin zu segnen scheint? Warum sollte ich in der Bibel lesen, wenn Gott doch an allen Ecken und Enden zu mir spricht? Das sind dieselben Leute, die in einer Krise, die sie nicht erwartet haben, hilflos werden, weil ihre Beziehung zu Jesus nicht tief genug ist, um sie durchzutragen.

Der geistliche Frühling ist die Zeit, in der wir unsere Verbindung zum Weinstock kultivieren sollten, damit wir genügend Kraft in Reserve haben. Gerade in Zeiten des großen Segens, wenn Gott uns so nahe ist, können wir am effektivsten gute Gewohnheiten einüben, wie wir uns auf rechte Weise ernähren können. Es fällt uns dann leicht, Gott in unserer Bibellese, in unseren Gebetzeiten und in unseren Treffen mit dem Leib Christi zu erfahren. Es gibt keine bessere Gelegenheit, um für uns zu entdecken, wie wir in ihm leben können, sodass wir vor den Ungewissheiten der Zukunft gefeit sind.

Ich bin überzeugt, dass Jesus sich aus diesem Grund die Zeit nahm, um im Garten zu beten. Er wusste, dass ihm sein Prozess bevorstand, und er war tief beunruhigt. Weil er jedoch Zeit mit dem Vater verbracht hatte, noch bevor es zu der Folter durch die religiösen Leiter, der Ungerechtigkeit seines Verfahrens und den brutalen Qualen am Kreuz kam, hatte er die Kraft, den Absichten Gottes zu folgen.

Die Jünger hatten keine Ahnung, was auf sie zukam, und konnten an der Seite ihres Freundes nicht wach bleiben. Jesus wusste, dass ihr Geist zwar willig, aber ihr Fleisch zu schwach war. Sie würden von den bevorstehenden Ereignissen überrannt werden und fliehen, um mit heiler Haut davonzukommen. Wie können wir dem entgegenwirken? Indem wir in den Zeiten, in denen die Herausforderungen nicht derart groß sind, lernen, wie wir in Jesus leben können.

Wenn ich die Evangelien durchlese, bin ich genauso verblüfft über die Dinge, die Jesus *nicht tat*, wie über die, die er tat. Ja, ich bewundere seine Heilungen und die Wunder und auch seine intimen Begegnungen unter vier Augen mit seinen Anhängern. Ich finde es aber auch erstaunlich, dass er keine Zeit darauf verwendet hat, seine Anhänger in einer systematischen Theologie zu schulen, die sie dann an andere weitergeben sollten, auch entwarf er keine allgemeinen Lebensregeln oder eine Reihe von Ritualen, denen man folgen konnte. Er lehrte sie auch nicht, wie man eine Ortsgemeinde organisiert, einen Sonntagsgottesdienst plant oder eine tägliche ‚Stille Zeit' durchführt.

Dies alles sind Dinge, die man mir als junger Christ als wesentlich beigebracht hatte, um ein guter Christ zu sein. Warum waren sie Jesus nicht so wichtig? Was tat er mit diesen ersten Leuten, die ihm nachfolgten, wenn er sie nicht darin unterwies, was er von ihnen wollte? Er lehrte sie, wie man lebt.

Er lebte in der Obhut seines Vaters und hatte ständig ein offenes Ohr und im Blick, was der Vater gerade tat. Und er wollte, dass seine Jünger dieselbe Beziehung genossen. Er war nicht gekommen, um eine neue Religion ins Leben zu rufen oder eine neue Moral zu propagieren. Er war gekommen, um uns wieder mit dem Vater in Verbindung zu bringen; er wusste, dass uns eine Beziehung auf eine Weise prägen würde, wie es Gesetze oder Regeln niemals fertigbringen würden. Jesus machte sie mit einer Lebensweise bekannt, die ihr Leben verändern und sie fruchtbar in der Welt machen würde. Es ging dabei nicht um Methoden oder Strategien, sondern darum, wie man im Vater lebt.

Jesus erzählt den Jüngern das Gleichnis vom Weinberg des Vaters nach dem letzten Abendmahl im Obergemach. Er spricht über die Art von Beziehung, die er, der Vater und der Heilige Geist mit jedem der Jünger und auch mit jedem von uns haben möchten.

Lernen, in ihm zu leben, ist nicht so einfach wie das Befolgen von Anleitungen oder das Praktizieren eines täglichen oder wöchentlichen Rituals. Ihn zu kennen, geschieht nur in einer innigen

Herzensbeziehung, die allen Versuchen widersteht, sie zu standardisieren. Es geht auch nicht in erster Linie darum, dass wir eine Beziehung zu ihm aufbauen müssen, sondern dass wir darauf eingehen, wie er eine Beziehung zu uns aufbaut. Anstatt also eine Liste von geistlichen Disziplinen durchzuarbeiten, mag es besser sein, Gott einfach unser Herz zu öffnen und ihn zu bitten, uns doch zu zeigen, wie er die Beziehung zu uns gestalten möchte.

Ich habe drei Enkel, und wenn ich mit ihnen eine Beziehung pflegen möchte, vor allem, solange sie noch klein sind, muss ich mich in ihre Welt versetzen. Wenn das schon in der Beziehung zu einem kleinen Kind zutrifft, wie viel mehr auf den übernatürlichen Gott, wie er sich jedem Einzelnen seiner Geschöpfe bekannt macht. Mir selber gelingt es nicht, eine Beziehung zu ihm aufzubauen – ich kann nur auf ihn eingehen entsprechend dem, wie er mich führt.

Dieser Vorgang verläuft bei jeder Person anders. Ich kann Ihnen kein Drei-Schritte-Programm vorlegen, damit das gelingt. Es fängt damit an, dass ich mir von ihm zeigen lasse, wie sehr er mich liebt, und dann fange ich an, seine Fußspuren in meinem Leben zu entdecken. Und schließlich werden Sie Ihren Weg finden in ein fortwährendes Gespräch mit Gott über Ihr Leben und über die Menschen, mit denen Sie zu tun haben. Dies ist ein Prozess, der Zeit braucht.

Die meisten von uns leben, als würde Gott uns erst dann lieben, wenn wir genug Kopfstände gemacht haben, um seinen Segen zu verdienen. Wir versuchen aus eigener Kraft seine Anerkennung zu verdienen, indem wir tun, was er angeblich von uns erwartet – entsprechend dem, was man uns beigebracht hatte. Sie werden jedoch herausfinden: Je mehr Sie sich anstrengen, umso sicherer verlieren Sie ihn aus den Augen, und am Ende werden Sie stolzer auf das sein, was Sie erreicht haben, als ihnen seine Gegenwart bewusst ist.

Ich ermutige Sie, jeden Morgen beim Aufwachen Gott zu bitten, sich Ihnen ein weiteres Stück zu erkennen zu geben. Ich bete dieses Gebet oft. Dann gehe ich in den Tag und bin sensibel für das, was Gott mir ans Herz legt – Dinge, auf die er mich aufmerksam machen will, und die Art und Weise, wie ich anderen begegnen soll. Ich stelle fest, dass ich immer mehr darüber nachsinne, was Gott über die Dinge denkt, in die ich involviert bin, und was er in Bezug auf die Entscheidungen, die ich zu fällen habe, auf dem Herzen hat. Das ist das Gespräch mit ihm. Es ist ein fortwährendes Nachsinnen, das mit der Zeit an Klarheit zunimmt.

Es hilft, den ganzen Tag über unsere Aufmerksamkeit auf Gott gerichtet zu halten, ob wir mit dem Auto unterwegs sind oder zwischen verschiedenen Terminen bei der Arbeit eine Pause einlegen. Ich breite Fragen und Zweifel vor Gott aus und denke darüber nach. Dabei achte ich auf die kleinen, oft überraschenden Einsichten, die er mir gibt. Wie beteiligt sich Gott an diesem Gespräch? Er lässt mich seine Gedanken wissen, während ich mich danach ausstrecke. Das geschieht, während ich spazieren gehe, um zu beten und auf ihn zu hören, während ich in der Bibel lese oder mich mit anderen Menschen unterhalte.

Je länger ich so im Gespräch mit ihm bin, desto mehr werde ich mir seiner Gegenwart bewusst, desto sensibler werde ich für die Eindrücke, die er mir gibt, und desto liebevoller werde ich zu den Menschen um mich herum. Das ist die Erneuerung des Denkens, durch die wir eine Art zu leben entwickeln, die auch noch nach dem Frühling bestehen bleibt. Es hat zur Folge, dass die Denkmuster, die unser Leben mit Gefühlen des Selbsthasses oder der Selbstüberschätzung überwuchern, entwirrt werden. Wir werden nicht länger auf unsere Anstrengungen und unsere Vorstellungen und Pläne vertrauen, sondern mehr und mehr darin zur Ruhe kommen, dass wir ihn immer besser kennen. Wir merken, dass wir auf einmal ganz anders leben als bisher – wir haben weniger die Tendenz, Menschen zu manipulieren, und kümmern uns mehr um sie.

Das ist der Kern dessen, was es heißt, in ihm zu bleiben oder zu wohnen. Es geht darum, Gott und seine Weisheit in zunehmendem Maß in unser Leben einzubeziehen, und nicht darum, eine Latte von Prinzipien zu verinnerlichen. Bringen Sie sich nicht unter Zeitdruck. Das Hineinwachsen in diese Art des Gedankenaustausches mit Gott braucht Zeit und ist viel mehr eine Sache des Herzens als unseres Denkens. Es geschieht nicht, indem wir unser Handeln den Wünschen Gottes anpassen, sondern indem wir ihn so gut kennen, dass wir anders denken. Und je mehr wir anders denken, desto mehr werden wir anders leben.

Glauben Sie schon seit sehr geraumer Zeit an Jesus Christus, haben aber dieses Gespräch außer acht gelassen, dann verschwenden Sie Ihre Zeit jetzt nicht mit Selbstvorwürfen. Vielen anderen geht es genauso. Aber es gibt keine günstigere Zeit als gerade jetzt, damit von Neuem zu beginnen und Gott zu bitten, Ihnen zu zeigen, wie er sich Ihnen zu erkennen geben möchte. Ohne das werden Sie den Sommer nicht überstehen und die ertragreiche Ernte nicht einbringen können, die Gott für Sie vorgesehen hat.

Wenn wir diese Beziehung im Frühling nicht vertiefen, werden wir die Erfahrung machen, dass Krisen und Stress derartige Zweifel über Gottes Absichten mit uns mit sich bringen, dass wir unter der Belastung zusammenbrechen. Das ist auch mir passiert. Ich habe viele Frühlinge erlebt, musste aber dann feststellen, dass es mir nicht gelang, mein Vertrauen auf Gott im Feuer von Konflikten zu bewahren. Ich zweifelte an ihm und an mir selber und war am Ende frustriert, dass dieses geistliche Leben nicht so zu funktionieren schien, wie es vorher angepriesen wurde.

Und was tat Gott dann? Er tat, was kein irdischer Bauer tun kann. Er versetzte mich wieder in den Frühling, um mein Herz in seiner Gegenwart zu erneuern in der Hoffnung, dass ich eine Beziehung mit ihm entwickeln würde, die auch durch schwierige Zeiten hindurchträgt. Echte Fruchtbarkeit ist ein langfristiger Prozess: Unser wachsendes Vertrauen in Jesus bewirkt über die Jahre, dass wir lernen, ihm nachzufolgen.

Nirgendwo zeigt sich das deutlicher als beim Weinstock. Wenn wir Jesus immer besser kennenlernen, beeinflusst das nicht nur die kommende, sondern auch die folgende Ernte.

Trauben entwickeln sich über zwei Jahre. Die Trauben, die sich jetzt bilden, haben sich schon im Vorjahr entwickelt, während eine andere Ernte herangereift ist. Damals waren sie noch mikroskopisch klein und in den Augen der entsprechenden Triebe verborgen. Wie der Weinstock im vergangenen Jahr gepflegt wurde, wird die Qualität der diesjährigen Ernte bestimmen.

Obschon der Apostel Paulus über den Prozess von Saat und Ernte als einem wichtigen Element unseres geistlichen Lebens sprach, sind viele Christen der falschen Ansicht, ihr geistliches Leben würde auch ohne ihre aktive Mitwirkung erblühen. Sie gehen davon aus, dass die Gnade ihre geistliche Lethargie überdeckt – aber dem ist nicht so. Immer dann, wenn wir uns nur so viel von Gott holen, um gerade so den Tag zu überstehen, brechen wir damit den Gesprächsprozess ab. Die Folge ist, dass wir nicht genug Substanz haben, um wirklich fruchtbar zu werden. Geistliches Wachstum kommt zwar durch Gottes Wirken in uns, doch wenn wir uns nicht aktiv daran beteiligen, dass wir in ihm bleiben, geschieht es nicht. Darum geht es in diesem Buch.

Frühling ist die Zeit, in der sich dieser Lebensstil ausbildet. Die Wurzeln werden angeregt, sich tief im Boden zu verankern. Die Blätter setzen ihre Segel, um die Leben spendenden Strahlen der Sonne einzufangen. Das Unkraut wird entfernt, solange es noch klein ist. Die Insekten werden getötet, bevor sie überhand nehmen. Dies ist die Zeit, in der Sie Ihre Aufmerksamkeit auf Ihren geistlichen Lebensstil richten. Warten Sie nicht darauf, dass Katastrophen Sie dazu zwingen, das zu suchen, was Sie jetzt leicht finden können.

Gott möchte, dass wir uns seiner Liebe so gewiss sind, dass wir es mit seiner Hilfe durchstehen, wenn die Blüten verblassen und die Hitze zunimmt. Dann werden die zerbrechlichen Knötchen am Ende unserer Zweige sich zu den herrlichen Trauben entwickeln, die sich der Weinbauer so sehr wünscht.

Kapitel 11

Eine lebenslange Freundschaft

Und noch etwas gibt uns die Gewissheit, mit Gott verbunden zu sein: Wir haben erkannt, dass Gott uns liebt, und haben dieser Liebe unser ganzes Vertrauen geschenkt.

1. Johannes 4,16

Früher wohnte ich einmal am Stadtrand. Hinter unserem Haus erstreckten sich meilenweit Baumwollfelder und Plantagen von Pflaumenbäumen. Sie gehörten mir nicht, aber ich „borgte“ sie mir jeden Morgen als mein „Gebetskämmerchen“. Wenn ich so durch die Felder schlenderte, kam Buffy, meine Labrador-Schäferhund-Kreuzung, mit mir. Am liebsten stürmte sie über die Felder in der Hoffnung, ein Kaninchen jagen zu können oder einen Fasan aufzuscheuchen.

Buffy war schon als Welpe mit mir durch diese Felder gestreift und setzte anscheinend voraus, dass sie alle mir gehörten. Sie jagte hinter allem her, was sich uns näherte – vom Dobermann bis hin zu Pferden. Einmal verscheuchte sie sogar einen wilden Koyoten (Steppenwolf), der versucht hatte, sie einzuschüchtern. Ihr Schutz vor den Gefahren durch andere Tiere und den Landstraßen in der Ferne bestand in ihrer Fähigkeit, ein einfaches Kommando sofort zu befolgen: ‚Bleib!‘

Diesen Befehl kannte Buffy sehr gut, aber ich muss gestehen, dass es davon abhing, wie nahe sie mir war, ob sie gehorchte oder nicht, wenn ich sie rief. War sie schon zu weit weg und die Versuchung zu groß, dann konnte sie kein Rufen mehr zurückbringen, bis die Jagd vorbei war. Erst dann kehrte sie mit einem Blick voller Gewissensbisse zurück. Sogar ein Hund weiß, dass es leichter ist, um Vergebung zu bitten als um Erlaubnis!

Zum Glück kam sie dann doch immer wieder, und wenn wir anderen Leuten begegneten oder an eine Straße kamen, hielt ich sie immer ganz nahe bei mir.

Ich liebe die eine Bitte, die Jesus seinen Jüngern gegenüber äußerte, als er ihnen das Gleichnis vom Weinstock erzählte. „Bleibt" wiederholte er immer wieder, insgesamt genau zehnmal. Das war nicht schwer zu verstehen. Es gleicht etwa dem, wenn man einem Hund einen Befehl gibt wie „Sitz!" oder wenn man sein kleines Kind anweist, wie es sich verhalten soll, wenn man in ein Einkaufszentrum geht.

Wenn Jesus uns einlädt zu *bleiben*, geht es jedoch nicht um einen kurzen Moment, sondern er bringt damit zum Ausdruck, wie wir ständig leben sollen. Sein Wort drückt das *Bleiben auf Dauer* aus, wie wenn man eine neue Wohnung bezieht, in der man bleibt. Jesus möchte nicht, dass wir nur dann zu ihm hinrennen, wenn wir in Schwierigkeiten stecken oder etwas brauchen. Er möchte, dass wir bei ihm *bleiben*, den ganzen Tag lang, jeden Tag.

Im Gegensatz zu einem wilden Tier, das nur trinkt, wenn es durstig ist, holen sich die Reben ihren Lebenssaft ununterbrochen vom Weinstock. Die Rebe geht niemals allein aus und braucht somit auch nie zurückzukommen. Sie ist da, die ganze Zeit. Wir können unser geistliches Leben nicht in verschiedene Bereiche aufteilen und Gott nur bestimmte Zeiten zuweisen, wie wir das mit unserer Arbeit oder der Freizeit tun. Das Leben in Christus durchdringt alles, was wir tun – unsere Arbeit und unsere Freizeit.

Auch wenn es sich gut anhört, wenn wir den Weinstock und die Reben im Blick haben, so kommt der Vergleich doch ein wenig außer Tritt, wenn es um Personen geht. Wir finden es natürlich, *bei* jemand zu bleiben, aber nicht *in* ihm. Aber das Maß an Intimität, das eine Rebe mit ihrem Weinstock hat, ist nun einmal die Norm, an der Jesus die Qualität unserer Beziehung zu ihm misst. Es geht um eine ganz intime Verbindung. Unsere Identität und Existenz sind mit dem Weinstock eng verbunden.

Jesus lädt uns zu einer tiefen Intimität mit ihm ein, die wir entdecken dürfen. Das hatten die ersten Christen verstanden. Sie betrachteten sich nicht als Mitglieder eines Vereins oder einer Organisation. Sie lebten *in Christus*, lebten täglich aus ihm und spiegelten seine Herrlichkeit wider. Der Platz, der uns angeboten wird, ist derselbe, den Jesus mit seinem Vater teilte. *„Ihr werdet in meiner Liebe bleiben, so wie ich ...: in seiner Liebe bleibe"* (Joh 15,10).

Was für ein Kontrast zu allem, was diese Welt uns lehrt! Wenn wir irgendetwas hier auf Erden haben wollen, müssen wir es verdienen. Wir müssen unsere ganze Kraft dafür einsetzen, um das, was wir haben wollen, irgendwie zu bekommen. Das ist im Weinberg Gottes anders. Da müssen wir gar nichts erreichen. Im Frühjahr unseres Lebens mit ihm macht er alle Dinge neu. Gott gründet uns in sich selber durch Christus, indem er unser Herz empfindsam für seine Gegenwart und für seine Stimme macht.

Alles, was wir dazu tun müssen, ist, diese Freundschaft anzunehmen. Wir neigen allerdings – im Gegensatz zu den Reben im Weinberg meines Vaters – dazu, fortwährend jeder Ablenkung und Versuchung hinterherzurennen. Die wichtigste Lektion, die Sie in seinem Weinberg lernen, ist, wie man dort bleibt, wo der Weingärtner einen eingesetzt hat. Wenn Sie das tun, werden Erfüllung und Fruchtbarkeit in Ihrem Herzen wachsen, ungeachtet, wie das Leben Ihnen mitspielt. Wenn nicht, werden Sie unvermeidlich leer und frustriert enden.

Die Bibel ermutigt uns, in unserem Tagesablauf gewisse Zeiten zu reservieren, in denen wir innehalten, und sei es auch nur für ein paar Minuten, um uns wieder verstärkt bewusst zu machen, dass Jesus bei uns ist. Dabei richten wir unsere ganze

Aufmerksamkeit auf ihn und seine Zuneigung zu uns und bringen auch unsere Liebe ihm gegenüber zum Ausdruck. Dort nimmt er uns und zerstreut unsere Ängste, stellt unser verführbares Fleisch bloß oder schenkt Einsichten mitten in unseren Alltag. Manchmal kommt seine Berührung, noch ehe wir ihm unsere Aufmerksamkeit zuwenden; ein anderes Mal erfahren wir das erst, nachdem wir unsere Seele baumeln lassen, auf ihn gewartet und unser Herz in seiner Gegenwart zur Ruhe gebracht haben.

Gott steht treu zu diesen Augenblicken und nutzt sie, um uns mehr und mehr in sein Bild umzugestalten. Dabei bringt er die Frucht aus uns hervor, die wir ihm so gerne anbieten möchten. Wenn wir diese Freundschaft pflegen, Jahr für Jahr, in guten und in schwierigen Zeiten, wächst seine Frucht noch weiter in uns.

Der Weinstock lädt uns nicht zu einer kurzfristigen Freundschaft ein. Als Jesus seine Blicke über jene jungen Männer im Weinberg schweifen ließ, hatte er nicht im Sinn, sie wie Sternschnuppen kurz und spektakulär aufleuchten zu lassen. Nein, er bot ihnen eine lebenslange Freundschaft an. Sein Werk in ihnen sollte ihr ganzes Leben umfassen. Die beste Frucht entwickelt sich in den tiefen Erfahrungen, die Zeit brauchen.

Leider weiß unsere Gesellschaft zu wenig darum, wie wunderschön eine Freundschaft ist, die ein Leben lang anhält. Wir sind eine sehr unstete Kultur und ziehen so häufig um, dass lebenslange Freundschaften ganz selten geworden sind. Die Tendenz zu kurzfristigen Beziehungen finden wir auch unter Christen, wenn diese einander nur ausnutzen, um ihre eigenen Bedürfnisse zu stillen. Auch Klatsch, üble Nachrede, Verrat und zerbrochene Beziehungen sind leider oft an der Tagesordnung. Sogar die Werbung in unserer Welt zehrt von unserer Neigung, rasch von allem gelangweilt zu werden, was uns zu vertraut geworden ist, und ködert uns mit der Begeisterung über etwas Neues oder anderes.

Meine Frau Sara und ich waren zunächst drei Jahre befreundet und sind inzwischen 36 Jahre miteinander verheiratet. In diesen vielen Jahren haben wir eine Freundschaft entwickelt und konnten praktisch einüben, einander zu lieben. Mittlerweile klappt das ziemlich gut. Jeder von uns hat zugelassen, dass Gott ihn so formt, dass wir heute einander viel besser ergänzen als zu Beginn unserer Ehe. Jetzt ernten wir die herrlichen Früchte einer langanhaltenden Freundschaft: Vertraute Bemerkungen, die sonst niemand versteht, dasselbe fast zur selben Zeit zu denken, einander mehr durch einen Blick oder ein Augenzwinkern mitten unter vielen Menschen zu sagen, als weniger geübte Paare in einem nächtelangen Gespräch einander mitteilen können. Wir lachen herzhafter als je zuvor und halten uns in schwierigen Zeiten zärtlicher umschlungen, als wir das noch vor Jahren vermochten.

Jesus möchte dasselbe für uns. Jedes Jahr soll besser werden als das Vorjahr, weil er uns vertrauter geworden ist. Wenn wir im Lauf vieler Jahre seine Treue geschmeckt haben, wird sie für uns viel realer, als wir uns je haben träumen lassen.

Einige der Reben im Weinberg meines leiblichen Vaters sind älter als vierzig Jahre und bringen immer noch eine Ernte nach der anderen hervor. Weinberge sind langfristig angelegt. Ältere Weinstöcke bringen Jahr für Jahr einen weit größeren und besseren Ertrag als junge.

Als Jesus seinen Jüngern das Gleichnis vom Weinstock erzählte, bereitete er seine Jünger auf die traumatischen Tage vor, die ihnen bevorstanden – Tage, die das Potenzial hatten, dass sie alles hinterfragten, was Jesus je zu ihnen gesagt hatte. Jesus wollte vermeiden, dass ihr Schmerz und ihre Verwirrung ihre Freundschaft mit ihm zerstört. *„Dies habe ich zu euch geredet, damit ihr in mir Frieden habt. In der Welt habt ihr Bedrängnis, aber seid guten Mutes, ich habe die Welt überwunden“* (Joh 16,33 ELB).

Wird die Tatsache, dass wir der Liebe Gottes gewiss sind, die Oberhand behalten über falsch verstandenes Leiden, unbeantwortete Gebete, Monate der Arbeitslosigkeit oder den Missbrauch durch Freunde? Das ist das Wesen des im Feuer geläuterten Glaubens. Er hält sogar die Ereignisse aus, die wir nicht verstehen ... und findet seine Entschlossenheit in dem Wissen: Gott ist durch und durch gut, und wir können ihm unser Leben anvertrauen. Nur aus diesem Vertrauen heraus können wir das Mysterium von Gottes Gnade entdecken, und seine Weisheit wird immer genügen, um uns aus jeder Lage herauszuhelfen.

Als Paulus am Ende seines Lebens allein in seiner Gefängniszelle in Rom mitbekam, dass die Gemeinden in Asien das wahre Evangelium verlassen und sich einer verwässerten Version zugewandt hatten, erklärte er mit absoluter Gewissheit: „Ich habe den Glauben behalten." Inmitten Ihrer Kämpfe und Ängste, inmitten von Verwirrung und Zweifel, lassen Sie Ihren Glauben nicht fahren, ganz gleich, was geschieht. Bleiben Sie in seiner Liebe, und alles, was er in Ihnen und durch Sie tun will, wird geschehen.

„Bleibt in meiner Liebe." Hätte Jesus das noch einfacher sagen können? Egal, wie groß die Herausforderung, egal, wie richtig unsere Sicht erscheinen mag: Setzen Sie Ihr Vertrauen auf Jesus – heute und jeden Tag für den Rest Ihres Lebens. Dann werden Sie die Tiefe einer lebenslangen Freundschaft kennen.

KAPITEL 12

Von verwelkenden Blüten und künftiger Frucht

Ich lasse das, was hinter mir liegt, bewusst zurück, konzentriere mich völlig auf das, was vor mir liegt, und laufe mit ganzer Kraft dem Ziel entgegen, um den Siegespreis zu bekommen – den Preis, der in der Teilhabe an der himmlischen Welt besteht, zu der uns Gott durch Jesus Christus berufen hat.

Philipper 3,13b-14

Der Frühling kann nicht ewig andauern. Die ursprüngliche Schönheit der neuen Triebe und Blüten verblasst allmählich, während die Tage immer länger werden und die zunehmende Hitze dem Weinberg ihren Tribut abverlangt. Noch jedes Jahr hat der Frühling dem Sommer Platz machen müssen. Die jungen, grünen Blätter verblassen, ihre Ränder franzen aus und reißen unter dem Einfluss der Witterung ein. Die ehemals winzigen und blassen Blütenblätter haben schon lange eine staubig-braune Farbe angenommen und liegen nun unbeachtet auf dem Boden des Weinbergs.

Ich habe noch nie einen Winzer getroffen, der sich über die abnehmende Schönheit seines Weinbergs beschwert hätte. Er richtet sein Augenmerk auf die Ernte, und der Sommer ist der nächste Schritt auf dieses Ziel hin. Auch wenn der Weinberg ein wenig zerzaust aussieht, macht ihm das keine Sorgen. Ihm ist bewusst: Das gehört einfach zu dem Vorgang dazu, dass sich aus Blüten ansehnliche Früchte entwickeln.

Leider haben wir manchmal Schwierigkeiten mit diesem Prozess. Im Gegensatz zu den Reben im Weinberg meines Vaters haben wir uns so in die Freuden des Frühlings verliebt, dass wir meinen, Gott habe uns seinen Segen entzogen, wenn sich die Zeiten ändern. Das habe ich leider nur allzu oft beobachten können. Leute, die die Frische des Frühlings genossen haben, werden auf einmal von großer Unruhe erfasst, wenn der Glanz verblasst, als hätten sie etwas falsch gemacht und Gott würde sie nun bestrafen.

Anstatt die welkenden Blütenblätter abfallen zu lassen, versuchen sie, sich hinter entschwundenem Glanz zu verstecken. Sie sind nicht imstande, sich auf den Gesamtprozess einzulassen, da sie allein ihre Bequemlichkeit im Blick haben oder vor anderen gut dastehen wollen. Wenn sich die Zeiten zu ändern beginnen, wollen sie sich nicht mit ihnen verändern lassen. Das macht so wenig Sinn, wie wenn die Reben eines Weinstocks versuchten, die verwelkten Blüten wieder an ihre Triebe anzukleben in der Hoffnung, es werde schon keiner merken.

Anscheinend haben wir vergessen, dass sich Frucht zwar im Frühling bildet, aber nie im Frühling reifen wird. In unserem eigenen geistlichen Leben dürfen wir uns nicht den Luxus leisten, die Vergangenheit um jeden Preis zu bewahren, ganz gleich, wie sehr wir durch sie gesegnet worden sind. Gott geht weiter, wie die Jahreszeiten des Weinbergs. Gehen wir nicht mit ihm, werden wir keine Frucht tragen.

Wenn Sie in der richtigen Reihenfolge verschiedene Gemeinden in einer größeren Stadt besuchen, können Sie fast einen Kurs in Kirchengeschichte absolvieren. Anhand der entsprechenden Aufmachung und Liturgie können Sie einen Eindruck des Gemeindelebens im Mittelalter, in der Reformation, in der Täuferbewegung und in der Heiligungsbewegung erhalten. Auch kann man Gemeinden finden, deren Blütezeit in der Mitte des vergangenen Jahrhunderts lag, die immer noch an den Liedern und der Art sich zu kleiden von damals festhalten.

Viele repräsentieren wie historisch eingefroren einen Moment der Erneuerung, die Gott gewirkt hat. Das wird oft damit begründet, man würdige, was Gott in der Vergangenheit geschenkt habe – in Wirklichkeit ist es aber meist ein Versuch, einen geistlichen Frühling festzuhalten, anstatt den Prozess der Veränderung zu wagen. Warum? Waren diese Zeiten heiliger als das, was Gott heute vollbringen möchte? Nein! Sie sind einfach nur bequemer für uns. Das ist aber auch der Haken dabei. Bleiben wir dort stehen, wo wir uns wohl fühlen, bringt uns das meist nicht zu den Veränderungen, die Gott für unser Leben vorgesehen hat.

Ich habe folgende Erfahrung gemacht: Die Fruchtbarkeit in unserem Leben ist am meisten dadurch gefährdet, dass wir an etwas Wunderbarem festhalten, das Gott früher getan hat, und versuchen es heute nachzuahmen. Nichts wird uns vom Fruchtbringen mehr ablenken, als wenn wir dort ein Haus bauen, wo Gott eigentlich nur ein Zelt errichten wollte. Es geht um eine Reise – man kann das Ziel nicht erreichen, wenn man am selben Ort bleibt.

Verstehen Sie mich bitte richtig: Ich bin nicht dagegen, dass man das große Erbe des christlichen Glaubens, das andere vor uns sich erarbeitet haben, in Ehren hält. Wir können viel aus dem lernen, was Gott in der Vergangenheit getan hat. Ich bin auch nicht der Ansicht, dass die neuesten Entwicklungen immer von Gott gewirkt sind. Wenn wir allerdings unsere Traditionen auf Kosten von Gottes Führung bewahren, verlieren solche Traditionen und unser Leben an Kraft.

Ich kenne nichts Tragischeres als leere religiöse Aktivitäten, die man nur mechanisch absolviert, ohne darin Freude oder Kraft zu finden. Das kann geschehen, wenn wir versuchen, Gottes Wirken in unsere eigenen Formen zu pressen; Jesus hat uns davor gewarnt:

Niemand füllt jungen Wein in alte Schläuche. Er gärt ja noch und würde die Schläuche zum Platzen bringen; der Wein würde auslaufen, und auch die Schläuche wären nicht mehr

> *zu gebrauchen. Nein, jungen Wein füllt man in neue Schläuche. Aber niemand, der vom alten Wein getrunken hat, will vom jungen etwas wissen. ‚Der alte ist besser', sagt er* (Lk 5,37-39).

Die Pharisäer hatten wieder einmal versucht, Jesus eine Falle zu stellen, indem sie seine Jünger beschuldigten, nicht zu fasten. Jesus geht auf diesen Vorwurf mit dem Hinweis ein, Fasten sei in Zeiten der Freude nicht angebracht, da er, der Bräutigam, ja noch bei ihnen sei. Aber der Tag würde noch kommen, wenn sie fasten würden.

Dann wies er sie darauf hin, dass alte Weinschläuche, wie unsere Traditionen, mit der Zeit steif und brüchig werden. Wenn der Wein in ihnen zu gären beginnt, dann sind die alten Schläuche nicht mehr elastisch genug, um den Druck auszuhalten – sie zerreißen. Der Wein läuft aus und der Weinschlauch ist zu nichts mehr zu gebrauchen.

Das war ein einfaches Bild, aber jeder wusste, wovon Jesus sprach. Jeder Mensch, der neuen Wein in einen alten Weinschlauch füllte, verlor beides. Seine Auslegung war allerdings neu. Wenn die Pharisäer und Gesetzeslehrer keinen neuen Weinschlauch finden würden, könnten sie dieses neue Werk des Geistes nicht fassen. Ihr altes starres Verständnis des Geistlichen konnte dem neuen Wein, den Gott im Evangelium ausgoss, nicht standhalten. Um in Gottes fortwährendem Wirken in der Welt eine Rolle spielen zu können, hätten sie sich ändern müssen – aber ihr stures Festhalten an ihrer falschen Vorstellung von Sicherheit ließ das nicht zu.

Immer dann, wenn wir an der Vergangenheit festhalten, anstatt Jesus zu folgen, wird unser Leben nicht fruchtbar oder erfüllt sein. Wir müssen jederzeit bereit sein, die Vergangenheit loszulassen, damit wir uns auf einen besseren Prozess einlassen können, der uns in die echte Erfüllung in Jesus führt und schließlich in eine größere Fruchtbarkeit.

Trauen Sie sich voranzugehen, und riskieren Sie die Freuden des Frühlings für einen viel größeren Gewinn. Lassen Sie die

Blüten, die schon welk werden, los, denn an der kommenden Frucht werden Sie Ihre helle Freude haben, und erst recht der Meister! Der Sommer kommt ohnehin. Sich dem zu widersetzen hat keinen Sinn. Sie können – so viel Sie wollen – tun, als sei Frühling, doch wird das die Wirklichkeit nicht ändern. Es ist viel besser, sich mit Gott auf den Sommer einzulassen, als zu versuchen, Gott auf eine Vergangenheit festzulegen, in der er gar nicht mehr zu finden ist.

Auch wenn Sie den Frühling innig lieben, haben Sie keine Angst, ihn hinter sich zu lassen! Er wird sich im Lauf der Jahreszeiten wieder einstellen. Sie sollten aber begreifen, dass der Frühling nicht das ideale Glaubensleben darstellt. Er ist in der Tat eine wundervolle Zeit – aber das gilt für jede Zeit von Gottes Wirken. Unsere größte Freude besteht darin, dass wir uns an ihm *erfreuen,* ganz gleich, wie die Umstände gerade sind.

Wenn die Annehmlichkeit der einfacheren Tage größeren Herausforderungen weichen muss, dann brauchen Sie nicht darüber nachzugrübeln, ob Sie etwas falsch gemacht haben oder ob Gott Ihnen den Rücken gekehrt hat. Sie können sich darauf verlassen, dass eine neue Saison bevorsteht. Selbst wenn diese sich weniger aufregend gestalten und mehr Herausforderungen mit sich bringen wird – es ist die Saison, in der Verheißungen sich erfüllen.

Die Sommerzeit freudig zu begrüßen, heißt nicht, dass am Frühling etwas schlecht war, sondern nur, dass er jetzt vorüber ist. Winzige Knötchen, hart wie Kieselsteinchen, sind anstelle der Blüten erschienen, doch mit der Zeit werden sie sich in saftige süße Trauben verwandeln, nach denen der Vater Ausschau hält.

Seine Freundschaft zu uns schwächt sich im Sommer nicht ab; sie kommt zur Reife. Wenn wir uns nicht bemühen, die Vergangenheit festzuhalten, können wir dennoch unsere Freude an ihr haben, auch wenn uns Gott im Prozess des Fruchtbringens ein Stück weiterführt. Sie können ihn da finden, wo Sie heute sind. Sie brauchen weder Gott noch sich selbst in eine

Vergangenheit zurückzuholen, die ohnehin nicht einmal halb so gut war, wie Sie sich zu erinnern meinen.

Ihre besten Tage liegen nicht hinter Ihnen, wenigstens nicht in diesem Weinberg. Jede Saison hat ihre eigenen Chancen. Der Sommer ist für diejenigen da, die lernen wollen, was es wirklich heißt, fruchtbar zu sein.

SOMMER

Die Frucht reift

Denn siehe! Der Winter ist vorbei, die Regenzeit ist vorüber, ist vergangen.

Hohelied 2,11 (ELB)

Darüber hinaus haben wir eine Hoffnung, die uns mit Freude und Stolz erfüllt: Wir werden einmal an Gottes Herrlichkeit teilhaben. Doch nicht nur darüber freuen wir uns; wir freuen uns auch über die Nöte, die wir jetzt durchmachen. Denn wir wissen, dass Not uns lehrt durchzuhalten, und wer gelernt hat durchzuhalten, ist bewährt, und bewährt zu sein festigt die Hoffnung. Und in unserer Hoffnung werden wir nicht enttäuscht. Denn Gott hat uns den Heiligen Geist gegeben und hat unser Herz durch ihn mit der Gewissheit erfüllt, dass er uns liebt.

Römer 5,2-5

Die Blätter sind gewachsen und die Trauben haben angesetzt. Alles, was für eine ertragreiche Ernte des Weinbergs benötigt wird, ist vorhanden. Nun muss die Frucht in der Hitze des Sommers ausreifen.

KAPITEL 13

Die langen, heißen Sommertage

Mit strenger Hand erzogen zu werden tut weh und scheint zunächst alles andere als ein Grund zur Freude zu sein. Später jedoch trägt eine solche Erziehung bei denen, die sich erziehen lassen, reiche Früchte: Ihr Leben wird von Frieden und Gerechtigkeit erfüllt sein.

Hebräer 12,11

Anders als die anderen Jahreszeiten schleicht sich der Sommer langsam heran. Der Frühling beginnt, wenn die ersten Safttropfen an den Enden der frisch beschnittenen Reben erscheinen, der Herbst, wenn die Trauben reif geworden sind, und der Winter mit dem ersten Raureif. Für die Winzer sind diese Zeichen genauer als die von der Wissenschaft gelieferten Kalenderdaten.

Wenn um den 21. Juni herum der kalendarische Sommer beginnt, scheint im San Joaquin Valley in Zentralkalifornien der Sommer schon halb vorüber zu sein. Schon an über 20 Tagen hat dann das Thermometer bereits die 38-Grad-Marke überschritten, teilweise sogar die Marke von 40 Grad. Das Wachstum ist nun nicht mehr so augenfällig. Der Frühling war bei weitem eindrucksvoller, da sich die Landschaft der Weinberge täglich zu ändern schien. Das frische Wachstum der Ranken strebte gen Himmel, bis ihr Eigengewicht sie zwang, sich wieder in Richtung Boden zu winden.

Im Sommer wechselt der Schwerpunkt des Wachstums von den Reben und Blättern zu dem, was sich unter ihnen verbirgt – den Trauben. Sie sind kleiner als Schrotkügelchen und fast so hart. Aber das wird sich bald ändern.

Die Reben und Blätter wachsen im Sommer zwar immer noch, jedoch nicht mehr so stark. Die längeren Tage und die vielen großen Blätter sorgen dafür, dass mehr Sonnenlicht in Energie umgesetzt wird, als der Weinstock braucht. Der Überschuss kommt den Weintrauben zugute. Sie wachsen nun viel schneller und werden weicher, während sie mit Zucker vollgepumpt werden, der sich in den Weinblättern bildet.

Den ganzen Sommer hindurch ist der Winzer hauptsächlich mit Bewässern und Kultivieren beschäftigt. Er kann nicht mehr viel dazu beitragen, um den Ertrag zu mehren. Würde er aber diese täglichen Pflichten vernachlässigen, würde das die Frucht entweder zerstören oder ihre Qualität stark mindern. Es sind Tage harter Arbeit, die weit weniger schön sind als die blühenden Weinstöcke im Frühling und auch lange nicht so glanzvoll wie die Freuden des Herbstes. Jetzt gilt es durchzuhalten.

Woran merken wir, dass in unserem eigenen geistlichen Wachstum der Sommer angebrochen ist?

Daran, dass die anfängliche Euphorie des Frühlings im Lebenskampf verblasst. Wir erleben Gottes Wirken nicht mehr so leicht und die Tage scheinen auch nicht mehr so frisch zu sein. Die Eintrübung kann ganz plötzlich durch eine Krise in unserem Leben ausgelöst werden oder sich langsamer entwickeln, wenn wir mit einem inneren Kampf konfrontiert sind. Auf einmal sind wir uns der Liebe Gottes nicht mehr so sicher bzw. in der Lage, ihm zu folgen.

Wenn Sie geglaubt haben, die geistlichen Freuden des Frühlings seien Ihrem Verdienst zuzuschreiben, dann werden Sie sich die Schuld geben, dass nun der Sommer eingesetzt hat. Weil Sie Gottes Gegenwart nicht mehr so unmittelbar spüren, werden Sie sich fragen, ob Sie Gott irgendwie gekränkt und somit dazu veranlasst hätten, sich von Ihnen zurückzuziehen. Oder noch schlimmer: Sie werden fürchten, Gott habe Ihnen seinen Segen entzogen, und nun müssten Sie sich anstrengen, ihn wieder zu erringen.

Es ist nicht Gottes Absicht, dass wir immer im Frühling leben. Das Frühjahr ist eine Zeit, in der Gott mit seiner Fülle über uns schwebt und uns einlädt, tiefer in ihn und in seine Freude einzutauchen. Aber er ist sich bewusst, dass wir dort niemals zur Reife gelangen werden. Letztlich müssen wir uns der Realität des Lebens stellen – dem Chaos einer Welt, die nicht länger mit ihrem Schöpfer in Einklang ist, und der Zerbrochenheit aufgrund unserer Selbstbezogenheit.

Es ist nicht etwa so, dass Gott uns seinen Segen entzogen hätte; er hat sich vielmehr entschlossen, uns auf einer viel tieferen Ebene zu segnen. Indem Gott zulässt, dass wir uns der Wirklichkeit des Lebens in unserer Zeit stellen, bringt er uns ans Ende von uns selbst und tiefer in sein Wesen hinein. Dort werden wir lernen, uns so auf ihn und seine Liebe zu verlassen, dass der Schaden, den die Sünde angerichtet hat, sichtbar und geheilt wird und wir ganz so sein können, wie er uns von Anfang an geplant hat. Das ist es letzten Endes, was uns wirklich erfüllt und auch fruchtbar macht.

Gerade die Dinge, die Gott für unsere Reife benutzen möchte, können auch dazu benutzt werden, uns zu zerstören. Dieselbe Leben spendende Sonne, die die Weintrauben zum Reifen anreizt, erzeugt auch ein feindliches Klima, das die Weinstöcke überwinden müssen. Zu viele Tage mit hohen Temperaturen kann einen Weinstock unter Druck setzen, wodurch sich die Größe und die Süße der Beeren verringert. Die Sonne trocknet auch das Land aus und beraubt es dabei seiner Feuchtigkeit, welche der Weinstock zum Überleben braucht. Die in dieser Jahreszeit längeren Tage und wärmeren Temperaturen gestatten es auch den Insekten, sich schnell zu vermehren – eine ständige Plage für die Weinstöcke. Auch das Unkraut ist ein Nutznießer der Sonne und macht den Reben die Nährstoffe streitig.

Der Sommer bringt sowohl Risiken als auch einen Lohn mit sich. Gerade in der Zeitspanne zwischen Frühling und Ernte verlieren viele Christen ihre Hoffnung auf Gott und erleben, dass die Herrlichkeit seiner Verheißung im feindlichen Klima ihrer Umgebung verblasst. Weil die Erfüllung der Verheißung noch nicht greifbar ist, geben sie auf und meinen, ein Versprechen, das sich verzögert, sei ein verweigertes Versprechen.

Für den Winzer ist der Sommer kein Aufschub; er betrachtet ihn dagegen als den nächsten Schritt in dem Prozess, der die Verheißung des Frühlings zur Fülle der Ernte bringt. Er hat nur eines im Auge: Wie entwickelt sich die Frucht? Der Sommer ist nicht das Ende. Er wird auch nicht ewig dauern, aber lange genug anhalten, damit die Frucht ausreifen kann. Selbst wenn er sich schwierig gestaltet, kann er nicht übersprungen werden. Deshalb hält der Winzer durch – nicht aus resignierter Verzweiflung, sondern in hoffnungsvoller Vorfreude.

Der Winzer bleibt im Sommer ständig auf der Hut und kümmert sich um die Reben; da überall Gefahren lauern. Er bewässert die Weinstöcke, wenn der Boden austrocknet, reißt das Unkraut heraus, wo es sich zeigt, und vernichtet die Schädlinge, welche die Reben befallen.

Unsere geistlichen Sommer verlangen von uns die gleiche Wachsamkeit. Wir müssen den Herausforderungen des Sommers die Stirn bieten und dran bleiben, damit die Ernte gesichert wird. Unser ‚Fleisch' wird sich dagegen auflehnen und sich über das beschweren, was wir als Gottes Untätigkeit ansehen. Es ist der Feind, der uns das ins Ohr flüstert. Er will, dass wir aufgeben und vor lauter Ärger die Zusagen Gottes verwerfen, weil wir ihre Erfüllung noch nicht sehen. Der Teufel schafft es vielleicht sogar, uns zu überzeugen, Gott sei selber daran schuld, oder er bringt uns dazu, dass wir uns fragen, ob Gott uns gar mit einer Verheißung hereingelegt habe, die er gar nicht einhalten wollte, oder ob er auch in schwierigen Zeiten treu zu seinem Wort steht.

Die Männer und Frauen Gottes, die in der Bibel lobend erwähnt werden, sind solche, deren Glauben diese Kluft zwischen Verheißung und Ernte überbrückt hat. Sie haben die Anstürme des Sommers ausgehalten; sie haben sich tief darauf verlassen, dass Gott gut ist, und sind auf Kurs geblieben, während die Frucht zur Reife gekommen ist. Wenn wir im Reich Gottes Frucht bringen wollen, müssen wir dasselbe tun.

Kapitel 14

Das Positive an Schwierigkeiten

In der Welt habt ihr Bedrängnis, aber seid guten Mutes, ich habe die Welt überwunden.

Johannes 16,33b (ELB)

Ist Ihr Glaube jemals so herausgefordert worden, dass Sie sich gefragt haben, was Gott eigentlich von Ihnen will? *Wie hat Gott nur zulassen können, dass mir das passiert?*

Sind Sie jemals in Umstände geraten, die Sie völlig überfordert und auf dem falschen Fuß erwischt haben, sodass Sie ganz von Gefühlen der Unzulänglichkeit überwältigt waren? *Ich weiß einfach nicht, was ich machen soll.*

Haben Sie jemals Jesus aus den Augen verloren, als Sie ihn am meisten gebraucht hätten? *Ich kann ihn einfach nicht finden, egal, was ich tue.*

Oder haben Sie sich in einer Krise total allein gefühlt und feststellen müssen, dass Ihre Beziehungen zu anderen Menschen nicht genügend belastbar waren, um Ihnen in Ihrem Schmerz eine echte Hilfe zu sein? *Ich konnte das einfach niemandem mitteilen – das war mir zu peinlich.*

Willkommen im Sommer!

Wenn es sich anfühlt, als ob der Strom Ihres Lebens Ihre wachsende Beziehung mit Jesus weggeschwemmt hat, dann können Sie davon ausgehen, dass der Sommer da ist, ob er sich nun heimlich still und leise bei Ihnen eingeschlichen hat oder Sie plötzlich im Kielwasser einer handfesten Krise erwischt hat. Der Sommer ist die Saison, in der wir gefordert werden. Die Sonne brennt heißer, die Felder sind staubiger, es regnet kaum noch – aber gerade in diesen schwierigen Zeiten wachsen die Weintrauben und reifen. Gute Frucht entsteht unter widrigen Umständen, und darum brauchen wir keine Angst zu haben, wenn wir in unserem Leben auf Schwierigkeiten stoßen.

Es ist vielleicht nur ein paar Monate her, dass wir in Gottes Gegenwart Trost fanden oder seine Stimme vernahmen – aber nun scheint das unmöglich zu sein. Machen Sie sich nichts daraus! Fassen Sie Mut! Die Wehklagen im Sommer lassen die Menschen oft glauben, sie machten Rückschritte; doch genau dann, wenn Sie sich mit diesen Kämpfen und Zweifeln auseinandersetzen, vertieft sich Ihre Beziehung zu Gott. Durch den Sommer werden Sie frei von Ihrem Ehrgeiz, und Gott ist in der Lage, Sie noch weiter in sein Ebenbild zu verändern.

Zu Zeiten Jesu gab es in Israel noch kein ausgebautes Bewässerungssystem; damals waren die Bauern gezwungen, sich auf heftige Regengüsse zu verlassen, die ihre Ernte mit Wasser versorgten. Auf der Suche nach Wasser mussten die Pflanzen ihre Wurzeln tief genug in den Boden treiben, um in der Sonnenglut überleben zu können, bis ein neuer heftiger Regen einsetzte. Glücklicherweise gibt es in Israel im Sommer mehr Regen als in Zentralkalifornien, wo zwischen Ende April und Ende Oktober normalerweise kein Tropfen Regen fällt. Die Weinstöcke überleben in diesem Tal nur, weil der Abfluss des Sierra-Nevada-Gebirges und die großen Grundwasservorkommen eine Bewässerung möglich machen.

Die Bewässerungsanlagen werden allerdings ebenfalls so eingesetzt, dass die Weinstöcke ihre Wurzeln tief treiben. Mein Vater bewässerte sie alle drei oder vier Wochen, je nachdem, wie heftig die Hitze war. Und wenn er sie bewässerte, ließ er es nicht bei einem Besprengen der Oberfläche, sondern setzte das ganze Feld förmlich unter Wasser. Das veranlasste die Wurzeln, in die Tiefe zu gehen, anstatt sich an der Oberfläche herumzudrücken. Tiefe Wurzeln helfen auch, den Weinstock zu verankern, und können Nährstoffe aus einem größeren Bodenbereich aufnehmen.

In Jesu Gleichnis ist er natürlich der Weinstock und wir sind die Reben. Reben haben keine Wurzeln, nur der Weinstock hat sie, und gewiss sind Jesu Wurzeln tief genug, um jeder Krise zu widerstehen. Aber in Bezug auf die Verbindung zum Weinstock gilt das Gleiche: Bleiben wir in ihm, werden auch wir die Hitze des Sommers überstehen. Die Schwierigkeiten werden uns dann nicht besiegen, sondern wir werden erleben, dass wir erstaunliche Frucht hervorbringen, wenn wir sie durchstehen.

Die meisten mitfühlenden Menschen, die ich kenne, haben große Schmerzen und Kämpfe durchgemacht und können gut nachvollziehen, was andere Leute durchmachen. Und die großzügigsten mir bekannten Menschen haben auch Mangel in ihrem Leben erfahren und sind bereit, anderen Leuten unter die Arme zu greifen, denen es ähnlich ergeht. Das *Positive an Schwierigkeiten* ist dies: Sie können uns an unsere Grenzen bringen und uns einen tiefen Blick in das Herz des Vaters geben – wie er uns und andere sieht.

Es sind nicht die Schwierigkeiten an sich oder der Kampf mit ihnen, die uns verändern – was uns verändert, ist, sie mit Jesus durchzustehen. Viele Leute geraten beim ersten Anzeichen von Schwierigkeiten in eine Abwärtsspirale des Selbstmitleids hinein. Entweder geben sie Gott die Schuld, er sei ihnen gegenüber nicht fair, oder sie glauben, Gott bestrafe sie aus irgendeinem Grund. Wenn man in einem solchen Zustand verharrt, wird man mit der Zeit bitter und zynisch. Die Frucht, die daraus erwächst, ist nicht von Gott.

Von der Weinrebe lernen wir: Wenn wir die Herausforderungen des Sommers annehmen, lernen wir, in Jesus zu bleiben, auch über unser Wohlbefinden und unser Verstehen hinaus. In seinem Gleichnis vom Sämann hebt Jesus hervor, dass einiger Samenkörner auf Fels fielen, der nicht viel Boden aufwies. Der Samen wuchsen dort rasch, solange es regelmäßig regnete, sobald aber die Sonne darauf schien, verdorrten die Pflanzen und gingen ein.

Pflanzen, die wenig auf ihre Wurzelbildung achten, wachsen schnell und oft eindrucksvoller als die Pflanzen um sie herum; das ist lediglich äußerliches Wachstum. Der Sommer wird die Qualität dieses Wachstums testen. Jesus hat sein Gleichnis den Jüngern so kommentiert: *„Einige, die das Wort hören, sind wie Pflanzen ohne Wurzel; zunächst glauben sie, doch wenn die Zeit der Versuchung kommt, wenden sie sich wieder ab"* (nach Lk 8,13).

Darum ist es so wichtig, dass wir unsere Beziehung zu Jesus in der relativen Leichtigkeit des Frühlings vertiefen. Die Bibel ermahnt uns, Gott zu suchen, während er uns nahe und leicht zu finden ist. Wenn wir nicht lernen, uns intensiv aus ihm zu ernähren, solange das einfach ist, werden wir keine Kraft haben, um die Hitze des Sommers durchzustehen. Denen, die sich in christlichen Aktivitäten verlieren und nicht genügend Zeit darauf verwenden zu lernen, in ihm zu leben, wird es so lange gut gehen, wie die Umstände einfach sind. Wenn aber dann der Frühjahrsregen der Hitze des Sommers weichen muss, werden sie austrocknen und sterben.

Pflanzen treiben ihre Wurzeln ganz natürlich immer tiefer. Sobald die Sonne den Boden von oben her austrocknet, zieht es die Wurzeln nach unten, wo sie immer noch Feuchtigkeit finden. In unserem Leben funktioniert das nicht so natürlich. Oft gewöhnen wir uns daran, dass es leicht ist, unsere Beziehung mit Jesus zu pflegen, wenn alles gut läuft. Wie schon gesagt, gibt es Zeiten, in denen uns Jesus sozusagen von überall her entgegenzukommen scheint. Wir lesen die Bibel und gewinnen neue Einsichten, hören Lehren, die unseren Lebensweg bestärken, oder führen Gespräche mit anderen, durch die sein Licht in unser Leben scheint.

Geraten wir jedoch in Schwierigkeiten, ist unser Herz oft dadurch abgelenkt und es ist nicht mehr so leicht, Jesus wahrzunehmen. Viele halten an dem fest, was sie bisher getan haben, und hoffen, dass sich dadurch ihre geistliche Frische wieder einstellt. Andere geben vielleicht entmutigt auf, weil der Weg mit ihm so schwierig geworden ist. Aber Gott ist ja gar nicht weggegangen. Vielleicht haben die Umstände die Oberfläche ausgetrocknet, aber sein Leben ist immer noch für uns verfügbar. Er möchte, dass wir ihn auf eine andere Weise kennenlernen, als wir es gewohnt sind. Dazu müssen wir diese Zeiten nur als eine Einladung von Gott verstehen, seine Gegenwart noch tiefer zu erleben – jenseits von Gänsehaut und Schmetterlingsgefühlen.

Jetzt ist die Zeit gekommen, dass wir ihm unser Herz bewusster zuwenden und noch mehr auf seine Fußspuren in unserem Leben achten und seiner Stimme zuhören, wenn er uns ins Ohr flüstert. Er hat es uns nicht schwerer gemacht, ihn zu finden; es sind unsere Umstände, die das bewirken. Jetzt haben wir die Gelegenheit, uns tiefer in ihm zu verwurzeln. Wenn Ihnen also die Bibellese schwerer fällt und Sie kein Leben mehr daraus ziehen können, bleiben Sie am Lesen dran und achten Sie umso genauer darauf, was der Heilige Geist Ihnen klarmacht. Wenn Ihre Gemeinschaft mit anderen Menschen schal wird, geben Sie nicht auf und ziehen Sie sich nicht zurück. Pflegen Sie diese Beziehungen weiter und erwarten Sie, dass Gott sie dazu benutzt, um Sie in ein tieferes geistliches Leben zu führen.

Gott benutzt den Stress des Sommers nicht dazu, um uns beizubringen, wie es ist, ohne ihn zu leben. Er benutzt ihn, um uns einzuladen, ihn auf einer tieferen Ebene zu finden – jenseits unserer Bequemlichkeit und unseres Wohlbefindens. Unser Leben in ihm hängt nicht davon ab, wie leicht unsere Umstände sind, sondern davon, dass er eine solch wunderbare Person ist. Er sehnt sich danach, dass wir ihn so gut kennen, dass wir nicht ins Wanken geraten, wenn wir unter Druck sind.

Auch wenn der Prophet Jeremia in seinem Bild nicht über einen Weinstock, sondern über einen Baum spricht, gelten seine Worte doch genauso für die Rebe, die es lernt, sich ständig aus dem Weinstock zu ernähren: *„Er fürchtet sich nicht, wenn die Hitze kommt. Sein Laub ist grün, im Jahr der Dürre ist er unbekümmert, und er hört nicht auf, Frucht zu tragen“* (Jer 17,8b).

Haben wir Wurzeln entwickelt, die ihr Wasser aus der Tiefe holen, dann haben wir keinen Mangel, ganz gleich, wie verzweifelt die Situation ist. Zeiten, in denen wir zu kämpfen haben oder in Not sind, werden immer wieder auf uns zukommen. Nehmen Sie diese nicht als Anzeichen, dass mit Ihrem geistlichen Leben etwas nicht stimmt. Sie gehören zum Wachstum dazu, und wir können uns darauf einstellen, indem wir lernen, wie wir mit Jesus in Verbindung bleiben und von dessen tiefer Verwurzelung im Vater profitieren. Das wird uns fähig machen, jeder Unannehmlichkeit oder Enttäuschung standzuhalten, jedem Anfall von Zweifel oder Angst.

Ausharren und an der Beziehung zu Jesus festhalten, ist exakt das Milieu, in dem die Frucht gedeiht. Jede wichtige Stimme im Neuen Testament bestätigt die Realität, dass unser Glaube in einem feindlichen Klima gedeiht.

> *Haltet es für lauter Freude, meine Brüder, wenn ihr in mancherlei Versuchungen geratet, indem ihr erkennt, dass die Bewährung eures Glaubens Ausharren bewirkt. Das Ausharren aber soll ein vollkommenes Werk haben, damit ihr vollkommen und vollendet seid und in nichts Mangel habt* (Jak 1,2-4 ELB).

Die optimale Temperatur für das Wachstum im Weinberg liegt bei 25–30 Grad. Ist sie höher, muss der Weinstock der Hitze Tribut zollen. Das hat Vor- und Nachteile, weil die Anzahl von Sonnentagen, die wir in Zentralkalifornien im Sommer haben, unsere Gegend zu einem bevorzugten Platz für Weintrauben macht. Unser trockenes Klima lässt den ganzen Sommer hindurch nur selten einen bewölkten Tag zu. Wird die Hitze allerdings übermäßig groß, dann schwächt sie die Reben und vermindert die Qualität der Frucht.

Erinnern Sie sich: Jesu lehrte seine Jünger über den Weinberg, kurz bevor sie mit der schwersten Versuchung ihres Lebens konfrontiert wurden. In den nächsten paar Stunden sollte Jesus verraten und gekreuzigt werden. Als er ihnen ankündigte, er werde sie verlassen, wurden die Jünger von Angst gepackt. Immer wieder richtete Jesus die dringende Bitte an sie: „Lasst euch durch nichts in eurem Glauben erschüttern!" (vgl. Joh 14,1). Er verhehlte ihnen nicht, dass sie in dieser Welt Schmerzen ertragen müssten. Aber sie bräuchten nicht zu verzweifeln, da er die Welt überwunden habe.

Jakobus nahm in seinem Brief dieselbe Botschaft auf: *„Seht es als einen ganz besonderen Grund zur Freude an, meine Geschwister, wenn ihr Prüfungen verschiedenster Art durchmachen müsst"* (Jak 1,2). Es ist ein Grund, sich zu freuen, weil die Beharrlichkeit, die widrige Umstände hervorbringen, die Verheißung zur Erfüllung bringt. Diese ersten Nachfolger Jesu wollten uns wissen lassen, dass wir schmerzliche Umstände nicht verachten oder Gott darum bitten sollen, sie zu ändern, sondern dass wir stattdessen erkennen dürfen, dass er damit etwas viel Größeres in unserem Leben bewirken will.

In den zitierten Bibelstellen können wir nirgends entdecken, dass die Verfasser andeuteten, Gott sei der Urheber ihrer Versuchung. Er braucht die Stärke unseres Glaubens nicht zu messen, als wüsste er es nicht. Er arrangiert unsere Krisen nicht, genauso wenig, wie wir das bei unseren eigenen Kindern tun. Das Leben in einer gefallenen Welt bietet reichlich Gelegenheit für Schwierigkeiten und Herausforderungen.

Wenn wir versucht werden, haben wir zwei Möglichkeiten: Wir können entweder im Glauben reagieren und zulassen, dass wir als ein Teil unseres Reifeprozesses leiden, oder wir können wütend oder resigniert reagieren und damit eine Chance verpassen. Gott kann den verachtenswertesten Umstand benutzen und in den Reifeprozess einbauen. Er hat uns versprochen, wir müssten nie eine größere Bewährungsprobe bestehen, als wir ertragen könnten, und dass er stets einen Weg findet, sodass die Gnade über das Böse triumphiert.

Das ist alles, was Beharrlichkeit heißt: Durchhalten angesichts von Schwierigkeiten. Gehen Sie weiter zu Gott, trotz Ihrer Verletzungen, Zweifel oder Wut. Gott wird damit fertig. „Bleibt in mir“ ist das Motto des Weinbergs, und zu keiner Zeit ist dieser Rat wichtiger als im Stress des Sommers.

Was mich in meinem Leben am meisten verändert hat, entstand mitten im Schmerz, als ich mich nicht länger auf meine eigene Kraft und Weisheit verlassen konnte und stattdessen ganz neue Orte der Ruhe in der Liebe des himmlischen Vaters fand. Er hat mich durch wirtschaftlichen Verlust, das Hintergehen durch enge Freunde, die arglistige Täuschung durch Kollegen und die Unsicherheit aufgrund von Verletzungen oder Krankheiten hindurchgetragen.

Bin ich für solche Erfahrungen dankbar? Nein! Auch das kann ich zugeben. Aber ich kann sagen, dass Gott manche seiner größten Werke mitten im tiefsten Schmerz vollbringt. Ich freue mich an dem, was er dadurch in mir gewirkt hat, auch jetzt noch, nachdem die Wunden längst verheilt sind.

Wenn ich mir anschaue, wie dramatisch Gott in solch hässlichen Umständen mein Leben verändert hat, habe ich nichts mehr zu befürchten – was immer geschehen mag. Seine Liebe ist imstande, uns an den dunkelsten Orten aufzufangen.

Kapitel 15

Der treue Versorger

Der Vater hat ja nicht einmal seinen eigenen Sohn verschont, sondern hat ihn für uns alle hergegeben. Wird uns dann zusammen mit seinem Sohn nicht auch alles andere geschenkt werden?

Römer 8,32

Die Israeliten waren ursprünglich ein Nomadenvolk. Weinberge anzulegen war undenkbar. Im Gegensatz zu vielen Getreidesorten werden Weinstöcke nicht im Frühjahr gepflanzt und einige Monate später geerntet. Man braucht fünf Jahre, um einen frisch gepflanzten Weinberg zur Produktionsreife zu bringen. Als Gott seinem Volk Weinberge verhieß, verhieß er ihnen auch, er würde sie sesshaft machen, und zwar lange genug, dass sie sich an den Früchten erfreuen konnten. Sein Wirken in ihnen, seinem Volk, zielte nicht nur auf den Augenblick ab. Als Jesus seinen engsten Freunden das Gleichnis vom Weinberg erzählte, verbanden diese damit noch viel mehr: Weinberge spielten in der Geschichte Israels eine einzigartige Rolle als spezielle Symbole für Gottes Versorgung und Zuneigung.

Israels Weinberge wurden somit zu einem Zeichen von Gottes Verheißung, dass sie sich in einem Gebiet für eine längere Zeit niederlassen durften, um dort die Früchte der Weinberge genießen zu können. Als sie sich in Kanaan niederließen, wurden sie zu Nutznießern von Weinbergen, die sie nicht gepflanzt hatten – ein Zeichen für Gottes Fülle. Als sie später aus dem Exil in Babylon zurückkehrten, versicherte ihnen Gott, er würde sie noch einmal in Kanaan ansiedeln und sie würden dort die Gelegenheit haben, Weinberge anzulegen.

Ob Gott sein Volk segnete, konnte man an den Weinbergen ablesen. Er verhieß ihnen ein auf die Ernte von Trauben maßgeschneidertes Wetter, wenn sie ihm den ersten Platz in ihrem Herzen gaben. Sollten sie ihm aber den Rücken zukehren, dann würden sie ihre Weinberge an eine Besatzungsmacht verlieren oder aus Wassermangel aufgeben müssen.

Es gibt nicht vieles, was so desolat aussieht wie ein verdorrter Weinberg. Wenn Rebstöcke sterben, kann man das nicht mit Getreide vergleichen, das einer Dürre zum Opfer fällt. Egal, wie stark das Getreide beschädigt ist – es geht nur um den Verlust eines Jahres. Im nächsten Jahr kann neues Getreide ausgesät und eine volle Ernte erwartet werden. Mit dem Rebstock ist das nicht möglich. Ist er zerstört, fällt die Ernte für etliche Jahre aus.

In solchen Zeiten des Mangels pflegte Gott sie wieder an seine Seite zu locken und ihnen zu versprechen, sie könnten aufs Neue Fuß fassen und in ihrem Land verwurzelt werden. Auch die Weinberge würden erneut angelegt werden, und sie könnten sich an ihren Früchten gütlich tun.

Das kann man in großen Teilen des Alten Testaments nachlesen. Als die Jünger während ihrer letzten gemeinsam verbrachten Nacht Jesus in besagtem Weinberg umringten, war für sie ganz klar, dass der Weinstock ein bedeutendes Symbol für Gottes Versorgung war. Des Herrn Segen und Zucht konnte an Israels Weinbergen abgelesen werden, denn wenn sie ihr Herz an falsche Götter hingen, enthielt er ihnen diese Versorgung vor. Offensichtlich benutzte Gott den Zusammenhang zwischen Israels geistlichem Leben und ihrem Wohlergehen, um damit geistliche Realitäten darzustellen. Suchten sie Gott, schenkte er Leben. Wandten sie sich von ihm ab, erlebten sie den Tod.

Jesus dagegen zeigte seinen Jüngern Gott als einen Vater, dem nicht daran lag, sie abwechselnd zu bestrafen oder zu belohnen, je nachdem, ob sie sich nach seinen Wegen richteten oder nicht, sondern der sie durch seine Liebe gewinnen wollte. Er war auch ihr Vater, der mit ihnen durch dick und dünn gehen würde. Während Gottes Botschaft im Alten Testament „Folge mir und du wirst keinen Ärger haben" zu sein schien, stellte Jesus klar, dass das Leben in dieser Welt zwar nicht einfach ist, dass aber Gottes Liebe inmitten der Probleme wirksam sein und sie schließlich überwindet kann.

Wenn sie nicht verstanden haben, wie sich Gottes Wirken in uns mit dem Kommen Jesu verändert hat, werden viel Leute jede Not oder Krankheit als Beweis dafür sehen, dass Gott sich entweder nicht um sie kümmert oder gar nicht in der Lage dazu ist. Sie sehen ihr Leid dann als seine Strafe an, und statt dass sie in solchen Momenten zu seiner Liebe hingezogen werden, schieben sie ihn weg, weil sie meinen, er habe es verursacht, oder sie verwenden ihre ganze Energie darauf, Gott zu bewegen, ihr Leid zu wenden.

Man muss nicht lange mit Gott leben, um zu wissen, dass Gott nicht jede schmerzliche Situation in unserem Leben wegnimmt, obwohl er das tun könnte. Diese Tatsache ist aber kein Beweis dafür, dass er uns nicht liebt. Die Freude der ersten Christen beruhte auf dem Wissen, dass Gott nicht der Urheber ihrer Schwierigkeiten war, sondern dass er diese nutzen wollte, um ein wichtigeres Ziel zu erreichen.

Paulus und Barnabas ermutigten die ersten Gemeinden mit den Worten: *„Wir müssen viel Schweres durchmachen, ehe wir in sein Reich kommen"* (Apg 14,22). Ist das ermutigend? Ich bin mir sicher, dass die meisten Menschen dies als eine schlechte Nachricht ansehen würden, es sei denn, sie leiden schon. Paulus und Barnabas wollten damit sagen, dass unsere Nöte kein Beweis dafür sind, wir seien bei Gott in Ungnade gefallen, sondern dass sie uns helfen, das Reich Gottes klarer zu sehen.

Damit sei nicht behauptet, die Leidenden hätten einen größeren Anteil im Reich Gottes, sondern vielmehr eines: Wenn durch extreme Situationen unsere fleischlichen Ambitionen aufgedeckt und überwunden werden, dann werden wir mehr und mehr frei, an Gottes Wirklichkeit teilzuhaben.

Gott ist nicht der Urheber unserer Pein; er hat sie zugelassen, um uns Leben zu geben. In Jesu Gleichnis über den Weinberg taucht immer wieder sein Vater auf. Gott ist nicht nur der Weingärtner, der beschneidet und reinigt, sondern auch der liebende Vater, der alles bereitstellt, was seine Kinder benötigen, um an seinem Leben teilzuhaben.

Es gab nichts, was mein leiblicher Vater unterlassen hätte, um seinen Weinberg fruchtbarer zu machen und mit allen feindlichen Kräften fertig zu werden, die seine Reben zu zerstören drohten. Doch obschon er für seine Rebstöcke tat, so viel er nur konnte – wie z. B. bewässern oder den Boden düngen – war er doch nicht immer in der Lage, alle Kräfte der Natur zu besiegen. Zu manchen Zeiten war er genauso ein Opfer dieser Elemente wie jeder Rebstock in seinem Weinberg.

Gott dagegen kann jede Einzelheit und jeden Umstand in seinem Weinberg überwachen und jeden Feind des Wachstums überwinden. Er kümmert sich nicht nur um den Weinberg, sondern er ist auch Herr über die ganze Schöpfung und die Kraft hinter jeder Stufe unseres Wachstums. Wenn Sie erkennen, dass Gott sich oft dafür entscheidet, uns inmitten all unserer Schwierigkeiten beizustehen und zu versorgen, als uns daraus zu retten, dann werden Sie frei, seine Liebe zu empfangen, ungeachtet der Umstände, in denen Sie stecken.

Ganz gewiss ist Gott fähig, jeden unserer Umstände zu ändern, und er ermutigt uns sogar, ihn darum zu bitten. Entscheidet er sich aber, unsere Not nicht zu ändern, dann können wir immer noch beruhigt sein in dem Bewusstsein, dass Widrigkeiten auch ein wichtiger Faktor im Prozess der Fruchtbarkeit sein können. Dieser Faktor ist zwar nicht gerade erfreulich, aber meist sehr effektiv. Unser aller Vater weiß genau, welche der Schwierigkeiten erforderlich sind, damit die Rebe Frucht bringt, und welche nicht. Im letzteren Fall tritt er selbst auf den Plan und bekämpft sie für die Rebe.

Diese Wirklichkeit hat mein Gebetsleben verändert. Früher habe ich Gott angefleht: „Gott, wenn du mich liebst – wie kannst du das nur zulassen?" Inzwischen bete ich eher: „Mir ist bewusst, dass du mich sogar in dieser Situation liebst. Hilf mir, dich in all dem zu sehen und zu erkennen, wie ich dir darin folgen kann."

Fällt es Ihnen schwer, dem Vater in den Umständen zu vertrauen, mit denen Sie gerade zu kämpfen haben, dann liegt das wohl daran, dass Sie den Vater nicht so gut kennen, wie er das gerne hätte. Bitten Sie ihn, und er wird Ihnen helfen, seine Liebe selbst an den dunkelsten Orten zu finden.

Ich mag Eugene Petersons Kommentar in Bezug auf das, was Jesus Christus in unserer Zeit tut. Wann immer das Neue Testament davon spricht, dass *Jesus seinen Platz zur Rechten des Vaters eingenommen hat und seither darauf wartet, dass seine Feinde zum Schemel für seine Füße gemacht werden* (Hebr 10,12-13), übersetzt das Peterson z. B. mit: *Jesus wird das letzte Wort über alles und über jeden haben.*

Mein Vater hatte immer das letzte Wort in seinem Weinberg. Er war der Letzte, der die Rebzeilen ablief, nachdem das Beschneiden und Festbinden, das Pflücken der Trauben und das Ernten der Rosinen durchgeführt war. Er pflegte Trauben zu pflücken, die übersehen worden waren, Weinranken anzubinden, die sich von den Haltedrähten losgemacht hatten, oder Rosinen aufzuheben, die zu Boden gefallen waren.

Es begeistert mich, dass Jesus das letzte Wort über alles hat. Egal, was Sie heute durchmachen – egal, wie schmerzlich Ihre Umstände oder wie zerbrochen Ihre Beziehungen sind – Jesus wird das letzte Wort haben. Vielleicht noch nicht heute, aber heute ist noch nicht das Ende aller Tage.

Nichts ist vollständig, bis es in ihm vollendet ist. Alles andere ist lediglich ein Teil des Prozesses.

Kapitel 16

Ein Blick auf Gottes Prioritäten

Wir beten, dass ihr des Herrn würdig lebt, ihm in allen Stücken gefallt und Frucht bringt in jedem guten Werk und wachst in der Erkenntnis Gottes.

Kolosser 1,10 (LUT)

Es gibt nichts, was ein Bauer lieber tut, als seinen Acker zu inspizieren.

Während seine Trauben heranreiften, war auch mein Vater ständig auf der Lauer, um die Gesundheit der Weinstöcke und die Fülle seines künftigen Ertrags abschätzen zu können. Zwischen der ersten Knospung und dem letzten Tag der Ernte konnte ich meinen Vater jederzeit fragen „Wie steht's mit dem Ertrag?“, und ohne Zögern kam seine Antwort: „Durchschnittlich“, oder: „Etwa zwanzig Prozent überm Durchschnitt.“

Selbst wenn die Trauben noch kleiner waren als der Radiergummi auf meinem Bleistift, hatte er schon erspäht, wie viele kleine Beeren eine Traube hat und wie viele Trauben an jedem Weinstock hängen – das alles erfordert ein genaues Hinsehen.

Wenn ich also an einen Winzer denke, fällt mir meist sofort die Szene ein, wie mein Vater mit beiden Händen in einen Weinstock hineinfasst und die Blätter beiseiteschiebt, um bis in den letzten Winkel hineinzuspähen. Er freute sich über jede

Traube wie ein kleines Kind, das nett verpackte Geschenke mit seinem Namen darauf unter dem Weihnachtsbaum entdeckt.

Solche inspizierenden Blicke konnte man bei ihm sogar in den Tagen nach der Ernte beobachten – es hätte ja sein können, dass ein Erntehelfer eine dieser Trauben übersehen hatte! Für einen Winzer gibt es nichts Wichtigeres als die Frucht, die in seinem Weinberg wächst – wozu pflanzt man schließlich sonst einen Weinberg?

Jesus weist in seiner Lehre über den Weinberg darauf hin, dass es seinem Vater nicht anders geht. Neunmal in seiner kurzen Predigt in Johannes 15 erwähnt er die Frucht oder die Fruchtbarkeit. Alles, was der himmlische Vater in seinem Weinberg tut, ist darauf angelegt, dass jede Rebe des Weinstocks Früchte hervorbringt.

Eine Rebe, die keine Frucht hervorbringt, wird abgeschnitten. (Diesen Prozess werden wir uns im weiteren Verlauf des Buches noch genauer ansehen, wenn wir zum Winter kommen.) Es hat keinen Sinn, die Energie des Weinstocks auf etwas zu verschwenden, was keine Frucht bringt. Auch eine Rebe, die Frucht trägt, schneidet der Winzer – aber nicht etwa ab, sondern zurück: Er stutzt sie, damit sie noch mehr Frucht bringen kann (Vers 2). Frucht, Frucht, Frucht! Das hat beim himmlischen Vater Priorität, und wenn wir uns damit nicht identifizieren, werden wir immer wieder enttäuscht sein, wie der Herr in unser Leben eingreift.

Leider sind wir nicht alle mit dieser Priorität ins Reich Gottes gelangt. Die meisten Menschen sind in dieses Reich mit anderen Zusagen Gottes gelockt worden:

- Einigen wurde Sicherheit im Hinblick auf ihre Ängste versprochen. Sie denken: *Gewiss gibt es für Gott nichts Wichtigeres, als zu gewährleisten, dass meine Umstände mich nie mehr verunsichern.*
- Andere haben erlebt, dass ihnen in einer schwierigen Lage geholfen wurde. Sie denken: *Gewiss gibt es für Gott nichts Wichtigeres, als zu gewährleisten, dass ich nie mehr in Not gerate.*

- Andere haben Vergebung und Reinigung von ihrer Schuld und Scham erfahren. Sie denken: *Gewiss gibt es für Gott nichts Wichtigeres, als mich vor jeder Versuchung zu schützen, die mich zum Sündigen verführt.*
- Und manche haben Gott als eine Quelle der Heilung für ihre verwüstete Seele entdeckt. Sie denken: *Gewiss gibt es für Gott nichts Wichtigeres, als zu gewährleisten, dass ich glücklich bin und nie mehr verletzt oder gekränkt werde.*

Überdenken Sie diese Einstellungen! Ist es Gottes oberste Priorität, dass wir uns sicher, geschützt und glücklich fühlen? Viele Leute, die sich darauf verlassen, fallen aus allen Wolken, wenn ihre Erwartungen nicht erfüllt werden.

Im Weinberg sagte Jesus allerdings, Gottes Priorität bestehe darin, dass wir uns von ihm fruchtbar machen lassen. Unsere Prioritäten sind allerdings oft nicht so edel. Wir wären viel lieber glücklich oder würden uns wenigstens gerne rundum wohl fühlen. Weil Gottes Priorität am Ende zählt, werden wir uns in fortwährendem Konflikt mit Gottes Wirken befinden, solange wir an einem anderen Ziel als Fruchtbarkeit festhalten.

Für manche scheint dieses Reden über Fruchtbarkeit (*„... damit ihr noch mehr Frucht bringt“*, Joh 15,2) nicht mit dem, was wir weiter vorne zum Thema Erfüllung gesagt haben, zusammenzupassen (*„Ich sage euch das, damit meine Freude euch erfüllt und eure Freude vollkommen ist“*, Joh 15,11). Der Winzer weiß aber, dass beides zusammenhängt. Die Frucht erwächst allein aus der Fülle. Und unser Vater weiß, dass wir nur in unserer Fruchtbarkeit solche Freude finden.

Gesunde Rebstöcke bringen Frucht hervor, gestresste nicht. Ein Rebe, die nicht ordentlich beschnitten oder schlecht ernährt ist oder der zu wenig Wasser zugeführt wurde, wird ihre Frucht abwerfen, damit sie selber für kommende Jahre am Leben bleibt. Kein Rebstock, der sich selbst überlassen ist, wird fruchtbar sein; stattdessen degeneriert er zu einer ausufernden Masse fruchtloser Blätter und Triebe. Von Insekten angegriffen und durch Vernachlässigung geschwächt, hat er nicht mehr genug Leben in sich, um Frucht hervorzubringen. Genauso wären auch wir nicht mehr in der Lage, Frucht hervorzubringen, wenn Gott alle unsere ehrgeizigen Pläne und unsere Suche nach einem bequemen Leben erfüllen würde.

Darum schult und erzieht der Vater seine Reben. Auch wenn dies das Leben für eine kurze Zeit schwierig macht, möchte er sie die Fülle der Freude erleben lassen, die sich ergibt, wenn sie fruchtbar ist.

Als Jesus sich zum letzten Mal Jerusalem näherte, sagte er seinen Jüngern, die Stunde seines Todes sei nahe. In dem, was sich wie ein spontaner Gefühlsausbruch anhört, sehen wir den Kampf, den Jesus ausgefochten hat: *„Mein Herz ist jetzt voll Angst und Unruhe. Soll ich sagen: Vater, rette mich vor dem, was auf mich zukommt?"* (Joh 12,27a). Ist das nicht der Aufschrei, der uns spontan in den Sinn kommt, wenn wir in Schwierigkeiten geraten? So ging es Jesus.

Gewiss hätte Jesus gerne auf die Schmerzen verzichtet, aber er entschied sich für etwas Besseres: *„Nein, denn jetzt ist die Zeit da; jetzt geschieht das, wofür ich gekommen bin. Vater, offenbare die Herrlichkeit deines Namens!"* (Joh 12,27b). Anstatt seine eigene Rettung zu fordern, setzte er Gottes Verherrlichung an die erste Stelle. Dies war ihm wichtiger als sein eigenes Wohlbefinden. Und auf diese Art zeigte er uns den Weg, wie wir fruchtbar werden.

Das effektivste Gebet im Sommer ist auch für uns: *Vater, sei verherrlicht.* Geht es uns mehr um seine Verherrlichung als um unser Wohlergehen, dann werden wir in der Lage sein, daran mitzuwirken, dass Gottes Bestimmung für uns sich immer mehr entfaltet (V. 16)!

Ginge es Gott in erster Linie um unsere Bequemlichkeit, dann hätte er niemals zugelassen, dass die Gemeinde in Judäa durch Verfolgung zerstreut wurde oder dass Paulus mit einem Dorn in seinem Fleisch zu kämpfen hatte oder dass Johannes der Täufer auf Geheiß von Herodes enthauptet wurde. Offenbar geht es ihm um höhere Dinge. Durch all unsere Schwierigkeiten möchte er unsere Fruchtbarkeit noch erhöhen und gebraucht unsere Umstände, um uns noch tief gehender zu erlösen.

So sehr Gott sich darüber freut, wenn er seine Kinder segnen kann – dahinter steht die Absicht, dass wir anderen zum Segen werden. Der Grund, dass Gott sich Abraham aussuchte, war nicht nur, um ihn zu segnen, sondern um ihn und seine Nachkommenschaft zu einem Segen für die ganze Welt werden zu lassen. Die alleinige Priorität, die den Herrn des Weinbergs antreibt, ist, dass er uns fruchtbar machen will.

Darum schaut der Weinbauer auch so häufig nach. Er will nicht nur den Ertrag abschätzen können, sondern auch kontrollieren, ob die Früchte gesund sind. Von dieser Inspektion hängt alles ab, was der Winzer tut. Der Weinbau ist ein dynamischer Prozess, der eine ständige Anpassung an eine sich verändernde Umwelt darstellt. Es gibt keinen festen Plan, nach dem man sich jedes Jahr richten könnte. Man muss die Rebstöcke beobachten und ihre Bedürfnisse feststellen, die von der Wetterlage und anderen, sich täglich ergebenden Ereignissen abhängen.

Gott passt auf, dass die Frucht in unserem Leben wächst, und fördert behutsam ihre Entwicklung; damit stellt er sicher, dass die Ernte kommt. Nichts entzückt sein Herz mehr, als wenn er entdeckt, dass die Reben vor Früchten schier bersten. Das ist der Grund, weshalb er sie pflanzt und ernährt. Darum können wir ihm keine größere Anbetung und Verehrung entgegenbringen, als ihn seine Frucht in uns bringen zu lassen.

Fruchtbarkeit ist nicht optional. Sie führt uns in manche dunklen Täler, doch selbst in unseren schwierigsten Momenten wird er da sein und nach uns Ausschau halten. Er hat uns ständig im Blick, damit er uns mitten in unserem Verzicht Überfluss geben, unsere Wunden verbinden, angesichts von Angst ermutigen und seinen Frieden schenken kann, der sogar in Krisenzeiten aufblüht.

Kapitel 17

Was heißt fruchtbar sein?

Die Frucht, die der Geist Gottes hervorbringt, besteht in Liebe, Freude, Frieden, Geduld, Freundlichkeit, Güte, Treue, Rücksichtnahme und Selbstbeherrschung.

Galater 5,22-23

Stellen Sie sich vor, Sie hätten während des Höhepunktes der Ernte den Weinberg meines Vaters besucht. „Nehmen Sie bitte hier Platz", hätte mein Vater gesagt, „ich will Ihnen schnell eine Kostprobe aus meinem Weinberg bringen." Sofort stellen Sie sich eine große Traube von ausgereiften Beeren vor; ihre grüne Farbe ist mit einem Hauch Gold überzogen, der von dem in den Beeren enthaltenen Zucker kommt. Sie können fast schon das süße Fruchtfleisch auf Ihrer Zunge schmecken.

Was aber wäre passiert, wenn mein Vater zurückgekommen wäre und Ihnen eine Schale mit gekochten Weinblättern gebracht hätte oder einen Teller mit gebratener Weinstockrinde?

Sie wären schockiert gewesen! Jedermann weiß, dass man keine Weinreben anpflanzt, um Blätter oder Rinde zu ernten. Obwohl es auch Gerichte gibt, bei denen Weinblätter verwendet werden, weiß jeder, dass die eigentliche Frucht des Weinstocks Trauben mit runden, saftigen Beeren sind. Kauen Sie ruhig einige Blätter, wenn Sie mögen, oder sogar die Rinde. Sobald Sie aber die Trauben probiert haben, geben Sie sich mit nichts anderem zufrieden als mit Weintrauben.

Was bedeutet nun Fruchtbarkeit für den himmlischen Vater? Seit ich Christ bin, sind mir alle möglichen Definitionen dafür begegnet – vom Gewinnen neuer Bekehrter über die Größe der Gemeinde bis hin zu Buchverkäufen auf Veranstaltungen. Da sich nur wenige Leute für fruchtbar halten, meinen die meisten, genau das fehle ihnen.

Sind solche Christen gut darin, einen Bibelkreis zu leiten, dann meinen sie, echte Fruchtbarkeit bestehe darin, Neubekehrte in das Reich Gottes zu bringen. Sind sie evangelistisch erfolgreich, dann denken sie, die echte Frucht liege darin, konkret Menschen zu helfen, die in Not sind. Helfen sie Menschen in Not, dann tun sie das ihrer Meinung nach nur, weil sie nicht die „wirkliche" Arbeit im Reich Gottes tun, die darin liege, eine große Anzahl von Menschen zu lehren.

So dreht sich der Reigen weiter und weiter, und nur wenige von uns hören Gott mit Begeisterung zu uns sagen: „Gut getan!" Scheinbar sind wir einfach nicht ganz sicher, was Gott wirklich von uns erwartet.

Ein Teil unserer Verwirrung, was Fruchtbarkeit eigentlich heißt, kommt aus unserer Neigung, alles in Zahlen zu fassen, auch das, was wir als Maß des Erfolgs ansehen – zum Beispiel die Anzahl der Bekehrten, die Anzahl der Personen, die an einem Treffen teilnehmen, oder das Ausmaß unseres Einflusses. Fügen wir dem unsere unvollständige und verdrehte Ansicht über das hinzu, was die Bibel über Fruchtbarkeit sagt, dann ist es kein Wunder, dass unsere Sicht verschwommen ist.

Im Alten Testament wird der Begriff *Fruchtbarkeit* fast ausschließlich dafür gebraucht, Nachwuchs zu bekommen. Das sehen wir schon an den ersten Anweisungen Gottes an die Tiere und Menschen („Seid fruchtbar und vermehrt euch"; 1 Mo 1,22.28). Auch bei den Verheißungen an die Patriarchen war mit Fruchtbarkeit speziell die Vermehrung der Menschen gemeint.

Nur wenige Bibelstellen geben einen Eindruck von Gottes tieferer Sicht, was es für uns heißt, in seinem Reich fruchtbar zu sein. Psalm 72,3 (ELB) verbindet Frucht mit Gerechtigkeit, und Jesaja 32,17 erweitert diese Aussage: *„Das Werk der Gerechtigkeit wird Friede sein, und der Ertrag der Gerechtigkeit Ruhe und Sicherheit für ewig"* (ELB). Aber der vielleicht klarste Hinweis steht in Hosea 10,12 (NLB): *„Pflanzt Gerechtigkeit, dann sollt ihr dementsprechend auch gute Früchte ernten. Erschließt euch neuen Ackerboden, denn jetzt ist die Zeit da, den Herrn zu suchen, damit er kommt und euch mit Gerechtigkeit überschütten wird."*

Frucht wird hier als ein Ausdruck von Gerechtigkeit gesehen, die aus der unfehlbaren Liebe des Vaters kommt. Die Definition der Bibel von Fruchtbarkeit geht im Lauf der Zeit über die zahlenmäßige Zunahme hinaus; es geht immer mehr um die Tiefe unseres Charakters.

Im Neuen Testament setzt sich dieser Bedeutungswandel fort. Fruchtbarkeit wird *ausschließlich* als ein Zeichen der verändernden Kraft Gottes im Charakter seines Volkes gesehen.

Johannes der Täufer ermutigt uns: *„... bringt Frucht, die zeigt, dass es euch mit der Umkehr ernst ist!"* (Mt 3,8). Im Philipperbrief ermahnt Paulus die Christen: *„... seid erfüllt mit der Frucht der Gerechtigkeit, die durch Jesus Christus gewirkt wird, zur Herrlichkeit und zum Lobpreis Gottes!"* (Phil 1,11 ELB). Im Epheserbrief (5,9-11) stellt Paulus den Unterschied zwischen der Frucht des Lichts (lauter Güte, Gerechtigkeit und Wahrheit) und den unfruchtbaren Werken der Finsternis heraus.

Im Galaterbrief (5,22-23) schließlich beschreibt Paulus mit großer Einfachheit und Klarheit die Frucht, die Gott in seinem Volk sehen möchte: Liebe, Freude, Frieden, Geduld, Freundlichkeit, Güte, Treue, Rücksichtnahme und Selbstbeherrschung.

Das ist die Frucht, die Gott auch Ihnen schenken will. Sie hat nichts zu tun mit unserer Aktivität oder mit etwas, das wir zählen könnten. Fruchtbarkeit ist ein verwandeltes Leben, das Gottes Charakter einfach dadurch anschaulich macht, wie wir in der Welt leben. Füllt diese Frucht unser Leben aus, werden wir feststellen, dass wir mit Menschen so umgehen, dass sich das Reich Gottes in der Welt ausbreiten kann.

Die ersten drei dieser Früchte – Liebe, Freude und Frieden – werden oft als Segen bezeichnet, mit denen Gott seine Kinder beglückt. Er schenkt uns die Fähigkeit zu lieben, erfüllt unser Leben mit seiner Freude, und verleiht uns einen Frieden, der unser ganzes Verstehen übersteigt. Menschen, die in dieser Realität leben, sind ansteckend. Wenn Sie in Gottes Liebe leben, werden Sie diese Liebe gerne weitergeben und andere Menschen nicht länger für Ihre eigenen Bedürfnisse benutzen. Sie werden eine Freude ausstrahlen, die tiefer gründet als das Auf und Ab Ihrer Umstände. Sie werden von anderen nicht mehr verlangen, Sie glücklich zu machen, vielmehr ist Ihnen dann daran gelegen, das Leben anderer Menschen positiv zu beeinflussen. Und wenn Sie sogar mitten in schwierigen Umständen Frieden gefunden haben, werden Sie anderen ein Fels sein, der diesen Hoffnung vermittelt.

Die zweite Gruppe – Geduld, Freundlichkeit und Güte – beschreibt, wie wir mit anderen Menschen umgehen sollen: Wenn Sie allen mit Geduld zu begegnen, statt frustriert oder fordernd zu sein, wenn Sie freundlich statt egoistisch sind und schließlich gütig, mit einem Blick auf das, was recht und gerecht ist, werden andere Menschen Sie schätzen, selbst diejenigen, die eine andere Lebenseinstellung haben als Sie selbst. Wenn Ihr Leben diese Früchte hervorbringt, brauchen Sie nicht mehr geduldig, freundlich oder gütig zu *handeln* – Sie werden geduldig, freundlich und gütig *sein*.

Die letzten drei Früchte – Treue, Rücksichtnahme und Selbstbeherrschung – kennzeichnen das Benehmen und die Haltung eines Menschen, der durch Gottes Charakter verändert wird. Auch dies führt dazu, dass Sie zu einer Person werden, die anziehend auf andere Menschen wirkt. Sie werden in guten wie in schlechten Zeiten Treue bewahren, nicht nur, wenn es Ihnen von Nutzen ist. Sie werden anderen rücksichtsvoll begegnen, vor allem denjenigen, die anderer Meinung sind als Sie, anstatt sie in Ihre Vorstellungen zu pressen. Und wenn Sie sich selbst im Griff haben, werden Sie nicht nach Lust und Laune handeln und sich auch nicht davon beeinflussen lassen, wenn andere Sie manipulieren wollen.

Diese Gedanken sind nicht schwer zu verstehen, aber im Alltag schwierig umzusetzen. Wie würde jemand aussehen, der die Kriterien Liebe, Freude, Frieden, Geduld, Freundlichkeit, Güte, Treue, Rücksichtnahme und Selbstbeherrschung in jeder Situation an den Tag legt? Ich meine, er würde genauso aussehen wie … nun, wie Jesus.

Frucht entsteht aus unserem Charakter heraus. Fruchtbarkeit hat nichts damit zu tun, wie viele Bibelarbeiten ich gehalten habe, wie viel Geld ich gespendet habe oder wie viele Menschen ich zu Jesus Christus geführt habe, noch hat es etwas mit irgendeiner anderen religiösen Aktivität zu tun. Fruchtbarkeit bedeutet die Umgestaltung unseres Lebens, sodass wir unserer Umgebung Gottes Wesen widerspiegeln. In Johannes 15 ist der Aufruf zur Fruchtbarkeit und das Gebot Jesu, dass wir einander lieben, wie er uns geliebt hat, ein und dasselbe.

Nur wenn wir wissen, wie sehr wir von ihm geliebt sind, können wir überhaupt anfangen, uns um andere zu kümmern. In diesem Prozess des Wachsens und des Reifens wird seine Liebe in unserem täglichen Leben zunehmend Wirklichkeit. Die Früchte des Geistes sind nicht das, was wir kurzfristig aus uns heraus schaffen, sondern was Gott ein Leben lang in uns hervorbringt. Wenn Gott in uns Gestalt annimmt, werden wir das daran sehen, dass wir in spontanen Situationen auf rechte Weise mit Menschen umgehen können. Wir müssen dann nicht mehr überlegen, wie wir handeln sollten.

Ist das Ziel unserer wachsenden Beziehung zu Jesus nicht, dass wir in sein Bild umgewandelt werden und seine Herrlichkeit immer mehr zum Ausdruck bringen, dann ist es sinnlos! Wer kennt nicht Persönlichkeiten, die große Dinge für Gott tun oder sogar mit großer Weisheit sprechen können, denen es aber im Umgang mit anderen Menschen an Liebe, Geduld oder Sanftmut fehlt? Ihre Arroganz und ihr Ärger machen alles zunichte, was sie vorher erreicht haben. Was Paulus in 1. Korinther

13 sagt, ist richtig: Ohne Liebe sind wir nur ein dröhnender Gong und heben all das Gute auf, das wir Menschen weitergeben möchten.

Worauf die Welt wartet, sind Menschen, die Gottes Charakter widerspiegeln durch die Art, wie sie miteinander und auch mit denen umgehen, die andere Ansichten haben als sie. Sind wir bereit, unser Leben für andere hinzugeben, wie Jesus dies getan hat, einfach weil sie uns wichtig sind? Wenn andere dieses Leben nicht in uns sehen – weshalb sollten sie uns Glauben schenken? Jesus sagte, unsere Liebe sei alles, was die Welt sehen müsse, um zu wissen, wie Gott ist.

Jesus verwandte nicht viel Zeit darauf, seinen Jüngern beizubringen, wie man Evangelisationen oder Hausbesuche plant. Er hatte ihnen schon vorher an jenem Abend gesagt, dass es die Frucht ist, worauf es dem Vater und der Welt ankommt: *„An eurer Liebe zueinander werden alle erkennen, dass ihr meine Jünger seid“* (Joh 13,35). Trotz all unseren Institutionen und unserer technischen Möglichkeiten mangelt es uns schmerzlich an der Fähigkeit, der Welt eine sich aufopfernde Gemeinschaft zu zeigen, in der es Liebe, Vergebung und Respekt gibt statt übler Nachrede, Manipulation und Sich-Beschweren.

Solange die Gemeinde Jesu noch nicht mit inniger Liebe überfließt, machen wir nur viel Lärm, den die Welt nicht versteht. Jedes Mal, wenn wir unser Leben für eine andere Person einsetzen, gestatten wir der Welt, zu sehen, was vor zweitausend Jahren auf Golgatha geschah.

Das ist die Frucht des Weinbergs. Der Vater möchte sehen, dass sein Charakter unser Leben erfüllt und – wie die Weintrauben eines überladenen Weinstocks – aus uns herausquillt. Wenn wir begreifen, dass dies Gottes Leidenschaft ist, dann wird es auch unsere werden.

Kapitel 18

Wenn ihr ...

Lasst uns nicht müde werden, das zu tun, was gut und richtig ist. Denn wenn wir nicht aufgeben, werden wir zu der von Gott bestimmten Zeit die Ernte einbringen.

Galater 6,9

In den Weinbergen dieser Welt haben Reben keine freie Wahl. Sie müssen das, was der Winzer oder seine Mitarbeiter mit ihnen macht, still über sich ergehen lassen. Das ist ihre Bestimmung!

Wenn ich im Winter im Weinberg meines Vaters mithalf, die Weinstöcke zu beschneiden, hatte ich völlige Freiheit, was ich mit den Reben anfing. Ich verfügte darüber, welche Ruten (Rebzweige) bleiben sollten und welche abgeschnitten wurden. Ich war sozusagen der Herr des jeweiligen Rebstocks und entschied nach eigenem Gutdünken, welche Rebe ich für genügend robust hielt, um künftig einen guten Ertrag zu gewährleisten. Die Reben hatten kein Einspruchsrecht. Sie konnten sich nicht selber beschneiden, auch wenn sie das gewollt hätten, oder gar sich selber wieder aufpfropfen, nachdem ich sie schon abgeschnitten hatte. Sie waren schlicht und einfach Opfer, ohne Stimme oder Wahl.

Auch hier unterscheidet sich der Weinberg des himmlischen Vaters in ganz entscheidenden Punkten vom irdischen Weinberg. In Gottes Weinberg haben die Reben ihren eigenen Willen.

Niemand zwingt sie zu wachsen. Sie müssen nicht mit dem Weinstock in Verbindung bleiben. Wir dagegen sind im Prozess, Frucht zu bringen, aktiv beteiligt; das ist kein Automatismus oder nur Gottes Sache.

Menschen benutzen oft den Ausdruck *bedingungslose Liebe*, wenn sie Gottes Liebe beschreiben. Diese Formulierung hat mir schon immer Bauchschmerzen bereitet – nicht etwa, weil Gottes Liebe Bedingungen unterworfen wäre, sondern weil es so etwas wie eine an Bedingungen gebundene Liebe gar nicht gibt. Echte Liebe ist Zuneigung für eine andere Person, ganz gleich, wie diese handelt. Liebe besteht ewig.

Allerdings gibt es im Weinberg des Vaters so etwas wie bedingungsloses Wachstum nicht. Gott lädt uns ein, uns an diesem großartigen Prozess aktiv zu beteiligen. Jesus hat diese Wahrheit seinen Jüngern offenbart, und zwar mittels des einfachen Wortes *wenn*. In seinem Gleichnis vom Weinberg (vgl. Joh 15[1]) benutzt Jesus dieses *Wenn* fünfmal. Auf jedes *Wenn* folgt eine einfache Aussage, die die Rolle erklärt, welche die Rebe im Weinberg spielt:

- ***Wenn** jemand in mir bleibt und ich in ihm bleibe, trägt er reiche Frucht* (V. 5).
- ***Wenn** jemand nicht in mir bleibt, geht es ihm wie der unfruchtbaren Rebe: Er wird weggeworfen und verdorrt* (V. 6).
- ***Wenn** ihr in mir bleibt und meine Worte in euch bleiben, könnt ihr bitten, um was ihr wollt: Eure Bitte wird erfüllt werden* (V. 7).
- ***Wenn** ihr meine Gebote haltet, werdet ihr in meiner Liebe bleiben* (V. 10).
- *Ihr seid meine Freunde, **wenn** ihr tut, was ich euch gebiete* (V. 14).

Wenn. Ein einfaches Wort, um einfache Tatsachen auszudrücken. Tu das, und das wird geschehen; tu das nicht, und etwas anderes wird geschehen. Ursache und Wirkung. Säen und

---

[1] Dieses Kapitel ist am Ende dieses Buches ganz nachzulesen (Anm. d. Übers.).

Ernten. Einfache Tatsachen, einfach ausgedrückt, ganz ohne Schlupflöcher oder mildernde Umstände. So hat Gott das geregelt. Sie können sich entscheiden, mitzumachen oder es sein zu lassen. Das Vollbringen liegt ganz bei Gott, die Entscheidung liegt bei uns.

Unser freier Wille bedeutet aber nicht etwa, dass wir als die Reben in Gottes Weinberg tun und lassen könnten was wir wollen. Das ist der Weinberg des Vaters. Er hat ihn gemacht, und er bestimmt, wie er funktioniert. Wir haben die freie Wahl, ob wir dabei sein wollen, aber wir können nicht nach unserem Belieben ändern, wie Gottes Weinberg funktioniert. Wir können nicht die Vorzüge genießen, ohne uns in den Prozess einzugliedern.

Ich begegne immer wieder Menschen, die sich danach sehnen, dass ihre Beziehung zu Gott an Tiefe gewinnt. Sie haben Verlangen nach seiner Gunst und seinem Segen. Wer würde dazu nein sagen? Aber selbst mit dieser Sehnsucht im Herzen halten viele Menschen daran fest, sich von ihrer eigenen Weisheit oder von ihren Wünschen bestimmen zu lassen. Sie hoffen, dass die Gnade Gottes irgendwie ihre Selbstsucht und ihr Versagen, sich Gottes Wegen unterzuordnen, ausbügelt.

Als Kind war ich immer auf das Geld aus, das mein Vater uns für unsere Mitarbeit im Weinberg bezahlte, aber die Arbeit, um das Geld zu erhalten, wollte ich eigentlich nicht tun. Dieselbe Einstellung habe ich in meinen Kindern entdeckt, als sie noch jung waren. Sie wollten Nutznießer der Arbeiten sein, die im Haushalt zu erledigen waren, wie z. B. waschen und Geschirr spülen, aber sie taten sich nicht leicht, sich daran zu beteiligen.

Bei einer Rebe in Gottes Weinberg funktioniert das einfach nicht. Die fünf *Wenn*-Bedingungen zwingen uns zu der Entscheidung, ob wir Jesu Einladung, seine Freunde zu sein, annehmen oder nicht.

Wenn wir mit ihm zusammenarbeiten, steht uns eine Menge an umwerfenden Gelegenheiten offen. Wenn nicht, haben wir gewisse Konsequenzen zu tragen. Die Rebe verdorrt und wird weggeworfen. Weshalb? Weil der Lehre Jesu über den Weinberg eine gewaltige Tatsache zugrunde liegt: „Ohne mich könnt ihr nichts tun“ (Joh 15,5c). Wenn wir uns von der Beziehung zu Jesus abschneiden, sind wir unfähig, irgendetwas im Reich Gottes zu tun. Das heißt nicht, dass wir uns nicht in seinem Namen in irgendwelche religiösen Aktivitäten stürzen könnten – aber keine dieser Aktivitäten wird die wahre Frucht seines Reiches tragen.

Wir können davon abgelenkt werden, Jesus in unser Leben einzubeziehen, und es noch nicht einmal richtig merken. Sein Segen scheint uns auch dann noch zu begleiten, wenn wir aus eigener Kraft weitermachen. Wir sind uns nicht bewusst, dass der Tod schon um unser Haus schleicht. Eines Tages wachen wir auf und fühlen uns von den Anforderungen an unser Leben ausgepumpt oder gestresst. Wir wundern uns, weshalb wir Gott nicht mehr so nahe bei uns spüren wie früher und erkennen nicht, dass wir uns von der Quelle des Lebens entfernt haben.

Die größte Gefahr, von der wir bedroht sind, ist, dass wir unsere Freundschaft mit Jesus vernachlässigen. Und wenn wir unser Leben nicht mehr aus ihm beziehen, werden wir versuchen, es von unserer Umgebung zu bekommen. Reben sind bauernschlaue Pflanzen. Sie suchen überall nach Nahrung, wo sie diese nur finden können. Sie sind bekannt dafür, dass sie überall Wurzeln schlagen, wo es ihnen gelingt. Ein Rebzweig muss nur auf den Boden fallen, und schon treiben dieselben Knospen, die Trauben und Blätter hervorbringen sollen, Wurzeln. Das geschieht so unkompliziert, dass es eine der wichtigsten Vermehrungsmethoden im irdischen Weinbau ist – aber nicht so im Reich Gottes!

Sobald eine Rebe eigene Wurzeln treibt, braucht sie den Weinstock nicht mehr. Aber Reben sollten eigentlich keine Wurzeln haben, sondern nur Rebzweige (Ruten), Blätter und Früchte. Was für ein Bild für unser eigenes Leben! Selbst wenn wir uns bemühen, Jesus nachzufolgen, verlockt uns der Feind dazu, unsere Wurzeln in die einfachsten Dinge zu treiben. Diese Welt verspricht zwar sofortige Befriedigung, doch bietet sie keine echte Nahrung und keine wirkliche Zufriedenheit.

Darum konzentrieren sich die *Wenn*-Voraussetzungen auf unsere Beziehung zu Jesus. *Wenn* wir in ihm bleiben, werden wir viel Frucht bringen. *Wenn* wir in ihm bleiben, dann können wir ihn bitten, was wir wollen, und es wird uns gegeben. *Wenn* wir seinen Worten gehorchen, werden wir in seiner Liebe bleiben. Wir sind seine Freunde, *wenn* wir tun, was er gebietet. *Wenn* wir das nicht tun, werden wir verdorren und sterben.

Unsere Aufgabe ist es, in der Beziehung zu bleiben, die er angefangen hat, indem wir ihn immer besser kennenlernen und auch lernen, ihm zu folgen. Alles Gute, das der Weinberg bietet, empfangen wir über diese wachsende Freundschaft. Er liebt uns nicht weniger, wenn wir dieses Angebot seiner Freundschaft ausschlagen, aber dann werden wir von dieser Liebe auch nichts haben. In der Geschichte vom verlorenen Sohn liebte der Vater diesen Sohn nicht weniger, als er noch in Sünde lebte oder Sklave des Schweinehalters war. Doch kam ihm die Liebe seines Vaters nicht zugute, als er die Beziehung nicht aufrecht erhielt.

Wenn wir enttäuscht von Gott weggehen, weil seine Verheißungen nicht unseren Erwartungen entsprachen, dann müssen wir ehrlich darüber nachdenken, ob wir wirklich so auf ihn eingegangen sind, dass sein Leben in uns Wurzeln schlagen konnte. Oft werden wir zugeben müssen, dass dem nicht so war. Alles, was wir dann tun müssen, ist, wie der Verlorene Sohn zum Vater zurückzukehren. Dort werden wir offene Arme finden, die darauf warten, uns zu empfangen und die von ihm so ersehnte Beziehung wieder aufzunehmen.

Viel zu lange haben viel zu viele geglaubt, dass das religiöse Leben darin besteht, ein Glaubensbekenntnis zu bejahen oder eine „öffentliche Entscheidung für Jesus“ zu treffen. Worte sind billig. Jesus lädt uns in Wirklichkeit zu einer Freundschaft ein, in der wir es lernen, seine Stimme zu erkennen, seine Wege zu verstehen und seinen Wünschen zu folgen.

Alles, was wir an Erfüllung und Fruchtbarkeit erleben, ist Folge dieser schlichten Realität.

KAPITEL 19

Was geschieht mit den unfruchtbaren Reben?

Wenn jemand nicht in mir bleibt, geht es ihm wie der unfruchtbaren Rebe: er wird weggeworfen und verdorrt. Die verdorrten Reben werden zusammengelesen und ins Feuer geworfen, wo sie verbrennen.

Johannes 15,6

Reben, die fruchtlos sind, fallen auf. Die Rebe selbst mag gut aussehen, aber die von ihr ausgehenden Ruten sind welk und sehen krank aus. Nur wenige von ihnen schaffen es, wenn überhaupt, die Spanndrähte über ihnen zu erreichen, die sie ja stützen sollen.

Das habe ich tausendfach gesehen, und es schien mir jedes Mal eine solche Verschwendung: Eine Rebe braucht für ihre Entwicklung viele Jahre, und jede Rebe hat das Potenzial, viel Frucht hervorzubringen. Sobald es jedoch offensichtlich war, dass eine Rebe nicht mehr in der Lage war, Frucht zu tragen, musste ich sie absägen.

Ich ging in diesem Fall neben dem Weinstock auf die Knie und holte die Astsäge aus meiner Gesäßtasche hervor. Ich klappte die Klinge auf, sägte die fruchtlose Rebe ab und warf das tote Holz in die Fahrgasse zwischen den Rebzeilen.

Nicht anders verhält es sich in Gottes Weinberg. Reben sind dazu da, Frucht zu bringen, und wenn sie das nicht tun, gibt es für sie keine andere Verwendung. Sie werden abgeschnitten, eingesammelt und verbrannt. Was könnte man denn sonst noch mit ihnen anfangen? Sie gleichen nicht anderen Holzarten, aus denen man Möbel herstellt oder die man zum Bauen verwendet.

Manche Leute nehmen Rebzweige, um daraus Kunstobjekte zu gestalten. Sie verflechten sie miteinander zu einem Kranz, den sie dann mit getrockneten Blumen und wogenden Bändern dekorieren. Ich habe solche Kränze nie gemocht. Ich habe zu lange auf einem Weingut gelebt, als dass ich in toten Rebzweigen etwas anderes sehen könnte als Brennholz oder Dünger für das nächste Jahr.

Der Weingärtner schneidet diejenigen Reben ab, die keine Frucht tragen, und wirft sie ins Feuer. „Trage Frucht oder brenne“ könnte Thema von Johannes 15 lauten. Früher verstand ich ein Großteil der Sprache der Bibel als eine Bedrohung: Entweder man tat Gottes Willen oder man wurde dafür bestraft ... und natürlich löste gerade dieser Bibelabschnitt in den Leuten die schlimmsten Ängste vor der Hölle aus.

Jesus hat jedoch in jener Nacht seine Jünger nicht bedroht. Er lud sie ein in seine Liebe. Man kann keine Beziehung mit Jesus anfangen, die auf Angst beruht – das würde zu keiner Fruchtbarkeit führen. Jesus wollte, dass seine Jünger verstanden: Ohne eine fruchtbare Beziehung zu ihm würde ihr Leben ohne große Bedeutung sein. Er wollte vermeiden, dass sie sein Wirken zu einer Religion reduzierten, die auf menschlicher Leistung gründet ist. Stattdessen ging es ihm darum, dass sie die Fülle des Lebens in ihm finden.

Einige der Berichte aus dem Leben Jesu, die mir am meisten zu schaffen gemacht haben, sind die, als er scheinbar vielversprechende Kandidaten für sein Reich abwies. Ein Mann, der ihm nachfolgen wollte, wollte vorher noch seinen Vater begraben. Jesus erwiderte ihm barsch: *„Lass die Toten ihre Toten* *begraben. Du aber gehe und verkündige die Botschaft vom Reich Gottes!"* (Lk 9,60).

Oder wie war es, als der reiche junge Mann Jesus nachfolgen wollte? Jesus verlangte von ihm, er solle erst seine ganze Habe verkaufen und den Erlös den Armen geben! Daraufhin ging dieser entmutigt weg, da er zu dieser Konsequenz nicht bereit war (Mk 10,17; Lk 18,18).

Einmal wies Jesus sogar eine Menschenmenge von über 5000 ab. Diese hatten die wundersame Vermehrung von Brot und Fisch erlebt und waren dann Jesus um den See Genezareth herum nachgelaufen. Zu diesen sagte Jesus: *„Wer mein Fleisch isst und mein Blut trinkt, der bleibt in mir und ich bleibe in ihm"* (Joh 6,56). Seine Zuhörer verstanden diese mysteriösen Worte nicht und gingen verwirrt und enttäuscht weg. Sie fragten sich, ob das eine Einladung zum Kannibalismus war. Was mich daran stört, ist, dass Jesus ihnen nicht nachlief, um ihren Irrtum aufzuklären: „Kommt zurück! Ich habe doch das Abendmahl gemeint!"

Weshalb siebte Jesus diese Menschen aus, indem es sie vor Herausforderungen stellte, die gewiss schwieriger waren, als viele Neubekehrte sie heutzutage auf sich nehmen könnten? Oder zielte Jesus auf etwas ab, das tiefer liegt? Konnte er sehen, dass es sich bei ihnen um Reben handelte, die nicht tief genug Wurzeln schlagen würden, um Frucht hervorzubringen? Der erstgenannte Mann hätte sich wohl immer zuerst um seine Familie gekümmert zu Lasten des Reiches Gottes. Das Geld des reichen jungen Mannes wäre immer sein wirklicher Gott geblieben. Die hungrige Volksmenge war nur auf das kostenlose Essen aus und hatte nicht den Glauben, der viele andere Zeiten übersteht, wenn Gottes Handeln unseren Verstand übersteigt.

Vielleicht hatte Jesus erkannt, dass diese Menschen ohnehin nicht fruchtbar gewesen wären und darum hätten abgeschnitten werden müssen, wenn er ihnen nicht eine Möglichkeit, sich zu verändern, angeboten hätte.

Menschen, die nur so viel von der Errettung haben wollen, um sich sicher fühlen zu können, dass sie der Hölle entkommen, erstaunen mich immer wieder. Der Vater hat uns doch ein herrliches Reich erschlossen, in dem wir mit ihm leben und die größte Freude erfahren können. Warum sollte man sich mit weniger zufrieden geben?

Gott ist bereit, alles zu tun, um uns zu helfen, unseren Weg in eine Beziehung zu ihm zu finden. Jesus erzählte noch ein anderes Gleichnis, um das Herz, das sein Vater für den Weinberg hat, zu veranschaulichen. Zwar geht es dabei um einen Feigenbaum, doch ist die Anwendung dieses Gleichnisses nicht weniger für uns von Bedeutung:

> *Ein Mann hatte in seinem Weinberg einen Feigenbaum stehen; doch wenn er kam und sehen wollte, ob der Baum Früchte trug, fand er keine. Schließlich sagte er zu dem Gärtner, der den Weinberg pflegte: „Schon drei Jahre komme ich jetzt, um zu sehen, ob dieser Feigenbaum Früchte trägt, und finde keine. Hau ihn um! Warum sollte er den Boden noch länger aussaugen?“*
> *„Herr“, erwiderte der Gärtner, „lass ihn noch dieses Jahr stehen. Ich will die Erde um ihn herum noch einmal umgraben und düngen. Vielleicht trägt er dann nächstes Jahr Früchte – wenn nicht, kannst du ihn umhauen“* (Lk 13,6-9).

Kein Weinbauer würde von einem Weinstock erwarten, dass er in drei Jahren in vollem Umfang Früchte hervorbringt, aber es ist äußerst ungewöhnlich für einen Weinstock, so lange zu wachsen, ohne dass sich irgendeine Frucht zeigt.

Im Gleichnis ist der Eigentümer bereit, den Baum umzuhauen und statt dessen einen neuen zu pflanzen, der Frucht bringt; der Gärtner hat jedoch mehr Hoffnung: *„Geben wir ihm noch eine Chance; ich will alles tun, damit ich seine Fruchtbarkeit anregen kann, und wenn er dann immer noch keine Frucht trägt, werden wir ihn umhauen.“*

Jesus erzählt dieses Gleichnis, damit am Beispiel des Herzens des Gärtners das Herz des himmlischen Vaters offenbar wird. Hier zeigt sich noch ein Unterschied zu dem Eigentümer, der nur auf das Ergebnis schaut. Gott sieht Potenzial, wo wir es oft übersehen haben; er ist bereit, in einem weiteren Versuch alle seine Ressourcen zu mobilisieren, um bei uns Fruchtbarkeit zu bewirken. Das Unfruchtbare abzuhacken ist niemals Gottes erste Wahl; es ist nur sein letzter Ausweg.

Gott hat immer noch Hoffnung, dass Sie fruchtbar werden, auch wenn es so aussieht, als hätten Sie die letzten Jahre vergeudet. Solange Sie noch hungrig und gewillt sind, auf den Vater einzugehen, ist Ihre Zeit noch nicht um.

Nur Jesus kann uns fruchtbar machen, indem er sein Leben durch uns lebt. Bleiben Sie in Verbindung mit dem Weinstock. Wenn Sie das tun, werden Sie so viel Frucht bringen, dass Sie gar nicht mehr wissen wohin damit.

Kapitel 20

Nahrung, die Leben spendet

Bleibt in mir, und ich werde in euch bleiben. Eine Rebe kann nicht aus sich selbst heraus Frucht hervorbringen; sie muss am Weinstock bleiben.

Johannes 15,4a

Das Anbinden von Reben ist wohl die schmerzhafteste Pflicht eines Winzers. Jede Rute (Rebzweig), die beim Beschneiden eines Weinstocks übrig bleibt, muss um den Stützdraht gewickelt und daran angebunden werden, bevor der Saft zu fließen beginnt. Oft muss das getan werden, während der Frost die Ruten immer noch im Griff hat. Da wir als Kinder danach bezahlt wurden, wie viele Weinstöcke wir angebunden hatten, kam es auf die Schnelligkeit an.

In meiner Hast gelang es mir nicht immer, alle Ruten sicher festzubinden. Und so kam es ab und zu vor, dass eine aus der Befestigung schnellte und gegen meine gefrorene Wange prallte. Ich weiß nicht, ob Ihnen jemals an einem frostigen Morgen ins Gesicht geschlagen wurde, aber ich kann das nur als eine ausgezeichnete Form von Quälerei empfehlen.

In der Folge ärgerte ich mich regelmäßig, und noch bevor ich einen vernünftigen Gedanken fassen konnte, riss ich oft die Rute, die mir weh getan hatte, vom Weinstock ab, um sie für ihre hinterhältige Tat zu bestrafen. Erst dann wurde mir die

Zerstörung bewusst, die ich angestellt hatte. Da ich aber nicht erwischt werden wollte, weil ich nur vier statt der pro Weinstock erforderlichen fünf Ruten angebunden hatte, steckte ich die abgerissene Rute in eine Ritze im Weinstock und befestigte sie dann wieder am Draht. Keiner hätte es gemerkt – wenigstens solange der Saft noch nicht floss. Und obwohl die Rute immer noch am Weinstock steckte, haben wir ja schon gesehen, dass sich nichts regen wird, wenn sie nicht wirklich mit dem Weinstock in Verbindung ist. Keine einzige Knospe wird sich öffnen, auch kein einziges Blatt. Diese Rute ist tot.

Jemand, der durch den Weinberg geht, kann den wichtigsten Beitrag, den der Weinstock den Reben leistet, noch nicht einmal sehen. Das findet unter der rauen Borke im Verborgenen statt. Durch kleine Kapillaren fließen Nährstoffe und Wasser von den Wurzeln her durch den Stamm und verteilen sich auf alle seine Reben, bis sie jedes Blatt und jede heranreifende Traube erreichen. Dieser Leben spendende Saft macht den ganzen Unterschied zwischen einer fruchtbaren Rebe und einer Rebe, die man nur noch wegwerfen kann, aus.

Nur im Frühjahr kommt dieser Fluss des Lebenssaftes ans Licht, und zwar bevor der Weinstock austreibt. Am Ende einer beschnittenen Rute bildet sich oft ein kleiner Tropfen des Saftes. Im frühen Morgenlicht strahlen diese Tropfen wie Diamanten, ein sicheres Zeichen, dass der Frühling vor der Tür steht und der Saft wieder in den Reben fließt.

Genau wie bei den Reben am Weinstock reicht es nicht aus, dass wir uns nur in der Nähe der Gegenwart Jesu aufhalten – wir müssen mit ihm auf eine Weise verbunden sein, die unser Leben ernährt. Wir werden nicht verändert, wenn wir nur die Bibel lesen, beten oder Gemeinschaft pflegen, sondern nur, insofern diese Dinge dazu beitragen, dass wir eine wachsende Beziehung zu Jesus erleben, in der sein „Lebenssaft" in unser Leben fließt. Wie geschieht dies? Er hat uns zugesagt: Wenn wir in ihm bleiben, werden seine Worte in uns bleiben. Anders gesagt: Wenn wir in ihm leben, wird er weiter zu unserem Herzen sprechen und uns mehr über sich selbst und über das Wirken seines Vaters zeigen.

Ist es nicht so? Ihre besten Freunde wissen am meisten über Sie und umgekehrt. Je besser Sie Ihre Freunde kennen, umso genauer verstehen Sie ihre Worte und Handlungen. Am Anfang sagte Jesus seinen Jüngern, sie seien rein (oder frisch beschnitten) durch die Worte, die er an sie gerichtet hatte. Am Ende sagte er ihnen, seine offenbarenden Worte würden das Wesen ihrer Beziehung definieren. Er wollte nicht, dass sie seine Diener seien, sondern seine Freunde:

> *Ich nenne euch Freunde und nicht mehr Diener. Denn ein Diener weiß nicht, was sein Herr tut; ich aber habe euch alles mitgeteilt, was ich von meinem Vater gehört habe* (Joh 15,15).

Es gibt drei wichtige Wege, wie diese Offenbarung in unserem Leben Raum greift. Der erst liegt auf der Hand – die Bibel selbst. Diejenigen, die den Wunsch haben, mit dem Weinstock verbunden zu sein, werden Menschen sein, die die Bibel studieren. Dort finden sie Gottes vollständige Offenbarung, die für uns aufgeschrieben ist, sodass wir sie jederzeit nachlesen können und wissen, wer er ist und was er in unserem Leben tut.

Wie in der Anbetung hat Jesus auch hier ganz klar seine Gegenwart zugesagt. Wollen wir Gottes Fülle an Freude und Fruchtbarkeit haben, dann werden wir eine regelmäßige Gewohnheit entwickeln, wie wir uns mit den Inhalten der Bibel ernähren. Wir werden allmählich lernen, wie man sie liest, über sie nachsinnt und sie richtig auslegt. Sogar Jesus hat die Kraft der Schrift genutzt, um die Versuchungen Satans zurückzuweisen.

Aber die „Worte", auf die sich Jesus in jener Nacht mit seinen Jüngern bezog, meinen nicht nur die Bibel allein. Lernen, wie man seine Stimme erkennt, ist ein unerlässlicher Bestandteil, um die ganze Herrlichkeit unserer Freundschaft mit ihm zu genießen.

Er liebt es, sich seinem Volk bekannt zu machen und es auf seinen Wegen zu führen. Das hat er in der Vergangenheit getan – indem er z. B. Henoch, Noah, Abraham und anderen persönlich erschienen ist, bis hin zur Offenbarung seiner Gesetze und seinem Rat durch seine Propheten. Schließlich hat Gott durch die größte Offenbarung überhaupt – seinen eigenen Sohn, die exakte Verkörperung von Gott selbst – noch einmal gesprochen. Kam an diesem Punkt Gottes Wesen, sich zu offenbaren, zum Ende? Nein.

Jesus selbst ließ seine Jünger gleich nach seinem Gleichnis über den Weinberg wissen, er habe ihnen noch viel mehr zu sagen. Weil sie damals aber nicht in der Lage waren, noch mehr zu hören, vertraute er dem Wirken des Heiligen Geistes, dass dieser es ihnen später noch erklären würde (vgl. Joh 16,12). Dieser werde sie in alle Wahrheit leiten.

Jesus wollte, dass seine Jünger wissen, dass sie nicht alleine weitergehen und versuchen müssten, alles, was er ihnen gesagt hatte, so gut wie möglich umzusetzen. Als der Heilige Geist an Pfingsten über sie kam, war das die Erfüllung von Gottes Verheißung, sich all denen zu offenbaren, die ihm nachfolgen. Das Ergebnis – wie wir es in der Urgemeinde sehen können – war ein Volk, das durch Gottes Gegenwart mit Kraft erfüllt und sensibel für seine Stimme war. Diese Verheißung wurde erweitert auf alle, die der Vater seitdem zu sich gerufen hat (vgl. Apg 2,39). Gottes aktives Wirken um unseretwillen endete nicht mit der Vollendung der Bibel. Seine Offenbarung geht auch heute noch weiter.

Stumme Götter sind falsche Götter. Menschen ziehen sie vor, weil sie lieber ihren eigenen Vorstellungen eines Gottes folgen, anstatt dem Ehrfurcht gebietenden, transzendenten Gott aller Zeiten. Es entwertet die Bibel kein bisschen, wenn wir uns Gottes Offenbarungsnatur zu eigen machen. Das genaue Gegenteil ist der Fall. Die Bibel ist die vollständige Offenbarung von allem, was Gott ist, und allem, was er für die Menschen tut. Alles, was der Heilige Geist heute sagt, wendet nur die Wahrheit der Schrift auf unsere aktuellen Bedürfnisse an.

Die Bibel hilft uns auch, für Gottes Stimme sensibel zu werden, indem wir erkennen, was Gott sagt und tut. Die Worte der Bibel sind uneingeschränkt Gottes Worte, und wenn wir durch sie lernen, ihn zu hören, wird uns das helfen, seine Gedanken zu erkennen, wenn er sie in unser Herz hineinspricht. Unsere Eindrücke anhand der Bibel zu überprüfen, ist auch der einzige objektive Test, mit dem wir den Unterschied zwischen unseren und Gottes Gedanken herausfinden können.

Der Apostel Paulus hat uns klar gesagt, dass wir Gottes Stimme in unserem jetzigen Leben nicht mit absoluter Klarheit wahrnehmen können. Er verglich es mit einer schlechten Reflektierung in einem Spiegel (vgl. 1 Kor 13,12). Auch wenn das, was wir jetzt schon sehen können, hilfreich ist, müssen wir anerkennen, dass wir es nicht vollkommen sehen, bis wir bei Jesu Wiederkehr umgeformt werden. Decken sich unsere Wahrnehmungen von Gottes Stimme nicht mit der Schrift – sei es inhaltlich oder was die Absicht angeht –, dann können sie aus gutem Grund zurückgewiesen werden. Gott wird niemals auf eine Art handeln, die dem widerspricht, was er schon über sich offenbart hat.

Die Freundschaft, die Jesus seinen Nachfolgern angeboten hat, steht und fällt mit inniger Kommunikation. Jesus möchte Sie wissen lassen, was der Vater in Ihrem Leben und in Ihrer Umgebung tut. Er möchte nicht, dass Sie in Ungewissheit herumtappen; deshalb hat er Ihnen angeboten, ständig mit Ihnen zu reden.

Manchmal sind wir jedoch – trotz unserer größten Bemühungen im Gebet und im Studieren der Schrift – immer noch verunsichert, was der Wille des Vaters für uns ist. Wir durchlaufen dann oft alle möglichen Gefühlsregungen – von Verdammnis, er spreche nicht klar zu uns, weil wir etwas falsch gemacht haben, über Ärger, er wolle uns etwas vorenthalten, bis hin zu dem Fehlschluss, Gott würde heute nicht mehr reden.

Ich kann Ihnen nicht sagen, warum es zu manchen Zeiten schwieriger ist, Jesu Stimme zu hören. Ich weiß, dass Jesus uns versprochen hat, uns zu enthüllen, was der Vater tut, damit wir nicht nur vermuten müssen, was er vorhat, oder denken, wir müssten uns resigniert unserem Schicksal ergeben. Solches Unterscheidungsvermögen zu entwickeln ist eine lebenslange Aufgabe für eine Rebe. Ich zweifle nicht daran, dass Jesus täglich zu all seinen Nachfolgern spricht. Wir erkennen nur nicht immer seine Stimme. Sie wird leicht vom Lärm unserer Umgebung, von unseren Ängsten oder von unseren eigenen Wünschen übertönt.

Schließlich offenbart sich Gott auch durch echte Gespräche mit anderen Christen. Viele Dinge werden in meinem Herzen geklärt, wenn ich sie mit anderen bespreche, die Jesus genauso leidenschaftlich lieben wie ich. Wenn wir die Worte derjenigen lesen, die vor uns gelebt haben und berichten, welche Wege Jesus sie damals geführt hat, kann das auch Jahrhunderte überspringen.

Es wirkt alles zusammen: das Studium der Schrift, lernen, auf seine Stimme zu hören, und die Gemeinschaft mit anderen Christen. Wir brauchen keinen dieser Wege aus Rücksicht auf die anderen zu verwerfen. Wenn sich durch alle drei dieselbe Erkenntnis ergibt, dann können wir ziemlich sicher sein, wie Gott uns führt.

In seinen Worten zu bleiben, lässt unsere Beziehung zu ihm wachsen und wird uns so stärken, dass wir mit seiner Weisheit und seiner Hilfe die Sommerzeiten unseres Lebens gut durchstehen können.

KAPITEL 21

Feinde des Reifens

Denn wir wollen dem Satan nicht in die Falle gehen. Schließlich wissen wir genau, was seine Absichten sind!

2. Korinther 2,11

Vor zwei Jahren pflanzte ich in meinem Garten vier neue Weinstöcke. Im letzten Sommer, als die Trauben anfingen reif zu werden, zeigte ich sie meinen Enkelinnen, um sie frische Trauben probieren zu lassen. Als sie ein paar Tage später wiederkamen, führte ich sie erneut in den Garten und wir entdeckten, dass die Weinstöcke völlig leer waren. Vögel hatten sich über die Trauben hergemacht, sodass wir keine einzige mehr genießen konnten.

Da es schon vierzig Jahre her ist, dass ich im Weinberg meines Vaters gearbeitet habe, habe ich total vergessen, wie viele Feinde die Trauben zerstören wollen. Nicht nur Vögel stehlen sie, wenn sie reif geworden sind, sondern auch wurmartige Nematoden können die Wurzeln angreifen. Mehltau (ein Schimmelpilz) kann die Weintrauben verfaulen lassen und Insekten können die Blätter angreifen und ihre Fähigkeit, den nötigen Zucker zu liefern, zerstören.

In einem anderen Jahr stahlen sich mehrere schwarze Falter in meinen Garten und legten ihre Eier an den Weinstöcken ab. Tage später schlüpfte die Armee aus: Kleine, gelbe Raupen mit glänzenden lila und schwarzen Streifen machten sich über die Blätter her, während sie sich voranbewegten.

In Kalifornien machen uns auch sogenannte Skeletiermotten zu schaffen. Sie hinterlassen nur noch die Adern der Blätter als schauriges Gerippe des Lebens, das zerstört wurde. Obwohl sie kaum größer sind als ein Stecknadelkopf, kann ihre schiere Masse sehr rasch den Stamm eines Weinstocks zerstören. In wenigen Tagen können sie einen wunderschönen grünen Laubengang in einen Pflanzenfriedhof verwandeln. Wenn ich nicht aufpasse, kann der Krieg schon halb vorüber sein, bevor ich überhaupt gemerkt habe, dass er begonnen hat. Die Feinde im Sommer sind in der Tat zahlreich und greifen auf jeder Ebene des Wachstums und der Entwicklung der Pflanze an.

Genau dann, wenn wir am meisten gestresst sind – wie Weinstöcke in der Sommerhitze –, überkommt einen Satan wie ein Tsunami. Er begnügt sich selten mit einem einzigen Angriff, sondern greift gleichzeitig an mehreren Fronten an. Wenn ich einer Person in einer Krise helfe, zieht diese oft eine Liste mit allen möglichen Dingen hervor, die im Moment schieflaufen: „Glaube mir, Wayne, ich könnte durchaus eines dieser Dinge alleine bewältigen, aber alle auf einmal sind einfach zu viel für mich."

Leider sind viele Menschen, die erwarten, dass die Freuden des Frühlings bis zur Ernte andauern, nicht auf den Ansturm an Konflikten gefasst, den der Sommer mit sich bringt. Es gibt zahlreiche echte Feinde unserer wachsenden Freundschaft mit Jesus. Wenn wir sie nicht erkennen und sie beseitigen, sind wir gezwungen, genau das zu tun, was die Reben eines Weinstocks tun, wenn sie unter Stress stehen – sie werfen die Frucht ab, in der Hoffnung, selber zu überleben.

Wenn wir durch Schwierigkeiten entmutigt sind, ist es leicht, aufzugeben und uns von Gott zurückzuziehen. Die Frucht, die Gott wachsen lässt, wird verdorren, und der Sommer wird umsonst sein. Der Feind hat unsere Freundschaft mit Jesus ständig im Blick und überlegt sich, wie er unsere Zuneigung und Aufmerksamkeit von unserem Herrn weglenken kann. Im

Gleichnis vom Sämann fiel einiges von dem Samen unter die Dornen. Als die Dornen oder das Unkraut sich ausbreiteten, erstickten sie die neuen Pflanzen. *„Das bedeutet: jemand hört das Wort, doch die Sorgen dieser Welt und die Verlockungen des Reichtums ersticken es, und es bleibt ohne Frucht“* (Mt 13,22/NGÜ).

Zwei Waffen führen Krieg gegen unsere Freundschaft mit Jesus. Erstens, die Sorgen dieser Welt. Darum hat Jesus uns gesagt: „Sorgt nicht!“ Gott wird sich um Sie kümmern, wenn Sie zuallererst ihn suchen und auf ihn schauen. Er möchte Ihre Freundschaft vor der Zerstörung, die unsere Sorgen anrichten, bewahren. Leider erlebe ich selten, dass Christen wirksame Gegenmaßnahmen gegen Ängste und Sorgen ergreifen. Viele Leute scheinen sich damit gerne wie mit einem Orden zu schmücken, um anzudeuten, wie schwierig ihr Leben ist.

Wie leicht können Sorgen unsere Gedanken bestimmen. Wir geben dann Gott die Schuld dafür, dass er nicht alles in Ordnung bringt, worüber wir uns sorgen! Zweifel, Unglaube, Neid und Bitterkeit sind oft Früchte unserer Sorgen. Wenn wir es nicht schaffen, ein echtes Vertrauen in Gottes Liebe zu entwickeln, werden andere Christen, die scheinbar nicht mit denselben Dingen zu kämpfen haben, zu einer Bedrohung für uns.

Aus unseren Sorgen und Ängsten entsteht nichts Gutes. Bitten Sie Jesus, dass er Ihr Vertrauen auf ihn stark genug werden lässt, damit Sie diese Sorgen überwinden können.

Satans zweite Waffe ist der Betrug des Wohlstands, ganz gleich, ob wir Geld haben oder nicht. Wenn wir den Wohlstand als die Lösung unserer Probleme anstreben, entsteht in unseren Herzen Gier. Ist er schon vorhanden – was für die meisten im Westen gilt, verglichen mit ärmeren Ländern –, riskieren wir, selbstgefällig zu werden, und wir lassen uns leicht davon ablenken, was man für Geld kaufen kann, oder sind damit beschäftigt, um unseren Besitzstand zu bewahren. Beides zerstört unsere Freundschaft mit Jesus.

Selbstzufriedenheit ist die vielleicht größte Gefahr, weil sie sich so unmerklich einschleicht. Auch wenn sie das Gegenteil von Besorgnis ist, führt sie letztlich zum selben Ergebnis. Wohlstand kann dazu führen, dass wir bequem und zerstreut werden und uns so auf seine vermeintliche Sicherheit verlassen, dass wir meinen, wir kämen ohne Gott aus. Anstatt Gott ernsthaft zu suchen, halten wir an einem kleinen Teil des Christseins fest, das uns sicher erscheint, während wir uns übertriebenem Luxus und Ablenkungen hingeben, die der Wohlstand uns anbietet.

Gott hat nichts gegen berechtigte Vergnügungen. Er hat nur etwas dagegen, dass wir uns derart unseren Vergnügungen hingeben, dass wir Gott aus den Augen verlieren.

Wenn dies passiert, ist unser Vertrauen auf Gott zerstört und unsere Freundschaft mit ihm wird von Lügen untergraben. Am Ende vertrauen wir mehr auf unseren Komfort als auf ihn. Vielleicht erkennen wir die Selbsttäuschung erst, wenn unser Vermögen uns im Stich lässt. Sorgen und der Betrug des Reichtums müssen wie Unkraut ausgemerzt werden, wo immer wir sie finden.

Aber es gibt auch noch viele andere Feinde. Ehrgeiz und Eitelkeit werden in der Bibel oft als Versuchungen angeführt, die uns daran hindern, Jesus nachzufolgen; sie untergraben das Wirken des Sommers, die Frucht reifen zu lassen. Alle, die nicht die Freude und die Freiheit des Gehorsams entdeckt haben, werden keine Frucht bringen. Der Feind wird alles daransetzen, um den Gehorsam durch Versuchung und Ablenkung zu untergraben.

Wir geben ebenso den Plänen des Feindes nach, wenn wir Menschen den Platz einräumen, der eigentlich Jesus zusteht. Jeremia warnt seine Hörer: *„Viele Hirten haben meinen Weinberg verdorben, meinen Acker zertreten. Sie haben meinen kostbaren Acker zur wüsten Einöde gemacht“* (Jer 12,10).

Nichts kann ein fruchtbares Leben schneller zerstören als schlechte Leiterschaft – Männer und Frauen, die ihre Autorität missbrauchen, um Menschen zu manipulieren und auszunutzen, anstatt ihr Wachstum in Jesus Christus zu fördern. Dies kommt teilweise durch Menschen, die andere beherrschen wollen, oder aber durch Menschen, die sich eher an einem Pastor, einem Autor oder anderen einflussreichen Persönlichkeiten orientieren, anstatt ihre eigene Beziehung mit Jesus zu entwickeln. Diese Gefahr dürfen wir nicht ignorieren unter dem Vorwand, die christliche Einheit bewahren zu wollen. Schlechte Leitung muss man erkennen und sich ihr widersetzen. Erlauben Sie niemandem, dass er im Namen der Loyalität gegenüber einem Menschen oder seiner Institution Ihren eigenen Gehorsam gegenüber Jesus einschränkt. Suchen Sie sich lieber gläubige Männer und Frauen, deren Herzen mehr an Ihrer Fruchtbarkeit liegt als an ihrer eigenen. Das sind Leiter nach Gottes Herzen.

Das Erleben des Sommers an sich kann schon zum Feind der Zusage werden, die Gott in unser Herz gelegt hat. Wir denken dann: „Gott lässt auf sich warten oder er hat seine Zusage nicht ernst gemeint." Aber Gott kommt nicht zu spät; jede Zusage, die er gemacht hat, gibt er nicht auf, sondern er ist aktiv dabei, sie zu erfüllen – sogar jetzt, während Sie diese Seite lesen. Zu viele Menschen verstehen diese Tatsache falsch. Weil Gott tief in unseren Herzen etwas bewirken will, handelt er nicht immer schnell. Wenn Sie die Frucht erst erkennen, wenn sie endlich reif ist, wird es Ihnen in Gottes Weinberg schlecht ergehen. Sobald Gott uns etwas verspricht, macht er sich daran, sein Versprechen einzulösen. Lassen Sie nicht zu, dass der Feind Sie hereinlegt, etwas anderes zu denken, oder Sie werden an Gott verzweifeln und die heranwachsende Frucht verwerfen, bevor sie reif ist.

Während die Frucht zu reifen beginnt, startet der Feind einen Frontalangriff, um sie zu zerstören. Der Verrat eines Freundes oder Erwartungen an andere Christen, die sich nicht erfüllen, lässt Ärger und Bitternis entstehen, welche die „Süße", die Gott in uns schaffen möchte, aufzehrt. Statt in der Liebe zu wachsen, werden wir abgestumpft oder zynisch. Der Feind wird uns sogar alte Verletzungen aus der Vergangenheit ins Gedächtnis rufen, um uns den Wunsch zu rauben, dass wir anderen Menschen mit Gottes Liebe begegnen.

In fast jedem Fall lautet die einfache Antwort: Wenden Sie sich Jesus wieder zu und machen Sie sich die Freude über sein Wirken in uns zu eigen. Es gibt keine Schwachheit, die größer ist als Gott, keinen Fehler, den wir begangen haben, der größer ist als Gott, und keinen Feind unserer Seele, der sich gegen seine Gegenwart in unserem Leben behaupten kann, wenn wir einfach immer wieder zu ihm zurücklaufen und ihm erlauben, dass er in uns sein Werk tut.

Kapitel 22

Die Sorgfalt des Weingärtners

Am Acker eines Faulen kam ich vorüber und am Weinberg eines Menschen ohne Verstand. Und siehe, er war ganz in Nesseln aufgegangen, seine Fläche war mit Unkraut bedeckt, und seine steinerne Mauer eingerissen.

Sprüche 24,30-31 (ELB)

Im Sommer tobt im Weinberg ein Krieg an allen Fronten. Jemand, der an einem Sommertag zufällig vorbeikommt, merkt das wahrscheinlich nicht – die Weinstöcke scheinen ganz zufrieden die Nachmittagssonne zu genießen. Aber, wie wir schon gesehen haben, kann der Schein trügen. Fruchtbarkeit ist ein Prozess, der mit Konflikten einhergeht.

Für den Winzer ist die Aufgabe, die Trauben zur Reife zu bringen, ein nicht enden wollender Kampf gegen zerstörende Kräfte. Einen Weinberg zu betreiben, lässt sich nicht mit dem Verfassen eines Buches vergleichen. Es ist nicht so, dass man sich ein paar Jahre eifrig abmüht und dann ein fertiges Projekt auf dem Tisch hat und in den folgenden Jahren zufrieden darauf zurückschaut. Die Arbeit eines Winzers bedeutet, Jahr für Jahr die gleichen Aufgaben zu tun, immer und immer wieder.

Kaum hat der Winzer das Unkraut in der Fahrgasse zwischen den Rebzeilen untergepflügt, fängt das Unkraut schon wieder an zu wachsen. Auch das muss wieder beseitigt werden. Kaum wurde ein Schädling bekämpft, drängt schon das nächste Ungeziefer nach. Die Wildnis versucht ständig, das Land wieder einzufordern, das ihr entrissen worden ist.

Nachlässigkeit ist in Gottes Reich nicht nur eine Verzögerung in unserem geistlichen Wachstum; es ist ein Akt der Zerstörung. Es gibt keinen Stillstand im Leben mit Gott. Wenn man nicht wächst, dann verdorrt man.

Die Winzer überprüfen die Gesundheit ihres Weinbergs unter anderem damit, dass sie sich die neuen Blätter ansehen, die an der Spitze eines jeden Rebzweiges sprießen. Dieses Wachstum hört am Ende des Frühlings nicht auf; es setzt sich bis in die letzten Tage der Ernte fort. Hört das Wachstum auf oder sieht schwach aus, dann weiß der Winzer: irgendetwas ist nicht in Ordnung. Entweder ist der Weinberg zu trocken oder er braucht Dünger oder er ist durch Schädlinge geschwächt.

Von Zeit zu Zeit – besonders in schwierigen Zeiten – spreche ich mit Gott über meinen eigenen geistlichen Weg. Bekomme ich immer noch neue Erkenntnisse, was seinen Charakter und seine Weisheit angeht? Finde ich Wege, dass er mich lieben kann, sodass mein Vertrauen in ihn weiterhin wächst? Finde ich Gelegenheiten, andere so zu lieben, dass sie ihn in mir wahrnehmen? Wenn nicht, dann geht mir normalerweise auf, dass ich selbstzufrieden oder nachlässig geworden bin, weil die Ansprüche der Welt meine Beziehung zu Gott aufgezehrt haben. Das gibt mir Gelegenheit, meinen Blick wieder auf ihn auszurichten.

Solange meine Augen auf ihn schauen, kann ich sicher sein, dass er in mir zum Zug kommt – selbst wenn er seine Verheißungen nicht gleich erfüllt. Der himmlische Vater ist ein aufmerksamer Hüter des Weinbergs. Er wird zur rechten Zeit das Richtige tun.

Ein Weingut richtig zu betreiben ist keine bequeme Sache. Mein Vater stand um halb sechs Uhr morgens auf, um seine Weinstöcke rechtzeitig, bevor es zu windig wurde, zu schwefeln. Ich bin sicher, dass er das viel lieber erst um zehn Uhr getan hätte, aber das wäre nicht sinnvoll gewesen. Wie oft habe ich erlebt, dass er ein Fest bei uns zu Hause verließ, seine Arbeitskleidung anzog und hinausging, um die Bewässerung zu überprüfen. Wenn die Zeit zum Bewässern da ist, kann man nicht länger warten, nur weil gerade Feiertag ist oder eine Familienfeier angesetzt ist. Sobald das Wasser läuft, muss man es immer wieder kontrollieren, auch wenn man lieber etwas anderes tun würde.

Auf unsere geistliche Natur zu achten ist auch nicht immer bequem. Geistliches Leben ist real. Man muss sich darum kümmern, wenn es nötig ist. Wer eine regelmäßige Arbeitszeit hat, sodass er sein Leben in Arbeit, Erholung und Familie aufteilt – für den ist es vielleicht schwierig, sich da hineinzudenken. Weil ich aber auf einem Weingut aufgewachsen bin, verstehe ich diese Gegebenheit sehr gut.

Wir müssen der Führung des Heiligen Geistes folgen, der uns sagt, was jeden Tag dran ist. Das passt nicht unbedingt problemlos in meinen Zeitplan. Manchmal ist das sogar mit zusätzlichen Kosten verbunden und zwingt mich möglicherweise dazu, schwierige Entscheidungen zu treffen. Wir müssen vielleicht zu etwas Gutem Nein sagen, um etwas Wichtigeres zu erhalten.

Meinen Vater zu beobachten, wie er seinen Weinberg pflegte, lehrte mich folgende wertvolle Einsicht. Während einiger Wochen im Jahr musste er zwölf bis vierzehn Stunden pro Tag arbeiten, um alles, was nötig war, tun zu können. Zu anderen Zeiten waren die Ansprüche des Weinbergs gering und er konnte sich auf dem ausruhen, was er bereits geschafft hatte.

Gott ist unser Hüter. Er hält ständig nach den Dingen Ausschau, die unser Wachstum fördern und den zerstörerischen Einfluss des Feindes abschwächen. Während wir unablässig auf ihn schauen, wird er uns geben, was immer wir brauchen, um aus seiner Gnade leben und die Versuche des Feindes überwinden zu können, mit denen dieser uns entmutigen oder ablenken will. Indem wir Gottes Führung folgen, können wir jene Haltungen in uns oder die Geschäftigkeit, die uns von Gott weglenken wollen, identifizieren.

Sorgfalt heißt, nur das zu tun, was der Heilige Geist an jedem Tag von uns will – ohne Ausrede oder Verzögerung, weil es uns vielleicht nicht passt. Verwechseln Sie Sorgfalt nicht mit Geschäftigkeit in der Meinung, eine Fülle an religiöser Aktivität fördere die Fruchtbarkeit. Mitnichten. Halten Sie es auch nicht fälschlich für Gesetzlichkeit – indem Sie annehmen, Sie könnten Fruchtbarkeit durch Ihre Leistung erzielen.

Ein großer Teil dieser Arbeit des Winzers ist keineswegs aufsehenerregend. Sie führt nicht zum Beifall der Menge oder zu öffentlichem Lob. Es geht um die profane Arbeit, Unkraut unterzupflügen, Ruten anzubinden oder gerissene Drähte zu reparieren. Das ist die Art von Arbeit, die immer wieder getan werden muss, um den Weinberg ertragreich zu machen.

Dasselbe gilt für unsere Spiritualität. Suchen Sie nicht eine Spiritualität, die von anderen gesehen wird – öffentlich sichtbare Spiritualität wird Sie nicht in Freiheit und Fruchtbarkeit führen. Machen Sie es stattdessen zu Ihrem Ziel, dass Jesu Werk in Ihrem Leben geschieht. Andernfalls werden Sie leicht von allem Möglichen in Ihrer Umgebung abgelenkt werden. Jahre werden vergehen, ohne dass Sie je die Ernte seiner Frucht sehen, und Sie werden sich wundern, warum. Leider ist es sehr leicht, unabsichtlich unser geistliches Wachstum zu opfern, den leichten Weg zu wählen oder den Launen unserer eigenen Begierden zu folgen.

Allein die Sorgfalt des himmlischen Vaters kann uns da heraushelfen. Indem wir lernen, dem Vater zu folgen, wird sehr bald die geistliche Wirklichkeit um uns herum viel bedeutender werden als die irdisch gesinnte Welt, in der wir leben.

Kapitel 23

Hat man alles getan, dann sollte man innehalten!

Wenn ihr alle nötigen Vorbereitungen getroffen habt, könnt ihr den Angriffen des Feindes standhalten.

Epheser 6,13

Der Sommer neigt sich langsam seinem Ende zu. Es dauert nur noch zwei Wochen, bis die Ernte beginnt. Der Weinberg steht in den letzten Zügen der Produktion. Die Frucht reift heran und zeigt einen täglich ansteigenden Zuckergehalt.

Wo, glauben Sie, hält sich der Winzer in den entscheidenden Tagen vor der Ernte auf? Durchstreift er wachsam seinen Weinberg? Nimmt er den Kampf gegen die endlosen Armeen der Insekten und Unkräuter auf? Macht er sich Sorgen, welche Gefahren da draußen lauern und die Ernte vernichten wollen? Wohl kaum.

Ich will Ihnen sagen, wo sich meine Familie in den ersten Augustwochen aufhielt: Wir gingen zelten.

Unglaublich, nicht wahr? Aber für meinen Vater gab es in diesen letzten Wochen so gut wie nichts zu tun. Die wichtigsten Arbeiten waren schon erledigt. Was er bisher nicht getan hatte, spielte auch jetzt keine Rolle mehr. Der Weinberg war bewässert und die Weinstöcke geschwefelt, um den Mehltau abzuhalten. Es war zu spät, um gegen Insekten zu sprühen, weil das

Insektenvernichtungsmittel nur der Frucht schaden würde. Kein Unkraut schafft es, innerhalb von zwei Wochen so hoch zu wachsen, dass es den Reben schaden könnte. Jetzt wird die Frucht reif, egal, was man tut. Deshalb fuhren wir in Urlaub.

Ein guter Winzer muss genau wissen, an welchem Punkt seine Arbeit endet und wo Gottes Wirken beginnt. Der Winzer kann nur begrenzt etwas: er kann wässern, kultivieren, düngen und beschneiden, aber er kann nichts wachsen lassen – nicht eine einzige Weintraube, nicht einmal ein Blatt. Nur Gott kann dies tun.

Jesus erzählte ein Gleichnis über den Weizen, das diese Tatsache genau beschreibt und uns ermutigt, uns ähnlich zu verhalten:

> *Mit dem Reich Gottes ... ist es wie mit einem Bauern, der die Saat auf seinem Acker ausgestreut hat. Er legt sich schlafen, er steht wieder auf, ein Tag folgt auf den anderen; und die Saat geht auf und wächst – wie, das weiß er selbst nicht. Ganz von selbst bringt die Erde Frucht hervor: zuerst die Halme, dann die Ähren und schließlich das ausgereifte Korn in den Ähren. Sobald die Frucht reif ist, sendet er die Sichel; die Zeit der Ernte ist da* (Mk 4,26-29).

Wir können säen und wir können ernten, aber wir können nicht eine einzige Sache wachsen lassen. Um den Frieden Gottes auch in den schwierigsten Zeiten zu erfahren, müssen wir wissen, wo unsere Verantwortung anfängt und wo sie endet.

Wir können die Dinge nicht wachsen lassen, und wir sind auch nicht für die Ergebnisse verantwortlich: das ist Gottes Sache. Wenn Sie sich mit dieser Tatsache vertraut machen, haben Sie das Geheimnis zum Frieden im Herrn gefunden. Alles, was wir tun müssen, ist, Jesus zu gehorchen, und Gott wird sich darum kümmern, dass seine Ziele erreicht werden.

Die besten Bauern sind geduldige Bauern. Ein Landwirt in meiner Nachbarschaft ist nicht so geduldig. Er ist ständig dabei, den Boden mit irgendeinem Gerät zu bearbeiten. Er fährt dutzende Male über das Feld, wo wenige genügen würden, und treibt damit seine Kosten hoch. Im letzten Jahr pflanzte er seine Baumwolle zu früh und ein später Frühlingsregen zwang ihn dann dazu, das ganze Feld noch einmal zu bepflanzen. Er ist jung; er wird lernen.

Mein Vater ist der geduldigste Mensch, den ich kenne. Ob das sein Beruf als Bauer in ihm bewirkt hat oder ob er den Bauernstand gewählt hat, weil das seinem Temperament entsprach, weiß ich nicht. Aber mein Vater hat ein gutes Gespür dafür, was seine und was Gottes Verantwortung ist. Und er weigert sich einfach, zu versuchen, Gottes Verantwortung zu übernehmen.

Als in einem Jahr der Regen kam und seine Ernte zerstörte, kam sein Glaube an Gott deshalb nicht ins Straucheln. Ich an seiner Stelle hätte mich die ganze Nacht lang geärgert, wäre auf der Terrasse auf und ab gestürmt und hätte dem Sturm geboten und hätte zu Gott geschrien für den Fall, dass er mich unter der Wolkendecke vergessen hätte. Aber bei meinem Vater habe ich nie etwas Ähnliches gesehen. Ich bin mir sicher: Es hat ihm keinen Spaß gemacht, dass die Mühe eines ganzen Jahres innerhalb weniger Stunden dahin war, aber er wurde nicht wütend oder ballte seine Faust gegen Gott. Stattdessen hob er die Hände, neigte den Kopf zur Seite, und mit einem Lächeln, das seinen inneren Frieden offenbarte, der sein Leben regierte, sagte er: „Was soll ich denn sonst tun?"

Wir können säen und ernten, aber nur Gott kann das Wachstum schenken. Das lernt man in einem Weinberg. Das Leben in der Stadt dagegen bestätigt die unsinnige Auffassung: Wenn die Dinge nicht nach unserer Vorstellung laufen, liegt das daran, dass wir uns nicht genug Mühe gegeben haben. Wenn man mit Dingen arbeitet, die wachsen, muss man geduldig sein. Man muss seinen Teil dazu beitragen, aber man muss auch erkennen, dass der wichtigste Teil von Gott kommt. Wir können von Gott nicht erwarten, dass er pflanzt oder das Unkraut beseitigt; damit hat er uns beauftragt – aber er ist derjenige, der die Rebe wachsen und die Frucht reifen lässt.

Immer wenn ich Epheser 6,13 (ELB) lese („... *damit ihr ... wenn ihr alles ausgerichtet habt, stehen bleiben könnt ...*“), fallen mir jene August-Urlaube ein. Hat man alles getan, was man tun kann, dann sollte man ruhen. Selbst wenn Probleme ungelöst bleiben, erlauben Sie Gott, seinen Anteil nach seinem Zeitplan zu vollenden.

Wann immer wir unsere Anstrengungen über seinen Willen stellen, wird das nur die Ernte verderben. Ich sehe viel zu viele Leute an der Schwelle der Verheißungen stehen, die Gott ihnen gegeben hat, die aber einfach nicht abwarten können, bis die letzte Arbeit vollbracht ist. So, wie Abraham Saras Magd geschwängert hat, weil er alle Hoffnung in die Verheißung verloren hatte, versuchen diese Menschen durch eigene Anstrengung das zu erzwingen, was nur Gott tun kann, um seine Verheißung zu erfüllen. Sie versuchen es mit einem Ersatz, um dann später zu entdecken, dass der Ersatz weit hinter Gottes Verheißungen zurücksteht und nur noch mehr Probleme schafft.

Wenn wir versuchen, die Verheißungen Gottes an uns zu reißen, werden wir immer mehr frustriert werden. Nur Gott kann Dinge wachsen lassen. Wir brauchen nur auf seine Pläne zu vertrauen und dann geduldig zu bleiben.

> *Haltet nun also geduldig aus, Geschwister, bis der Herr wiederkommt! Denkt an den Bauern, der darauf wartet, dass auf seinem Land die kostbare Ernte heranreift. Ihretwegen fasst er sich in Geduld, bis der Herbstregen und der Frühjahrsregen auf das Land gefallen sind. Fasst auch ihr euch in Geduld und stärkt eure Herzen im Glauben, denn das Kommen des Herrn steht nahe bevor* (Jak 5,7-8).

Kapitel 24

Weicher und süßer

Nehmt mein Joch auf euch und lernt von mir; denn ich bin gütig und von Herzen demütig. So werdet ihr Ruhe finden für eure Seele.

Matthäus 11,29

In den letzten Wochen vor der Ernte reifen die Trauben rasch. Zwei dramatische Veränderungen finden in dieser Zeit statt, die sie zu den saftigen Trauben werden lassen, die sich der Winzer wünscht.

Anfang August haben die Trauben fast ihren vollen Umfang erreicht. Pflücken Sie sich aber eine ab und beißen in sie hinein, werden Sie sehr enttäuscht sein. Die Beeren sind immer noch hart und so sauer, dass es Ihre Lippen zusammenzieht. Doch in diesen letzten Wochen vor der Ernte füllen sich die Beeren mit Zucker, wodurch sie weich und süß werden.

Die Blätter befinden sich in dieser Zeit in voller Produktion und pumpen die Trauben voll mit Zucker. Fast täglich kann man die sich verändernde Süße schmecken, während der Zuckergehalt in die Höhe schnellt. Dieser Zustrom an Zucker macht auch das Fruchtfleisch innerhalb der Trauben weich. Durchbeißen Sie die feste äußere Haut, werden Sie merken, dass das Fruchtfleisch innen schon weich geworden ist, sodass es in Ihrem Mund beinahe explodiert.

Sind die Trauben dann weich und süß geworden, ist es Zeit für die Ernte. Heutzutage können die Winzer den Zuckergehalt mit besonderen Instrumenten messen und genau feststellen, ob die Trauben voll ausgereift sind. Früher haben die Winzer dagegen ihren Augen und ihren Geschmacksknospen getraut und kamen zu den gleichen Ergebnissen.

Weicher und süßer. Was die Reife der Traube anzeigt, signalisiert auch die Reife eines Gläubigen. Während Gott seine Zusagen in unserem Leben zur Vollendung bringt, gibt es ein Anzeichen dafür, dass er bald fertig ist: die Weichheit und Süße, die unser Verhalten bestimmt. Davor, wenn wir noch um die Verheißung ringen, sind wir etwas härter, voller Arroganz, und bemühen uns, Gottes Werk aus eigener Kraft zustande zu bringen. Doch die lange Zeit des Sommers deckt die Schwäche unserer eigenen Anstrengungen auf.

Indem wir lernen, dem, was Gott tut, mehr zu vertrauen als unserem eigenen Machen, werden wir mit Demut und Sanftheit weich gemacht und mit Barmherzigkeit und Güte gesüßt. Alle Früchte, die der Geist Gottes hervorbringt – Liebe, Freude, Frieden, Geduld, Freundlichkeit, Güte, Treue, Rücksichtnahme und Selbstbeherrschung – ‚sind der Ausdruck eines Lebens, das durchs Feuer geläutert wurde und daraus mit einem größeren Vertrauen in die Zuneigung des Vaters und dessen Wirken in der Welt hervorgegangen ist.

Das sind jedoch nicht die Eigenschaften, die in unserem irdischen Wertesystem am meisten erwünscht oder gefördert werden. Will man in dieser Welt Erfolg haben, muss man stark und zäh sein. Man darf sich keine Anzeichen von Schwäche leisten (gemeint sind Freundlichkeit und Güte); denn es wartet schon jemand darauf, um genau den Moment auszunutzen, an dem das passiert. Das sind die Regeln. Ein jeder, der die Erfolgsleiter erklimmt, hat sie schon frühzeitig gelernt und befolgt sie eisern.

Ein jeder – außer Jesus. In jedem Konflikt, in den er geriet, durch jede gegen ihn gerichtete Lüge von denen, die ihn zerstören wollten, legte er nur diese wunderbaren Früchte des Geistes an den Tag.

Seine Autorität jagte vielen Angst ein, obschon er keine politische Macht innehatte und auch niemand seinen Willen aufzwang. Er zog umher und tat Gutes, aber das war nur für diejenigen bedrohlich, die Gott nicht in ihr Leben lassen wollten. „Einen solchen Menschen haben wir noch nie gesehen!" Den Leuten verschlug seine Art den Atem und sie suchten nach Wegen, Jesus umzubringen.

Sanftheit ist keine Schwäche; im Reich Gottes ist sie das größte Maß an Stärke.

Allzu oft erlebe ich Menschen, die voller Erkenntnis und Eifer, aber immer noch im Weltsystem gefangen sind. Sie sind hart und verurteilend. In ihrem Kielwasser treiben eine Menge Leute, die nicht durch das Evangelium, sondern durch die Art und Weise, wie sie von ihnen behandelt wurden, verletzt sind.

Diese eifrigen Menschen möchten etwas darstellen. Solange das so ist, ist ihr Dienst verunreinigt. Sogar in Funktionen, in die sie Gott tatsächlich berufen hat, gehen sie in eine Verteidigungshaltung und fühlen sich rasch bedroht; das kompensieren sie dann mit Aggressivität und Manipulation. Haben sie damit keinen Erfolg, reagieren sie frustriert und bitter gegen diejenigen, von denen sie annehmen, dass sie ihren Dienst hindern.

Diejenigen, die ihr Leben tief in Jesus geführt haben, legen die gleiche Demut und Sanftheit an den Tag wie Jesus. Sie treiben nicht länger ihre eigenen Pläne voran und ärgern sich, wenn sie nicht bekommen, was Gott ihrer Meinung nach für sie vorgesehen hat. Sie sind aber keine Schwächlinge; denn sie bleiben entschieden bei der Wahrheit, sind aber anderen gegenüber barmherzig. Sie drohen nicht damit, woanders hinzugehen, wo man „ihre Gaben zu schätzen weiß". Sie bringen in ihrem Umfeld gerne das Mitgefühl und die Fürsorge des Vaters zum Ausdruck. Mit schlichter Liebe und Interesse sind sie in der Lage, anderen zu helfen, sich auf Gott einzulassen. Sie wissen, dass Gott Türen öffnet und Türen schließt, und wenn er das tut, kann ihn niemand hindern. Sie sind zufrieden mit ihrer Rolle und haben es nicht nötig, andere klein zu machen, damit sie umso größer erscheinen.

Leben wir in dieser Realität, dann wissen wir, dass die Ernte nahe ist. Wenn nicht, kann unsere fehlplatzierte Leidenschaft genau die Menschen vernichten, die wir eigentlich mit dem Leben Gottes berühren sollten.

Das Endprodukt des Sommer ist – für alle, die ihn mit Ausdauer und wachsendem Vertrauen durchlaufen – ein sanfter und demütiger Geist. Es gibt kein sichereres Anzeichen dafür, dass jemand reif ist, als dass er anderen – und zwar *allen* – mit Freundlichkeit und Güte begegnet. Wenn das in ihr Herz eingezogen ist, dann wissen Sie, dass der Sommer zu Ende ist.

Beginnen wir mit der Ernte!

HERBST

Erntezeit

Lasst uns aber im Gutestun nicht müde werden! Denn zur bestimmten Zeit werden wir ernten, wenn wir nicht ermatten.

Galater 6,9

Zum Glück dauert der Sommer nicht ewig. Irgendwann einmal werden die Tage kürzer; die Hitze ist nicht mehr so intensiv, und wenn man die Trauben kostet, merkt man, dass sie nun süß genug sind, um geerntet zu werden.

Kapitel 25

Erntefreuden

Diejenigen, die das Korn ernten, sollen es auch essen und den Herrn preisen. Und diejenigen, die den Wein gelesen haben, sollen ihn in den Vorhöfen des Tempels auch genießen.

Jesaja 62,9 (NLB)

Für den Winzer gibt es keinen beeindruckenderen Anblick als pralle Trauben, die kaskadenförmig aus den Weinblättern hervorquellen. All seine Arbeit während des vergangenen Jahres war auf diesen Augenblick gerichtet.

Der Weinstock biegt sich unter der Last der Frucht wie ein müdes Pferd mit einem gekrümmten Rücken. Die rissigen und ausgefransten Blätter sind mit einer dicken Staubschicht bedeckt. Einige haben sich gelblich gefärbt, andere sind völlig verwelkt. Viele haben Löcher als Folgen des Krieges, der im Sommer tobte.

Auch wenn sie voller Narben und in Mitleidenschaft gezogen sind, haben die Weinstöcke sich gut entwickelt und tragen reiche Frucht. Der Weinbauer rühmt die Weinstöcke, weil sie ihre Aufgabe vollendet haben und mit den ersehnten Trauben vollhängen. Es ging nie darum, dass sie gut aussehen – sie sollten nur Frucht bringen.

Der Weinberg nutzt die gesamte Wachstumsperiode, um seine Frucht hervorzubringen und reifen zu lassen. Wenn im herannahenden Herbst die Temperaturen niedriger und die Tage kürzer werden, bersten die Trauben fast vor Süße. Der Winzer wartet, bis der Zuckergehalt hoch genug für seine Zwecke ist. Dann bringt er das Erntemesser in Stellung, um die Trauben einzusammeln.

Für einen Winzer gibt es keine Möglichkeit, seinen Erfolg wöchentlich oder gar monatlich zu messen. Seine Arbeit ist auf die eine kurze Zeitspanne ausgerichtet, in der die Ernte eingeholt wird. Das sind Tage großer Freude. Je nach seiner Ausrichtung erntet der Winzer die Trauben entweder als Tafeltrauben oder er macht Wein aus ihnen oder er trocknet sie (wie mein Vater) in Schalen auf dem Boden in der Sonne, um Rosinen aus ihnen zu machen. In der Bibel finden sich Bezüge zu allen drei Verwendungsmöglichkeiten.

So sehr ich die Arbeit auf dem Hof als Kind auch hasste, so ist doch eine meiner schönsten Erinnerungen die letzte Fahrt auf dem Traktor in die Scheune. Die sonnengereiften Rosinen bildeten einen großen Berg, der schräg bis zum Rand des Behälters verlief.

Die Ernte war eingeholt. Wir hatten den Winterstürmen ein weiteres Jahr getrotzt und nun war die Ernte in Sicherheit. Die heiße, staubige Arbeit war vorüber. Ich erinnere mich daran, dass ich mehr als einmal den überwältigenden Anblick der Behälter in mich aufnahm, die sich Reihe an Reihe über den Hügel erstreckten, wo die Nebengebäude vom Hof meines Vaters standen. Ein ganzes Jahr Arbeit und das gesamte Jahreseinkommen meines Vaters steckten unter den schwarzen Plastikdeckeln der Kisten.

Die letzte Aktion der Ernte war immer ein Fest. Freudenrufe, Lieder und Lachen erfüllten die Luft auf dieser letzten Fahrt nach Hause. Anschließend machten wir uns zurecht und gingen aus, um ein Festmahl einzunehmen – auch wenn es nur ein spätes Abendessen in einem einfachen Restaurant war. Wir feierten die Ernte und den gnädigen Gott, der sie ermöglicht hatte.

Ich vermute, dass die letzte Ernte im Reich Gottes genau so sein wird. Paulus spricht in 2. Timotheus 4 davon, wie er zum

Vater geht, und von der Freude, die in Gottes Gegenwart auf ihn wartet. In der Offenbarung ist von einem Hochzeitsmahl die Rede, bei dem wir mit dem König am Tisch sitzen und in seiner Gegenwart feiern werden. Das wird ein großartiger Tag für alle sein, die treu gewesen sind!

Doch wie der Weinstock sind wir nicht nur für eine einmalige Ernte geschaffen. Es gibt viele Erntezeiten auf unserer geistlichen Reise, in denen wir die Frucht unserer Arbeit und auch das Ergebnis der Arbeit des Vaters in uns sehen dürfen. Auch dies sind Tage des Feierns. Und oft sind es auch Tage, in denen wir verstehen, warum Gott nicht immer auf die Weise in unsere Umstände eingegriffen hat, wie wir es erwartet haben. Er hat etwas viel Besseres hervorgebracht, als unsere weltlichen Annehmlichkeiten es jemals hätten bewirken können. Während wir uns nach einem einfachen Leben oder Glück sehnen, ist Gott weit mehr darauf aus, uns die absolute Freiheit zu schenken, die daher rührt, dass er uns dem Bild seines Sohnes gleichmacht. Vergessen Sie nicht, dass es sein Werk ist, nicht unseres. Letzten Endes ist er der Sieger und wir sind seine Belohnung.

Das ist die höchste Form der Anbetung. Für Gott gibt es keine größere Freude, als zu erleben, dass seine Söhne und Töchter fruchtbar sind.

Kapitel 26

Wasser zu Wein!

Ihr sollt auch das Fest der Ernte mit den ersten Erträgen eurer Ernte feiern und das Fest der Lese am Ende der Erntezeit.

2. Mose 23,16 (NLB)

Die Trauung war vorüber und die Hochzeitsfeier war nun in vollem Gang. Angeregte Unterhaltungen und Tanzmusik erfüllten den Raum. Bislang war alles gut verlaufen. Doch nun schien es nicht mehr so weiterzugehen. Ein Fiasko bahnte sich an und war kurz davor, ans Licht zu kommen. Der Bräutigam hatte nicht genügend Wein für seine Gäste bestellt und nun war der Wein ausgegangen, bevor das Fest zu Ende war.

Diese Situation bereitete also die Bühne für das erste Wunder Jesu: Ein Fest drohte abzubrechen. Auch wenn es sich hierbei um einen peinlichen gesellschaftlichen Fehler handelte, so war es doch keine Katastrophe. Die Not war in diesem Fall sicher nicht so groß wie bei Marias sterbendem Bruder oder mitten im nächtlichen Sturm auf dem See Genezareth.

Jesus wies die Diener an, die Waschkrüge bis zum Rand mit Wasser zu füllen und etwas davon zum Speisemeister zu bringen. Das taten sie und merkten, dass der Inhalt irgendwann auf dem Weg zum Speisemeister in Wein verwandelt worden war – in besseren Wein als der, den sie zuvor ausgeschenkt hatten.

Diejenigen, die wussten, woher der Wein stammte, waren von diesem Wunder überwältigt. Doch die meisten auf dem Fest waren nicht achtsam genug gewesen, um es zu bemerken; der Mann, der dieses Ereignis festhielt, jedoch sehr wohl. Er berichtet uns, dass die Jünger aufgrund dieses Wunders an Jesus glaubten.

Aus Wasser machte er Wein! Dass er es tat, ist hier nicht das Bemerkenswerte. Wie C. S. Lewis in *God in the Dock*[1], einem Essay über Wunder, herausstellt, war dies etwas, das er vorher bereits sehr oft getan hatte:

> Gott macht den Weinstock und lehrt ihn, durch seine Wurzeln Wasser aufzunehmen und – mithilfe der Sonne – dieses Wasser in einen Saft umzuwandeln, der gärt und bestimmte Eigenschaften annimmt. So macht Gott jedes Jahr, seit der Zeit Noahs bis in unsere hinein, Wasser zu Wein. Das übersehen die Menschen.

Das Bedeutsame in diesem Fall ist, dass Jesus das, was er normalerweise über eine ganze Wachstumsperiode hinweg tut, in einem Augenblick tat.

Das ist der Herr der Ernte. Er offenbart sich auf einer Hochzeitsfeier. Lewis zieht im Folgenden einen gewaltigen Schluss: Wenn uns solche Wunder nur davon überzeugen, dass Christus Gott ist, haben sie nur ein halbes Werk vollbracht. Wunder sind „eine klein geschriebene Nacherzählung genau derselben Geschichte, die so groß über die ganze Welt geschrieben ist, dass einige sie nicht sehen". Daher entfaltet dieses Wunder nur seine volle Wirkung, „wenn wir uns jedes Mal, wenn wir einen Weinberg sehen oder ein Glas Wein trinken, daran erinnern, dass hier derjenige wirkt, der auf der Hochzeitsfeier in Kana saß."

Es überrascht nicht, dass Ernte und Freude in der ganzen Bibel eng miteinander verknüpft sind. In einer Agrargesellschaft vor der Zeit der gekühlten Lagerung und des abgepackten

---

[1] Deutsch: *Gott auf der Anklagebank,* Brunnen-Verlag, Basel/Gießen 1981, Anm. d. Übers.

Essens war die Ernte wie eine Rettungsleine. Die Nahrungsmittel des vergangenen Jahres gingen zur Neige; sie wurden gestreckt, um für ein ganzes Jahr zu reichen. Für uns, deren Supermärkte an jedem Tag des Jahres prall mit Essen gefüllt sind, ist es schwer, das entsprechend nachzuvollziehen. Wie sollen wir die Anfälligkeit der Ernte verstehen, wenn wir doch die durch Kälte zerstörten Zitrusfrüchte aus dem einen Land durch solche aus einem anderen Land ersetzen können?

In einer Gesellschaft ohne diesen Luxus war die Ernte wirklich eine Zeit der Dankbarkeit und des Feierns – insbesondere zweier Feste. Das „Erntefest“ oder „Wochenfest“ stand am Anfang. Hier wurden Gott die Erstlingsfrüchte geopfert, als Ausdruck der Dankbarkeit für eine weitere Ernte. Das „Fest der Lese“ bzw. „das Fest des Einsammelns“ markierte den erfolgreichen Ernteabschluss. Beide Feste wurden Gott zu Ehren abgehalten. Er, nicht die Natur, hatte reichlich für das kommende Jahr gesorgt.

Aus unserem zerbrochenen Leben bringt Gott die Frucht seines Reiches in uns hervor – das ist wirklich ein Grund zum Feiern. Vielleicht hat er deshalb einen Weinberg gewählt, um unser geistliches Wachstum darzustellen. Auch die Frucht des Weinbergs kündet von Freude.

Bevor es Schokoladenkuchen und Eis gab, waren Trauben und Rosinen begehrte Naschereien. Sie ernährten nicht nur, sondern boten auch einen süßen Gegensatz zum herberen Getreide und Fleisch, die den Hauptbestandteil der Ernährung für die Bevölkerung ausmachte. Denken Sie daran, wie begeistert die Israeliten waren, als ihre Spione mit Weintrauben zurückkehrten, die an Stangen getragen werden mussten, weil sie zu groß waren, um in Händen befördert zu werden.

Wein ist das am häufigsten gebrauchte Symbol für Freude in der Bibel. Als Salomo seine Freude am Herrn ausdrückte, setzte er diese über den Wein, der offensichtlich den Maßstab bildete, an dem begehrenswerte Dinge gemessen wurden: *„Wir wollen jubeln und uns freuen an dir, wollen deine Liebe preisen mehr als Wein!“* (Hld 1,4).

Als Gott den Israeliten Anweisungen gab, wie sie mit ihrem Zehnten verfahren sollten, bildeten Wein und Feiern einen großen Teil davon: *„Und gib das Geld für alles, was deine Seele begehrt, für Rinder und Schafe, für Wein und Rauschtrank und für alles, was deine Seele wünscht! Und iss dort vor dem HERRN, deinem Gott, und freue dich, du und dein Haus!"* (5 Mose 14,26).

Mir ist bewusst, dass dieser Gebrauch von Wein heute für viele von uns verwirrend ist. In der Kirchengemeinde, in der ich aufwuchs, war es unvorstellbar, dass Jesus auf eine Hochzeit gehen könnte, um dort Wasser in Wein zu verwandeln. (Die meisten von ihnen wären auf eine Hochzeit gegangen, um den Wein in Wasser zurückzuverwandeln!) Unsere Definition von Wein war „unvergorener Traubensaft". Ich wuchs in dem Glauben auf, dass das griechische Wort für Wein *Welch's*[2] sei.

Bis zu diesem Tag bin ich Abstinenzler, allerdings weniger aus Gewissensgründen, sondern vielmehr weil mir Alkohol nicht schmeckt. Ich kenne allerdings die Zerstörung, die der Alkoholkonsum unserer Gesellschaft zufügen kann. Ein betrunkener Autofahrer tötete einen meiner Freunde aus Kindheitstagen während seines ersten Jahres am College. Ich hatte schon zu viele Menschen bei mir in der Seelsorge, die Opfer ihrer alkoholsüchtigen Eltern wurden, und zu viele, die selbst mit dieser Versuchung kämpfen.

Die Bibel nimmt diese dunkle Seite des Weines durchaus wahr. Auch wenn dieses Getränk auf Feiern mit Freuden ausgeschenkt werden sollte, wird Trunkenheit wiederholt in der ganzen Bibel verurteilt. In den Sprüchen heißt es, dass Wein diejenigen zerstört, die sich selbst in seine Gewalt begeben. Sie werden in Armut und Schande enden. Wein wird sogar als Symbol für die letzte große bösartige Zivilisation gebraucht, die auf unserer Erde bestehen wird: *„Sie ist gefallen! Gefallen ist die mächtige Stadt Babylon, die allen Völkern vom Wein ihrer*

---

[2] *Welch's* ist eine bekannte Marke für Fruchtsäfte in den USA (Anm. d. Übers.).

Unmoral zu trinken gab und damit den furchtbaren Zorn Gottes über sie brachte!" (Offb 14,8).

Der Grund, warum Wein ein starkes Symbol für die Freude und Freiheit ist, die Gott seinem Volk schenken will, besteht darin, dass er – genau wie seine andere Gaben (wie z. B. der geistliche Dienst, Essen oder Sex) – das Potenzial hat, uns zu erfreuen oder zerstörerisch zu wirken. Es kommt darauf an, ob wir diese Dinge als Gaben, die Gott uns gegeben hat, genießen, oder ob wir sie für unser eigenes Vergnügen als Ersatz für Gott benutzen.

Wir werden ermahnt, in jeder schmerzvollen Situation oder Versuchung nur Gott die Quelle unserer Hilfe sein zu lassen. Daher kann Wein sowohl ein Symbol für das Werk des Feindes oder das Werk Gottes sein. Wahrscheinlich bringt es kein Bibelvers so sehr auf den Punkt wie Epheser 5,18: *„Und trinkt euch keinen Rausch an, denn übermäßiger Weingenuss führt zu zügellosem Verhalten. Lasst euch vielmehr vom Geist Gottes erfüllen."*

Wein ist nur ein *Symbol* für die Freude und das Fest, die seine Gegenwart bewirken.

Deshalb weist Paulus uns an, wir sollten uns nicht wie die Welt durch Wein berauschen, sondern uns vom Geist erfüllen lassen. Er allein ist die Quelle bleibender Freude. Daher wird Wein ebenso mit dem Heiligen Geist verknüpft wie mit Freude. Er ist der neue Wein und uns wird Mut gemacht, reichlich und oft von seiner Quelle zu trinken.

Feiern und Freude sind ein wesentlicher Bestandteil der Erntezeit. Auch wenn sie durch den Schmerz und die Mühe des Sommers erworben wurde, übersteigt die Feier der Ernte unser Leiden. Darauf findet sich auch ein Hinweis beim letzten Mahl, das Jesus mit seinen Jüngern hielt.

Es war ein verwirrender Abend für seine Männer. Während sie das Passahmahl hielten, sprach er von seinem bevorstehenden Weggang! Als sie aßen, sprach er davon, dass sein Leib gebrochen und sein Blut vergossen werden würde. Sie waren verwirrt und hatten Angst. Was für Qualen beschrieb er da?

Als Jesus auf sein Sterben zu sprechen kam, nahm er den Kelch in seine Hand. Einen Kelch voller Wein! Vor diesem Moment war nichts im Passah enthalten, das Wein zum Symbol für Blut gemacht hätte. Er wurde nicht gebraucht, denn das Blut des Opfers wurde an die Türrahmen gestrichen. Das ungesäuerte Brot und die bitteren Kräuter sollten sie an die Sklaverei erinnern. Es war nicht die Zeit schmerzhafter Erinnerung, sondern eine Zeit des Feierns, voller Dankbarkeit darüber, dass Gott an ihnen vorbeigegangen war und ihr Leben verschont hatte und sie aus Ägypten herausführen würde. Und das Feiern wurde ausgedrückt durch den Wein.

So nahm er den Kelch. *„Dieser Kelch ist der neue Bund in meinem Blut, das für euch vergossen wird“* (Lk 22,20 ELB). Schmerz und Feiern werden in der Frucht des Weinstocks zusammengeführt. Wenn wir am Anfang unserer eigenen Erntezeiten stehen, können wir uns daran erinnern, wessen Blut sie ermöglicht hat, und seine Liebe zu uns feiern.

Es war bei diesem Mahl mit seinen Jüngern, dass Jesus den Wein als Symbol für sein Opfer eingesetzt hat. Der gleiche Kelch, der für das Freudenfest inmitten einer Tragödie stand, übertrug dieses Symbol auf den neuen Bund. Jesus wollte nicht, dass wir mit Grauen an das Kreuz denken; es sollte der Kelch des Feierns sein. Das Blut war vergossen worden und das Erlösungswerk wurde durch großen Schmerz vollendet, hatte aber eine noch größerer Freude zur Folge.

Kapitel 27

Worum ich auch bitte?

Wenn ihr in mir bleibt und meine Worte in euch bleiben, könnt ihr bitten, um was ihr wollt: Eure Bitte wird erfüllt werden.

Johannes 15,7

Im Weinberg meines irdischen Vaters geschah es nie.

Kein einziges Mal hat eine der Reben uns um etwas gebeten. Wir kümmerten uns um sie und sie fügten sich. Jesus sagte seinen Jüngern, dass es in seinem Weinberg anders ist. In seinem Weinberg dürfen die Reben Bitten an den Vater richten, in der Erwartung, dass er ihnen das geben wird, worum sie bitten. Erstaunlich!

Eines der Vorrechte der Freundschaft, die Jesus seinen Jüngern anbot, war es also, Bitten an seinen Vater zu richten. Darin zeigt sich noch eine andere Möglichkeit, um in ihm zu bleiben – das Gebet. Er möchte nicht nur selbst zu uns reden, sondern lädt uns auch ein, mit ihm zu sprechen. Dadurch werden unsere Gebetszeiten zu einem belebenden und aktiven Austausch mit ihm. Der allmächtige Gott, der ganze Welten durch sein Wort entstehen ließ, lädt Sie ein, ihn um alles zu bitten, was Sie sich von ihm wünschen, und er verspricht, dass er es Ihnen geben wird.

Leider sind wir durch diese Verheißung oft eher frustriert, anstatt davon überwältigt zu sein. Ein solches Versprechen hat ja nur Wert, wenn Gott es tatsächlich bestätigt, und die meisten Christen haben einen Überhang an nicht beantworteten Gebeten, die es wie Hohn erscheinen lassen.

Um was wir auch bitten, können wir haben? Wer soll das denn glauben?

Eines Morgens las ich im Rahmen unserer Morgenandacht meinen Kindern diese Verheißung vor. Als ich zu Ende gelesen hatte, sagte Andy, mein damals zehnjähriger Sohn (der selten einen Kommentar zu einem Text aus der Bibel abgab), sofort: „Also, das stimmt nicht." Sein Tonfall war weder anklagend noch frustriert, sondern ganz sachlich.

„Was meinst du?"

„Was du gerade vorgelesen hast – das geschieht nicht wirklich."

Ich war mir sicher, was er meinte, aber ich fragte ihn trotzdem, welchen Teil er meinte, damit ich aus seinem eigenen Mund hörte, was in seinem jungen Verstand vor sich ging.

„Da steht, was man sich wünscht, kann man haben. Ich habe mir einen großen Fernseher gewünscht und ich habe ihn nicht bekommen." Fall abgeschlossen.

„Da steht nicht, dass wir das haben können, was wir uns wünschen, sondern worum wir bitten. Hast du jemals um einen solchen Fernseher gebeten?" Keine Sorge – ich wusste, dass ich mich hier auf dünnem Eis bewegte.

„Papa, kann ich einen großen Fernseher haben?"

„Da steht nicht, dass du mich bitten sollst", antwortete ich und fragte Andy dann, ob er je dafür gebetet hätte, und er gab zu, dass er das nicht getan hatte. Dann sprachen wir darüber, ob wir Gott um so etwas bitten sollten, und seine Antwort war: „Da steht: ‚Bittet, um was ihr wollt …'"

Ich gebe zu, dass das Versprechen, das Jesus in diesem Abschnitt ausspricht, den Eindruck erweckt, als wäre darin alles eingeschlossen. Wenn man es für bare Münze nimmt, so erhalten wir zu 100 Prozent das, worum wir bitten. Aber wer hat schon eine Liste von beantworteten Gebeten, die eine solche Erfolgsquote widerspiegelt?

Es ist so leicht zu übersehen, wie viele Male Gott unsere Gebete beantwortet hat, wenn unsere letzte Bitte scheinbar gerade auf Eis liegt. Es verwundert nicht, dass manche Leute schließlich das Beten aufgeben – entweder weil sie davon überzeugt sind, dass Gott heutzutage Gebete nicht mehr wirklich beantwortet oder dass er dies zumindest nicht für jemand wie sie tun würde.

Unsere theologische Sicht des Betens reduziert sich letztlich auf nicht viel mehr als dass man ein Gebet spricht und das Beste hofft, als würde man ein Anforderungsformular ausfüllen: Schicken Sie Ihr Gebet nach oben, und vielleicht sind Sie ja gut genug oder Ihr Anliegen ist rein genug, dass Sie erhalten, worum Sie bitten. Aber meistens wird das nicht der Fall sein, also erwarten Sie nicht zu viel. Schließlich weiß Gott ja auch, was das Beste für Sie ist.

Oberflächlich betrachtet erscheint so ein Denken wunderbar biblisch und den Wünschen des Herrn völlig ergeben, doch steht es im völligen Widerspruch zu der Gewissheit, die Jesus für die Gebete der Reben seines Weinbergs zugesagt hat. Er sagte, es gäbe einen Ort in ihm, an dem wir ihn um alles bitten könnten und gleichzeitig wüssten, dass der Vater es uns geben werde.

Lassen Sie nicht zu, dass die Enttäuschungen und das, was in der Vergangenheit nicht perfekt gelaufen ist, Sie dieser Hoffnung berauben, sodass Sie versuchen, den Prozess, um zur Verheißung zu gelangen, zu umgehen. Wie bei fast jedem anderen Versprechen der Bibel steht dahinter nicht die Absicht, Sie zu entmutigen. Es ist vielmehr dazu gedacht, Ihr Wachstum anzuregen, bis es sich erfüllt.

Denn dieses Versprechen Jesu, dass unsere Gebete beantwortet werden, hat eine eindeutige Vorbedingung. Wir können das haben, worum wir bitten, „wenn“, wie er bereits sagte, „ihr in mir bleibt und meine Worte in euch bleiben“. Wenn wir unser Leben aus ihm beziehen und seinen Worten erlauben, zu jedem Bereich unseres Lebens Zugang zu haben, dann können wir damit rechnen, dass er unsere Gebete beantwortet.

Eines der Dinge, die mich am meisten verblüffen, ist, wenn Christen den Zusammenhang zwischen einer innigen Beziehung und erhörten Gebeten übersehen. Es geht nämlich um etwas viel Tieferes, wenn wir lernen, in ihm und seinen Worten zu bleiben. Wenn wir so nahe an Jesus bleiben, dass wir seine Wünsche kennen, werden wir erleben, dass sich unsere Wünsche so verändern, dass sie seinen entsprechen.

Im vierten Buch der Chroniken von Narnia von C. S. Lewis, *Der silberne Sessel*[1], kommt Prinz Kaspian in den Himmel und äußert einen seiner Wünsche vor Aslan, dem Sinnbild für Christus: „Ist das falsch?“, fragte er.

„Jetzt, wo du gestorben bist, mein Sohn, kannst du dir keine falschen Dinge mehr wünschen!“

Wir können in diesem Leben die gleiche Realität erleben, wenn wir unseren eigenen Wünschen sterben. Jesus möchte, dass wir im Gebet dahin kommen, dass jede Bitte erhört werden kann, weil jede unserer Bitten seinem göttlichen Willen entspricht. Es ist nicht möglich, dass wir in ihm bleiben und Gebete sprechen, die unserem eigenen Vorteil oder unseren eigenen Annehmlichkeiten dienen. Unrechtmäßige Gebete verstärken nicht nur unsere selbstsüchtigen Motive, sondern es ist aus Gottes Sicht einfach nicht möglich, sie zu erhören.

Was wäre, wenn Gott es im San Joaquin Valley nur dann regnen lassen würde, wenn jemand dafür betete? Es wäre kein Problem, wenn es nur eine Person gäbe, für die er sich einsetzen müsste. Wenn es aber viele Menschen wären – wem würde er Gehör schenken? Ganz egal, wann es in unserem Teil des San Joaquin Valley regnet, es wird immer die Ernte eines Bauern beschädigt. Während der fünfjährigen Dürre in den letzten Jahren erlebten wir einmal das, was die Medien einen „Wundermärz“ nannten. In diesem Monat fielen etwa 180 mm Regen, fast zwei Drittel des normalen Jahresniederschlags.

So begeistert die meisten Leute auch waren, die Medien waren immer noch in der Lage, Bauern zu finden, die durch den

[1] Brendow, Moers 2006, S. 201; Anm. d. Übers.

Regen Schaden erlitten hatten. Obstbäume mit ersten Blütenansätzen waren am meisten gefährdet. Einige Bäume wurden durch Hagel zerstört, während andere nicht wie gewöhnlich befruchtet wurden, da die Bienen durch das raue Wetter nicht fliegen konnten. Die Baumwollbauern klagten, sie könnten nicht auf die Felder, um sie zu bepflanzen.

Egal, was geschah, einige Leute waren überglücklich, dass ihre Gebete erhört worden waren, weil sie bekommen hatten, was sie wollten, während die, auf die das nicht zutraf, sich fragten, warum Gott sie nicht liebte.

In der Bibel finden sich viele andere Gründe, warum unsere Gebete nicht erhört werden, und wir tun gut daran, sie uns genauer anzusehen. Dahinter steckt nicht die Absicht, uns die Gewissheit zu nehmen, dass Gott unsere Gebete erhört. Vielmehr sollen sie uns zeigen, warum er es manchmal nicht tut, damit wir lernen können, für Dinge zu beten, die sein Werk in unserem Leben fördern.

Als Jesus seinen Jüngern, die um den Weinstock versammelt waren, versprach, er werde jede Bitte erhören, die sie an ihn richteten, ging es ihm nicht um die Jünger, sondern um Gott und um seinen eigenen Auftrag: *„Dadurch, dass ihr reiche Frucht tragt und euch als meine Jünger erweist, wird die Herrlichkeit meines Vaters offenbart"* (Joh 15,8).

Wenn Gott auf unsere Gebete hin handelt, wird dadurch der Vater verherrlicht. Wenn Gottes Kraft in unserem Leben über unsere eigenen Fähigkeiten oder Pläne hinaus wirkt, bezeugt dies seine Gegenwart. Die Aufmerksamkeit richtet sich auf den Vater und nicht auf unsere eigenen Fähigkeiten.

Gottes Antworten sind auch maßgebend dafür, dass wir Frucht tragen. Die Zuversicht, dass wir aus ihm beziehen können, was wir brauchen, ist die Voraussetzung dafür, dass wir eine enge Beziehung zum Weinstock entwickeln. Ohne aktive Beteiligung sind wir nicht in der Lage, irgendetwas Fruchtbares in seinem Reich zustande zu bringen – genauso wenig wie eine Rebe Frucht produzieren kann, wenn sie nicht fortwährend durch den Weinstock genährt wird. Hier finden wir auch einen

Hinweis zu der Ausrichtung unserer Gebete: Statt Gott zu bitten, er möge uns aus schwierigen Umständen befreien, werden wir um das bitten, was Gott die größte Ehre gibt. Denn wie wir bereits festgestellt haben, entstehen so die Früchte des Geistes in uns.

Seine Gebetserhörungen sind ein Zeichen für eine enge Freundschaft, die Gottes Realität in unserem Leben bezeugt und anderen die Hoffnung vermittelt, dass die gleiche Beziehung auch für sie möglich ist. Die Jünger waren oft völlig fasziniert von den Gebeten Jesu! Sie sahen, wie der Vater sofort auf seine Bitten reagierte und einen Sturm stillte, blinde Augen heilte und Sündern vergab.

„Herr, lehre uns beten" drückte nicht den Wunsch aus, eine geistliche Übung zu lernen, sondern herauszufinden, wie man sich in effektiver Weise mit dem Vater verbinden konnte. Sie wollten die gleiche Beziehung, und so wird es auch anderen gehen, wenn sie ihn in uns wirken sehen.

Wegen all dieser Gründe möchte Gott unsere Gebet vollständig erfüllen, viel mehr, als wir es selbst wollen. Wenn er es nicht tut, sollten wir dies als Signal deuten, dass unsere Bitte vielleicht falsch war oder dass einige falsche Motive sich in unser Gebet eingeschlichen haben. Wenn wir nicht näher untersuchen, warum unser Gebet nicht erhört wurde, werden wir niemals effektiver beten und uns damit begnügen, Bitten abzuschicken, und uns mit dem zufriedengeben, was wir mit ein bisschen Glück abbekommen. Ebenso sollten wir nicht selbstgefällig auf die Gebete reagieren, die erhört werden, als hätten wir sie verdient, weil wir so gut sind.

Nichts in diesem Kapitel soll vermitteln, dass Gebetserhörungen Verdienstabzeichen für unsere Leistung sind. Gott möchte uns durch unsere Gebete beibringen, wie wir seinen Willen genau erkennen und ihn durch Gebet Realität werden lassen. Sein Ziel hat sich nicht verändert: Er möchte uns geben, um was wir auch bitten. Und wenn wir in ihm bleiben, wird er uns lehren, wie und was wir bitten sollen. Es ist eine der Lektionen, die er allen seinen Reben gern vermitteln möchte.

KAPITEL 28

Die Frucht verrät alles

Erntet man etwa Trauben von Dornbüschen oder Feigen von Disteln?

Matthäus 7,16

Während meiner Jugendzeit sah der Weinberg meines Vaters vier oder fünf Jahre lang nicht so gepflegt aus, wie es davor sein Standard war. Sogar die Nachbarn merkten das. Das Unkraut wuchs höher, die Schädlinge vermehrten sich und die langfristig erforderlichen Pflegemaßnahmen wurden vernachlässigt.

Man könnte sie die fanatische Phase im Leben meines Vaters nennen. In seinem geistlichen Leben erlebte er eine Erneuerung und war begeisterter von Gott und seinem Wirken als je zuvor. Ständig war er auf dem Sprung zu einem Gebetstreffen oder einer Konferenz oder half einem Bedürftigen. Zu dieser Zeit waren sich viele Christen ganz sicher, Jesus würde wiederkommen, noch bevor wir die 1970er-Jahre erreichten.

In diesem geistlichen Klima schien der Weinberg keine hohe Priorität zu haben. Wenn die Bewässerung oder das Ausbringen der Insektenschutzmittel noch eine Woche warten mussten, war das eben so. Wir waren ja mit Angelegenheiten des Reiches Gottes beschäftigt; Gott würde sich schon um den Weinberg kümmern.

Denkt mein Vater an diese Zeit zurück, schimmert ein Lachen in seinen Augen. Er sieht nun, wie verrückt es ist, zu denken, wir müssten unsere Pflichten in dieser Welt vernachlässigen, um Gott mit unserem ganzen Herzen zu dienen. Zu dieser Zeit jedoch war der Preis, den der Weinberg dafür zu zahlen hatte, sehr real. Ohne richtige Pflege war der Weinberg nicht in vollem Umfang fruchtbar. Was für Entschuldigungen man auch vorbrachte, der Beweis fand sich in der Frucht. Um diese Weinstöcke hatte man sich nicht gut gekümmert.

Die Frucht lügt nicht. Wie wir bereits gesehen haben, ist sie der Überschuss des Lebens des Weinstocks – je größer der Überschuss, umso süßer die Frucht. Als mit Jesus selbst verbundene Rebe sind wir Teil des gesündesten Weinstocks. Wenn wir durch den Stress des Sommers hindurch fest in ihm verwurzelt geblieben sind, wird sein Leben in uns überfließen. Wenn nicht, so lügt seine Frucht ebenfalls nicht.

Das Leben einer Rebe zeigt sich in der Ernte. Ihr Fleiß wird eine Fülle an Frucht ernten, die dem Meister dazu dient, sein Reich zu erweitern. Doch die Ernte hat noch eine andere Seite, die nicht so erfreulich ist. Bei denen, die nicht in ihm geblieben sind, entlarvt die Ernte auch diese Realität.

Schlimmer noch: Wenn wir nur vorgegeben haben, unser Leben aus Christus zu beziehen, aber tatsächlich seinem Wirken in uns widerstanden haben, während wir uns selbst gedient haben, wird unsere Frucht uns ähneln und nicht Gott. Die Frucht zeugt von der Quelle der Rebe:

> *Denn von dem Weinstock Sodoms ist ihr Weinstock und von den Terrassengärten Gomorras; ihre Beeren sind Giftbeeren, bittere Trauben haben sie. Drachengift ist ihr Wein und grausames Viperngift* (5 Mose 32,32-33).

Die Bibel sagt aus, dass die Ernte sowohl positiv als auch negativ ausfallen kann. Durch sie wird die Qualität unseres Lebens offenbar, ob gut oder schlecht. Daher wird das Bild der Ernte sowohl gebraucht, um vom Fest derer zu sprechen, die ihn kennen, als auch von der Schädlichkeit jener, die nur für sich selbst gelebt haben.

Als Paulus sah, wie leicht die Galater ihre wachsende Beziehung zu Jesus zugunsten einer Religion aus Regeln und Ritualen verwarfen, war er zutiefst bestürzt und rügte sie mit harten Worten. Ihr religiöser Aktivismus brachte nicht die Frucht Jesu in ihrem Leben hervor, so eifrig sie sich auch bemühten. Sie hatten das Evangelium der Verheißung verworfen – das überhaupt kein Evangelium gewesen war.

Er verglich seinen Wunsch, dass sie eine reiche Ernte in Christus würden, mit einer Frau in Geburtswehen: *„Meine Kinder, es ist, als müsste ich euch ein zweites Mal zur Welt bringen. Ich erleide noch einmal Geburtswehen, bis Christus in eurem Leben Gestalt annimmt“* (Gal 4,19). Nichts stellt die Vollmacht des Dienstes besser dar, als wenn man Schmerzen auf sich nimmt, um sicherzustellen, dass Christus in den Menschen, denen wir dienen, Gestalt annimmt.

Und nichts beschreibt Frucht besser als jene Bereiche unseres Charakters, die Christi Charakter widerspiegeln. Die, die ihn kennen, sehnen sich danach, wie er zu sein. Und bei uns, die wir lernen, in ihm zu leben, ermöglicht der Kampf des Sommers die Entwicklung seines Charakters in uns. Er gewinnt tatsächlich Gestalt in uns, und wir werden selbst in den schwierigsten Momenten unseres Lebens merken, dass wir mit der Freundlichkeit, Geduld, Liebe und Selbstbeherrschung reagieren, die er an den Tag legte, als er hier auf der Erde lebte.

Das unterscheidet sich von Menschen, die versuchen, freundlich, geduldig oder liebevoll zu sein, denn für Menschen, die darin wachsen, Jesus zu kennen, werden diese Reaktionen ganz natürlich. Diese Art von Frucht wächst nicht über Nacht, sondern entsteht durch einen langen Prozess, in dem man darin wächst, auf seine Liebe zu vertrauen, auf seine Stimme zu hören und zu lernen, wie er in dieser Welt wirkt. Ein wirklich großartiger Prozess.

Was ich an diesem Prozess so liebe, ist, dass wir kaum wahrnehmen, wie Christus in uns Gestalt gewinnt, bis wir uns plötzlich in einer schwierigen Situation wiederfinden und merken, dass wir ganz anders reagieren als vorher. Statt zornig zu werden oder unseren eigenen Willen durchzusetzen, sind wir entspannter und sensibel für das, was Gott in unserer Situation tut, und merken, dass wir dadurch mehr zu einer Hilfe für andere werden.

Die Ernte spricht für sich. Die Frucht, die sich im Verborgenen gebildet hat, rückt nun in den Vordergrund. Jetzt sieht man uns als die, die wir wirklich sind. Aus diesem Grund hat Jesus uns gesagt, dass die Frucht, die bei der Ernte vorhanden ist, viel über die Menschen offenbart. Er warnte uns zwar, wir sollten andere nicht richten, doch sagte er auch, dass es in unserer Verantwortung liegt, nicht leichtgläubig auf den Rat und den Dienst jener zu reagieren, die nicht zu ihm gehören.

Er wollte nicht, dass wir die Motive anderer Leute beurteilen oder aufgrund ihres Prahlens oder ihres Versagens Vermutungen anstellen. Stattdessen wies er uns an, ihre Frucht anzusehen. Diese wird eindeutig zeigen, wer sie im Innern sind:

> *Hütet euch vor den falschen Propheten! Sie kommen im Schafskleid zu euch, in Wirklichkeit aber sind sie reißende Wölfe. An ihren Früchten werdet ihr sie erkennen. Erntet man etwa Trauben von Dornbüschen oder Feigen von Disteln? So trägt jeder gute Baum gute Früchte; ein schlechter Baum hingegen trägt schlechte Früchte. Ein guter Baum kann keine schlechten Früchte tragen; ebenso wenig kann ein schlechter Baum gute Früchte tragen. Jeder Baum, der keine guten Früchte trägt, wird umgehauen und ins Feuer geworfen. Deshalb sage ich: An ihren Früchten werdet ihr sie erkennen* (Mt 7,15-20).

Zu lange haben wir uns auf Fachwissen, Charisma und selbst zugeschriebene Salbung oder auf die Fähigkeit, zu sagen, was wir hören wollten, konzentriert, wenn es darum ging, ob jemand für den geistlichen Dienst qualifiziert ist oder nicht. Jesus sagt uns, wir sollten etwas anderes anschauen: den tatsächlichen

Charakter der Menschen. Wie verhalten sie sich, wenn sie glauben, dass ihnen niemand zusieht?

Jesus meinte damit nicht, sie müssten perfekt sein. Es ging ihm vielmehr darum, dass sie seinen Charakter im Umgang mit den Menschen, die ihnen am nächsten stehen, zum Ausdruck bringen – ihrem Ehepartner, ihren Kindern, ihren Kollegen, Geschäftspartnern etc. Leben sie diesen Charakter nicht vor, warnt Jesus, sollen wir auch nicht glauben, was sie sagen. Werden sie zornig, wenn man sie konfrontiert, oder lügen sie, um ihre Sündhaftigkeit zu verbergen, oder behandeln sie andere hart und arrogant, sind sie wie Wölfe im Schafspelz. Sie haben nur das im Sinn, was sie von den Schafen bekommen können – Macht, Geld oder auch das Gefühl, erfolgreich zu sein.

Vertraut der Frucht, sagte Jesus. Auch wenn eine Person eine kurze Zeit lang in der Lage ist, einige geistlichen Eigenschaften vorzuspielen, wird ihre wahre Natur herauskommen, wenn sie einmal einen schwachen Moment hat oder müde ist. Nur die Frucht, die von Gott selbst gewirkt ist, kann die Hitze des Kampfes überstehen.

Die Gnade kann uns in die Gegenwart Gottes zurückführen, und sie kann unsere Sünden vergeben und einen Neuanfang schenken. Doch Gnade wird keine Frucht hervorbringen, es sei denn, sie führt uns in eine verändernde Beziehung mit ihm. Sie wird nicht die Zeiten ausgleichen, in denen wir den Lügen des Feindes nachgegeben haben oder unsere eigene Frucht nicht haben ausreifen lassen, um uns in stressigen Zeiten selbst zu retten.

Gottes Ernte kann uns überraschen. Bei Leuten, von denen wir aufgrund ihrer Gaben, ihrer bestechenden Worte oder ihres momentanen Erfolgs dachten, sie würden Gott nachfolgen, könnte sich herausstellen, dass sie überhaupt keine Nachfolger waren.

Nicht jeder, der zu mir sagt: „Herr, Herr!“, wird ins Himmelreich kommen, sondern nur der, der den Willen meines Vaters im Himmel tut. Viele werden an jenem Tag zu mir sagen:

„Herr, Herr! Haben wir nicht in deinem Namen prophetisch geredet, in deinem Namen Dämonen ausgetrieben und in deinem Namen viele Wunder getan?“ Dann werde ich zu ihnen sagen: „Ich habe euch nie gekannt. Geht weg von mir, ihr mit eurem gesetzlosen Treiben!“ (Mt 7,21-23).

Die Frucht wird weder an den mächtigen Taten gemessen, an denen wir teilhatten, noch an der Zahl der Menschen, die durch unser Leben berührt wurden, noch an der Anerkennung, die wir durch andere erhielten. Am Ende ist all das bedeutungslos. Die Frucht bemisst sich an der Veränderung des Charakters, die nur aus einer echten Beziehung zu Jesus entstehen kann.

KAPITEL 29

Seht auf die Felder!

Sie sind reif zur Ernte.

Johannes 4,35 (LUT)

Wahrscheinlich denken Sie nicht groß darüber nach, wenn Sie ein leckeres Schüsselchen Obst essen. Während die prickelnde Süße in Ihrem Mund förmlich explodiert, können Sie leicht vergessen, dass die Frucht auch ein Same ist. Auf diese Weise vermehren sich Pflanzen, sodass es weitere Generationen gibt.

In den ersten Abschnitten der Bibel heißt es, dass Gott die Frucht zu einem doppelten Zweck geschaffen hat: um als Nahrung gegessen zu werden und um als Same gesät zu werden. Gleiches gilt für die Frucht unserer Freundschaft mit Jesus. Da Herzen, die nicht erneuert wurden, den unsichtbaren Gott nicht deutlich sehen können, nehmen sie die erste Reflexion von ihm meistens durch das wahr, was sie davon in unserem Leben sehen können. Indem er uns immer mehr in sein Bild umgestaltet, wird diese Frucht auch anderen zeigen, wie Gott ist.

Wie sollen sie seine Liebe kennenlernen, wenn nicht durch unsere Liebe zu ihnen? Wie sollen sie seine Sanftmut und Vergebung verstehen, wenn ich sie ihnen nicht vorlebe, auch über ihr Versagen hinaus? Wie sollen sie wissen, dass er treu ist, wenn ich in meiner Beziehung zu ihnen nicht treu bin?

Der wichtigste Zweck dieser Frucht in der heutigen Zeit ist, dass andere dadurch Gottes Realität und Wesen kennenlernen. Während der Erntezeit genießen und feiern wir nicht nur, was Gott in uns geschaffen hat. Wir erleben auch, dass Gott andere durch unser Leben berührt. Die Erntezeit ist die Zeit, in der wir anderen dienen. Die Frucht unseres Lebens wird geerntet, um sicherzustellen, dass es zu einer weiteren Ernte kommt.

In der Bibel hat die Ernte zwei Bedeutungen: Neben der Frucht eines veränderten Charakters steht die Bedeutung, dass die, die noch nicht erlöst sind, oder die, die vorbereitet sind, dem Herrn zu begegnen, eine reife Ernte darstellen. Dass wir Gottes Wesen widerspiegeln, ist das Mittel, mit dem Gott das Evangelium verbreitet. Wir sind Arbeiter, die aufs Erntefeld gerufen werden, um ihn bekannt zu machen.

Es handelt sich dabei nicht um eine beschwerliche Aufgabe, für die man ein kompliziertes Evangelisationsprogramm bräuchte, sondern es ist etwas, was Menschen, die von Gott verändert worden sind, ganz natürlich in ihrem Alltag tun. Ein verändertes Leben zeigt anderen die Realität Gottes. Es gibt immer Leute in unserem Umfeld, die bereit sind, auf Gott zu reagieren, wenn sie ihn in uns sehen.

Den Satz „Die Ernte ist reif“ (vgl. Joh 4) sprach Jesus aus eigener Erfahrung. Er hatte am Morgen dieses Tages gerade eine gemacht. Er war durch Samaria gekommen und müde von der Reise. Es war fast Mittag, und statt mit seinen Anhängern in die Stadt zu gehen, um etwas zu essen zu besorgen, setzte er sich an einen abgelegenen Brunnen. Wusste er, dass ein Gespräch in der Luft lag, oder machte er sich einfach den Moment zunutze? Ich vermute, Ersteres. Jedenfalls kam eine samaritanische Frau, um Wasser zu schöpfen.

Außerhalb der Stadt? In der Mittagshitze? Ungewöhnlich. Jeder andere wäre früher oder später am Tag gekommen. Die, die zu dieser Tageszeit Wasser brauchten, konnten es in der Stadt bekommen.

Ungewöhnlich. Ja, aber nicht ungeplant. Es war eine Frau, die ihren Weg mit Bedacht gewählt hatte, sodass sie nicht gesehen werden würde. Später erfahren wir, warum. Es war eine Frau, die fünfmal verheiratet war und jedes Mal von ihrem Mann abgelehnt worden war. In der damaligen Gesellschaft hatten Frauen nicht das Recht, sich scheiden zu lassen. Der Mann, mit dem sie jetzt zusammenlebte, nutzte sie nur aus und bot ihr weder ein Eheversprechen noch seinen Namen an.

Stellen Sie sich vor, wie sie von der Gemeinschaft angestarrt wurde – lange, hochnäsige Blicke von Leuten, die verächtlich auf sie reagierten, als hätten sie Dung gerochen, und dann forteilten, um ja nicht irgendwie von ihr infiziert zu werden. Sie hielt es nicht mehr aus, deshalb schlich sie während der heißesten Zeit des Tages zu dem Brunnen, der am weitesten entfernt war, um nicht auf andere zu treffen.

Schon von Weitem wird sie bemerkt haben, dass da ein Fremder an ihrem Brunnen saß. Ich frage mich, ob sie wohl darüber nachgedacht hat, zurückzugehen und später wiederzukommen. Doch das sähe lächerlich aus, nicht wahr? Sie war schon halb dort, mit einem leeren Krug auf ihrem Kopf. Sie war nicht auf der Suche nach Kontakt; sie wollte nur ihre Ruhe haben.

Doch es sollte nicht sein. Sie sprach den Fremden nicht an, den sie nun als Juden ausmachte. Sie wollte lediglich schnell ihr Wasser schöpfen und dem unangenehmen Moment entfliehen, bevor er etwas sagte. Doch Jesus war bereit für die reife Ernte. „Gibst du mir etwas zu trinken?“, fragte er.

Ihre schlimmste Befürchtung traf ein. *Wenigstens kennt er mich nicht,* dachte sie vielleicht. Sie sah ihn nicht erschauern, als er mit ihr sprach. In der Tat war sie es, die zuerst zusammenzuckte. „Du bist ein Jude und ich bin eine Samariterin.“ *Wenn du nicht den wahren Grund kennst, warum du mich verachten solltest, ist das nicht genug?*

Doch Jesus sprach weiter und ignorierte ihre Bitte, in Ruhe gelassen zu werden.

Ich möchte hier zwei wichtige Dinge anmerken: Erstens nahm Jesus sich die Zeit, die Frau und ihr Bedürfnis kennenzulernen. Wo andere eine Sünderin sahen, sah er jemanden, der nach etwas dürstete, das sie noch nicht gefunden hatte. Ohne ihre Sünde zu entschuldigen, sah er dahinter den Durst, der sie antrieb, und wusste, dass ihr sechster Mann ihn nicht stillen würde. Diese Frau musste aus Gottes Quelle trinken.

Zweitens fügte Jesus eine göttliche Einsicht hinzu: „Tatsache ist, dass du fünf Ehemänner hattest, und der Mann, den du jetzt hast, ist nicht dein Ehemann."

Er wusste es!

„Er hat mir alles gesagt, was ich getan habe" – so erzählte sie später ihren Freunden von der Begegnung. Dieser Mann kannte mich und bot mir dennoch Leben an. Jesus erwies ihr Gottes Liebe, und sie glaubte an ihn.

Als die Jünger mit dem Mittagessen zurückkehrten, waren sie erstaunt, dass er mit einer Frau sprach, noch dazu einer Samariterin. Reagierten sie mit Verachtung? Es spielte keine Rolle, sie war bereits unterwegs, um ihrer Familie zu sagen: „Ist er vielleicht der Christus?"

Letztlich kamen all ihre Freunde und Familienmitglieder nur deshalb zum Glauben, weil Jesus Zeit mit einer Frau verbracht hatte, die Gottes Berührung brauchte. Eine evangelistische Großveranstaltung in der Innenstadt hätte sie sicherlich nicht angezogen. Sie mied Menschenmengen. Diese Ernte erforderte eine persönliche Begegnung, die noch so viel mehr auslösen sollte.

Oft verbinden wir mit dem geistlichen Dienst nur den Aufbau von Organisationen und gut organisierten Programmen, und nicht den persönlichen Kontakt mit abgelehnten und verletzten Menschen. Ich will damit nicht sagen, dass solche Methoden falsch wären, aber mir ist es wichtig, dass wir objektiv beurteilen, wie effektiv sie sind. Zu oft passiert es, dass Menschen mit einem großen Herz für den Dienst damit enden, dass sie Programme organisieren, statt Zeit mit den Menschen verbringen. Geplante Aktionen können leicht zu einem Ersatz dafür werden, dass die Kraft und Liebe Gottes, die durch ein verändertes Leben zum Ausdruck kommen, andere Menschen berühren.

Den wahren Dienst im Reich Gottes finden wir nicht, indem wir für uns einen Platz in einer christlichen Organisation entdecken. Wir finden ihn, wenn wir sehen, dass Gott uns gebraucht, um andere Menschen zu berühren. Natürlich haben koordinierte evangelistische Aktionen ihre Berechtigung; ich möchte aber diejenigen ermutigen, die denken, dass Gott ihnen andere Wege zeigt. Seien Sie nicht frustriert, wenn den Bemühungen anderer wesentlich mehr Aufmerksamkeit zuteilwird als Ihnen. Streben Sie nicht nach menschlichem Beifall. Suchen Sie nur Gottes Anerkennung. Unser Dienst sollte besser an unserer Treue zu ihm gemessen werden als am Beifall des religiösen Sektors unserer Gesellschaft.

Nach seiner Begegnung mit der Frau am Brunnen wollten die Jünger, dass Jesus etwas isst. Doch er entgegnete: „Ich habe eine Speise zu essen, die ihr nicht kennt." Wenn man Teil von Gottes Plan ist, liegt darin schon eine Belohnung verborgen. „Meine Speise ist, dass ich den Willen dessen tue, der mich gesandt hat, und sein Werk vollbringe."

Jesus bestätigt, dass wir nicht nur die Reben des Weinstocks sind, sondern auch die Arbeiter im Weinberg. Einige säen, einige ernten, aber alle freuen sich gemeinsam, wenn jemand von Neuem geboren wird. Spielen sie die verschiedenen Gaben nicht gegeneinander aus. Das haben die Korinther getan und es führte zu einer Menge Zwietracht unter ihnen. Die, die ernten, profitieren oft von denen, die bereits die schwerere Arbeit des Säens und Hegens getan haben.

Wissen Sie, was die Ausbreitung des Evangeliums am meisten behinderte? Nicht Verfolgung. Nicht Irrlehre. Nicht die Konsumgesellschaft. Nicht die Gleichgültigkeit der Christen. Es war Eifersucht.

Paulus und Barnabas gingen oft in eine Synagoge, um dort zu verkünden, dass der Messias gekommen war. Immer wieder stießen sie auf empfängliche Zuhörer. „Erzählt uns mehr", sagten sie dann und luden sie ein, nächste Woche wiederzukommen. In der darauffolgenden Woche war das Haus wieder voller Menschen, die hören wollten, was Paulus und Barnabas zu sagen hatten. Die, die schon lange in der Synagoge waren, fühlten sich dadurch angegriffen. Warum kamen die Menschenmengen jetzt? Ihre Eifersucht brachte sie dazu, das abzulehnen, was eine Woche vorher noch ihre Herzen berührt hatte.

Eifersucht ist eine starke Macht. Auch wenn wir es nicht zugeben würden, bringt sie uns dazu, sowohl die Wahrheit abzulehnen als auch diejenigen, die die Eifersucht in uns hervorrufen. Es gibt heute im Leib Christi viel zu viel Eifersucht und Prahlerei wegen Dingen, die nur Gott tun kann. Widerstehen Sie dem. Finden Sie heraus, was Gott von Ihnen will, und setzen Sie es um, unabhängig davon, ob Sie dafür gelobt werden.

Der Weinstock trägt zu seiner Zeit Frucht. Die Ernte kann reif sein, aber die Arbeiter vielleicht nicht. So reif die Ernte auch war: Jesus schickte seine Jünger zurück nach Jerusalem. Dort sollten sie auf die Kraft warten, die nur vom Heiligen Geist kommen konnte. Je mehr Gott Sie in sein Bild verwandelt, umso mehr Möglichkeiten werden sich Ihnen eröffnen.

Und belassen Sie es nicht bei harmlosen religiösen Aktivitäten. Knüpfen und pflegen Sie Beziehungen mit Ungläubigen, damit diese durch Sie Gottes Charakter schmecken können. Engagieren Sie sich in Ihrer Stadt, mit Nichtchristen auf der Arbeit, in Ihrer Nachbarschaft oder durch andere Aktivitäten, in die Gott Sie hineinführt. Es muss keine offenkundig christliche Sache sein, in der Gott sich durch Sie bekannt machen möchte.

Durch diese Beziehungen wird Gott sich den Menschen in Ihrer Umgebung offenbaren. Lassen Sie Gott entscheiden, wie das geschieht. Ein Weinstock erntet sich nicht selbst. Nur der Winzer holt die Ernte ein.

Kapitel 30

Wem gehört die Frucht überhaupt?

Als die Zeit der Weinlese kam, schickte er seine Diener zu den Pächtern, um seinen Anteil am Ertrag abholen zu lassen.

Matthäus 21,34

Jesus erzählte in Matthäus 21 eine Geschichte, in der ein Gutsbesitzer (Gott) einen Weinberg bepflanzte und ihn in die Obhut von Pächtern gibt. Zur Erntezeit schickte er seine Diener, um seinen Anteil am Ertrag abholen zu lassen. Sie wissen, wie es weitergeht: Die Pächter zogen es vor, seine Diener zu töten, schließlich sogar den Sohn des Gutsbesitzers, anstatt ihre Frucht zu teilen.

Ihre Frucht. So betrachteten sie diese. „Sie gehört uns. Wir haben sie gemacht. Wir machen damit, was wir wollen, und wir wollen sie nicht mit jemand teilen."

Es war egal, dass Gott den Weinberg angelegt und jeden Weinstock gepflanzt hatte und der rechtmäßige Eigentümer war. Er hatte ihnen nur die Pflege des Weinbergs übertragen, nicht das Eigentumsrecht für seine Frucht. Doch das verstanden die Pächter nicht. Statt dem Gutsbesitzer seinen Anteil zu geben, bemächtigten sie sich seines Eigentums und seiner Schöpfung. Es war nicht ihre Frucht. Es war Gottes Frucht. Es war sein Besitz und seine Schöpfung.

Durch nichts wird die Freude und Fülle der Ernte schneller zerstört (und Gottes Segen zur Quelle unserer eigenen Zerstörung), als wenn wir diese grundlegende Wahrheit über den Weinberg falsch verstehen.

Das Volk Israel kapierte es nicht. Gott segnete sie mit großer Fruchtbarkeit, aber statt voller Dankbarkeit die Früchte Gott wieder als Dankopfer zurückzubringen, gebrauchten sie sie für ihre eigenen Wünsche. Hosea konfrontierte sie mit ihrer Untreue:

> *Israel war ein üppiger Weinstock, der genügend Frucht hatte. Je zahlreicher seine Frucht wurde, desto zahlreicher machte er die Altäre. Je schöner sein Land wurde, desto schöner machten sie die Gedenksteine. Geteilt ist ihr Herz, jetzt werden sie büßen: Er zerbricht ihre Altäre, verwüstet ihre Gedenksteine* (Hos 10,1-2).

Die Frucht gehört Gott. Sobald wir denken, Gottes Frucht gehöre uns, hat dies viele nur negative Konsequenzen. Wir benutzen Gottes Segen zu unserem eigenen Vorteil oder sogar, um uns eigene Götter und religiöse Systeme zu schaffen.

Es ist unglaublich, wie sehr wir versuchen, die Frucht für uns zu beanspruchen! Segnet Gott eine Person mit Gaben, einem Dienst, Einfluss, erneuerten Menschen oder auch materiellen Gütern, passiert es viel zu oft, dass sie fast unmerklich die Frucht ihres Lebens über ihre Beziehung zu Gott stellt. Es ist viel leichter, Gott zu suchen, wenn wir in ausweglosen Situationen stecken oder wenn wir am Boden sind oder verachtet werden. Schon immer waren die Gaben Gottes eine größere Gefahr für sein Volk als Bedrängnis.

Selten vergaßen die Israeliten Gott, wenn sie angegriffen wurden oder unter einer Hungersnot litten. Doch in Zeiten der Ruhe und des Friedens vergaßen sie ihn und gingen dazu über, sich selbst zu dienen – entweder direkt oder durch Götzen, die sie sich selbst erschaffen hatten. Wir sollten aus ihrem Versagen lernen: Gottes Segen ist nicht zu unserem Vergnügen da; wir werden gesegnet, um ein Segen für andere zu sein.

Die Frucht wächst, um weitergegeben zu werden. Am Weinstock gehortete Frucht verdirbt und verrottet nur. Wenn sie nicht gepflückt und für einen anderen Zweck verwendet wird, ist ihr Segen dahin. Es ist die vielleicht traurigste Feststellung über unsere Generation, dass unsere Sicht des christlichen Glaubens so sehr durch Eigeninteressen vergiftet ist.

Wollen wir Menschen zur Anbetung bringen, müssen wir ihnen versprechen, dass sie dadurch Frieden und Ruhe im Herzen finden. Doch definitionsgemäß ist Anbetung Selbstaufgabe. Anbetung ist nicht das Singen in einem Gottesdienst, sondern dass wir unsere Herzen hingeben, um in der Liebe des Vaters zu leben – alles andere verdreht Anbetung nur zu etwas, was unserem eigenen Vergnügen dient.

Für den geistlichen Dienst gilt dasselbe. Wenn wir den Leuten nicht zu verstehen geben, dass ihr Dienst für Gott in materieller Weise reich belohnt wird, interessieren sich viele nicht dafür.

In Gottes Reich ist der Schlüssel zum Leben, sein Leben aufzugeben. Niemand hat das besser gezeigt als der wahre Weinstock selbst. Indem er unter uns lebte, so sagt es der Philipperbrief, entäußerte (entleerte) sich Jesus und sah dabei auch seine Gleichheit mit Gott nicht als etwas an, das er festhalten musste. Er gab sie auf, um zu unserem Diener zu werden.

Sein Leben war durch nichts mehr gekennzeichnet als durch seinen ständigen Entschluss, seine eigenen irdischen Wünsche aufzugeben, um seinem Vater zu gehorchen. Er gab seinen Ruhm und seine Bekanntheit auf, indem er sich weigerte, die Kraft Gottes für sein eigenes Vorankommen zu nutzen. Er gab seine Sicherheit auf, indem er sich weigerte, angesichts der religiösen Führer, die ihm ans Leben wollten, Kompromisse mit der Wahrheit zu machen. Er gab seine Annehmlichkeiten auf, um Gottes Reich in ganz Israel bekannt zu machen. Am Ende seines Lebens stand das größte Aufgeben: Er übergab Gott seinen Geist.

Im Aufgeben entdeckte er das Geheimnis der Fruchtbarkeit. Er gab seine eigenen Interessen auf, damit Gott, der Vater, verherrlicht würde: *„Ich habe dich auf der Erde verherrlicht, indem ich das Werk vollendet habe, das du mir aufgetragen hast."*

Wir wachsen im Reich Gottes nicht durch das, was wir gewinnen, sondern durch das, was wir weitergeben:

> *Dann sagte Jesus zu seinen Jüngern: „Wenn jemand mein Jünger sein will, muss er sich selbst verleugnen, sein Kreuz auf sich nehmen und mir nachfolgen. Denn wer sein Leben retten will, wird es verlieren; wer aber sein Leben um meinetwillen verliert, wird es finden. Was nützt es einem Menschen, die ganze Welt zu gewinnen, wenn er selbst dabei unheilbar Schaden nimmt? Oder was kann ein Mensch als Gegenwert für sein Leben geben?"* (Mt 16,24-26).

Der Charakter, der in uns geformt wird, steht Gott zur Verfügung. Er kann ihn nach seinem Ermessen gebrauchen, um andere zu nähren oder seinen Weinberg zu erweitern. Durch die Verheißungen, die er in uns erfüllt, werden andere ihn klarer erkennen und auch ermutigt. Sogar eine Verheißung, die Gott erfüllt hat, kann zu einem Götzen werden, der uns von ihm trennt, wenn wir unser Herz daran hängen.

Das Leben in der Gemeinde bemisst sich nicht an der Intensität des Sonntagsgottesdienstes oder daran, wie gut unsere Programme funktionieren, sondern daran, wie effektiv wir Leute freisetzen, dass sie anderen mit den Werken Jesu dienen. Wächst eine Gemeinde zahlenmäßig, bedeutet das, dass Abläufe wichtiger werden als Beziehungen und Planung wichtiger als Spontanität. Das einzige Mittel dagegen ist es, zuzulassen, dass sich sein Werk unter uns vervielfacht, anstatt unsere fruchtbarsten Dienste zu großen Institutionen werden zu lassen, die eine zentralisierte Bürokratie erfordern.

Weinstöcke dehnen sich nicht endlos aus – sie vermehren sich zu neuen Weinstöcken, die auf relativ einfache Weise weiter gedeihen. Wie können wir sogar die Beziehungen loslassen, die uns Freude bereiten, damit andere leichter Zugang zu uns finden? Nichts fordert einen mehr heraus. Veränderung ist nicht nur bedrohlich, aber sich in Beziehungen einzumischen, die eine Schlüsselfunktion dabei hatten, dass Menschen Veränderung erlebt haben, sorgt ganz sicher für Aufsehen.

Wir suchen Beständigkeit, wo Gott Fruchtbarkeit im Sinn hat. Wir halten fest, was wir genießen, und erkennen nicht, dass wahre Freude dadurch entsteht, dass wir unser Leben niederlegen, damit eine größere Gnade unser Herz erfüllt. Dieser Übergang kann schwierig sein, aber um Kanäle für sein Leben zu sein, müssen wir dieses Risiko eingehen. Wir müssen bereit sein, in jedem Moment Gottes kostbarste Segnungen niederzulegen, und zwar mit einer großzügigen Haltung, da wir wissen, dass er in unserem Herzen erneut tun kann, was er bereits getan hat.

Genau darum geht es als Rebe oder Arbeiter in seinem Weinberg: Gott die Freiheit zu lassen, die Veränderungen vorzunehmen, die er möchte. Die Frucht, die er in uns geschaffen hat, war immer dazu bestimmt, zur Quelle des Segens für andere zu werden. Gott wollte, dass jede Faser seines Volkes mit einem Geist der Großzügigkeit erfüllt ist. Selbst ihre materiellen Früchte sollten nicht komplett abgeerntet werden:

> *Und wenn ihr die Ernte eures Landes erntet, darfst du den Rand deines Feldes nicht vollständig abernten und darfst keine Nachlese deiner Ernte halten. Und in deinem Weinberg sollst du nicht nachlesen, und die abgefallenen Beeren deines Weinbergs sollst du nicht auflesen; für den Elenden und für den Fremden sollst du sie lassen. Ich bin der HERR, euer Gott* (3 Mose 19,9-10).

Gott möchte, dass sein Volk großzügig ist und niemals seine Segnungen für sich selbst hortet. Wenn wir erkennen, dass ohnehin alles von ihm kam, ist es leicht für uns, ihm alles zurückzugeben, damit er es so gebrauchen kann, wie er es will.

Kapitel 31

Was passiert, wenn die Ernte ausfällt?

Auch wenn die Feigenbäume noch keine Blüten tragen und die Weinstöcke noch keine Trauben ... und auf unseren Kornfeldern kein Getreide wächst ... will ich mich trotzdem über meinen Herrn freuen und will jubeln.

Habakuk 3,17-18 (NLB)

Kann man die Verheißungen Gottes im Frühling annehmen, die Gefahren des Sommers überstehen und trotzdem bei der Ernte leer ausgehen?

So weit ich mich erinnere, passierte dies meinem Vater mindestens zweimal. Nachdem er die Frucht bis zum Schluss gehegt und gepflegt hatte, ging er doch leer aus. Die Frucht reifte zur Genüge heran, aber die Probleme kamen bei der Ernte. Da er aus seinen Trauben Rosinen machte, pflückte er sie und legte sie zum Trocknen auf Papierschalen am Boden. In dieser Zeit sind die Früchte am meisten gefährdet. Fällt in diesen wenigen Tage ein heftiger Regen, dann verfault die ganze Ernte noch am Boden.

Die Arbeit eines ganzen Jahres kann durch einen plötzlich hereinbrechenden Sturm aus den Subtropen ausgelöscht werden. Zwar gelangt im September nur selten Regen ins San Joaquin Valley, weshalb mein Vater sie auf den Boden legte, doch hatte er zweimal teuer dafür bezahlt. Die Früchte waren völlig unbrauchbar geworden.

Es gibt andere Gefahren zur Erntezeit, die zum gleichen Resultat führen. Große Schwärme von Insekten oder Vögeln können sich auf einer Ernte niederlassen und sie auffressen.

Die Feinde der Fruchtbarkeit geben nicht einfach auf, nur weil der Herbst gekommen ist. Mein Vater kam nie auf die Idee, seine Ernte sei in Sicherheit, bevor sie nicht an den Verpacker geliefert war. Dann erst konnte er sich entspannen. Die Ernte war vorüber.

Kann das auch im Weinberg des Vaters geschehen? Können wir treu Gott folgen, nur um zu sehen, dass uns die Frucht in dem Moment abhanden kommt, in dem das Verheißene sichtbar wird? Ich glaube nicht. Allerdings muss ich diese Aussage einschränken, da ich sonst missverstanden werden könnte und dadurch auch Gott.

Der Grund, weshalb ich es verneine, liegt in den klaren Worten aus Jesaja:

> *Denn wie der Regen fällt und vom Himmel der Schnee und nicht dahin zurückkehrt, sondern die Erde tränkt, sie befruchtet und sie sprießen lässt, dass sie dem Sämann Samen gibt und Brot dem Essenden, so wird mein Wort sein, das aus meinem Mund hervorgeht. Es wird nicht leer zu mir zurückkehren, sondern es wird bewirken, was mir gefällt, und ausführen, wozu ich es gesandt habe* (Jes 55,10-11).

Solange wir eine wachsende Vertrauensbeziehung mit Jesus pflegen, wird diese Beziehung automatisch Frucht in unserem Leben zeitigen. Viele haben jedoch unrealistische Erwartungen, was mit dieser Fruchtbarkeit gemeint ist. Sie verwechseln es mit Erfolg nach weltlichen Maßstäben zu haben, oder damit, zufrieden und glücklich zu leben. Weit gefehlt.

Nehmen wir zum Beispiel Stephanus, der wegen seines Glaubens brutal ermordet wurde. Er war der erste Nicht-Apostel in der Urgemeinde, der eine bestechende Einsicht in den neuen Bund hatte. Gerade, als er in seine Berufung hineinfand, nach seiner ersten und wie sich herausstellte auch letzten Predigt, wurde er gesteinigt. War Stephanus eine verhinderte Ernte? So mag es manchen erscheinen, aber sein Tod brachte Gottes Werk auf der Erde größere Ehre. Sein Leben brachte Frucht und tut es immer noch durch das Zeugnis der Bibel.

Die Litanei von Paulus' Kämpfen aufgrund des Evangeliums war beispiellos und wird in 2. Korinther 11,24-27 (ELB) aufgezählt:

> *Von den Juden habe ich fünfmal vierzig Schläge weniger einen bekommen.*
> *Dreimal bin ich mit Ruten geschlagen worden.*
> *Einmal wurde ich gesteinigt.*
> *Dreimal habe ich Schiffbruch erlitten.*
> *Einen Tag und eine Nacht habe ich in Seenot zugebracht.*
> *Ich bin oft gereist.*
> *Ich war in Gefahren von Flüssen, in Gefahren von Räubern, in Gefahren von meinem Volk, in Gefahren von den Nationen, in Gefahren in der Stadt, in Gefahren in der Wüste, in Gefahren auf dem Meer, in Gefahren unter falschen Brüdern.*
> *Ich habe mich abgemüht und abgeplagt und oft ganze Nächte durchwacht.*
> *Ich litt Hunger und Durst und habe oft gefastet.*
> *Ich ertrug bittere Kälte und hatte nichts anzuziehen.*

Klingt das nach einem Mann, den Gott liebt? Wenn nicht, ist möglicherweise Ihre Vorstellung von Gottes Liebe verzerrt. Gott liebte Paulus genauso sehr, wie er Sie liebt. Daraus sollte man jedoch nicht die falsche Erwartung ableiten, dass Gottes Liebe uns von allem Schmerz und allen Unannehmlichkeiten in unserer Zeit abschirmen wird. Vielmehr trägt uns seine Liebe hindurch zu der Fülle seiner Herrlichkeit und einer noch größeren Ernte.

Selbst als Paulus einsam und verlassen in einer Gefängniszelle in Rom saß und seine Hinrichtung unmittelbar bevorstand, war sein Herz standhaft auf den Sieg des Herrn gerichtet. Er stellte seine eigene Frucht nicht infrage, obwohl ihn viele Gemeinden in Asien im Stich gelassen hatten.

> *Ich habe den guten Kampf gekämpft, ich habe den Lauf vollendet, ich habe den Glauben bewahrt; fortan liegt mir bereit der Siegeskranz der Gerechtigkeit, den der Herr, der gerechte Richter, mir als Belohnung geben wird an jenem Tag* (2 Tim 4,7-8 ELB).

Schauen Sie nicht auf Ihre Umstände, um Ihre Ernte zu messen. Sie können sich einfach nicht auf Ihre Wahrnehmung der Ernte verlassen. Die einzige Möglichkeit, wie die Ernte im Leben eines Christen verhindert werden kann, besteht darin, dass wir dem Drängen des Feindes nachgeben und unseren Glauben inmitten schwieriger Zeiten aufgeben.

Egal, ob der Feind die Ernte meines Vaters vereitelt hat oder ob mein Vater nur Opfer des wechselhaften Wetters war – was wirklich auf dem Spiel stand, war sein Glaube. Ich habe dadurch mehr über Glauben gelernt als bei jeder anderen Erfahrung.

Viele Male hatte ich drohende Regenwolken gesehen und ernsthaft darum gebetet, Gott möge unsere Ernte schützen. Ich erinnere mich an Zeiten, als der Regen im Weinberg unseres Nachbarn niederging, aber fast genau an der Grenze unseres Weinbergs haltmachte. Wie wir uns darüber freuten, dass Gottes Hand uns verschont hatte!

Als Gott den Regen zum ersten Mal nicht stoppte, beobachtete ich meinen Vater genau. Eines Nachmittags sah ich ihn, wie er auf sein Feld hinausstarrte, während es in Strömen goss. Etwa 25 mm Niederschlag war bereits einige Tage zuvor auf die trocknenden Trauben gefallen und hatte sie stark beschädigt. Dieses zweite Gewitter bedeutete ihr Ende. Er wusste das. Ich sah die Hilflosigkeit und Enttäuschung in seinen Augen und hatte in diesem Moment mehr Mitgefühl mit ihm als jemals zuvor für irgendeinen anderen Menschen. Kümmerte es Gott nicht? Wie konnte er das geschehen lassen?

„Was machen wir jetzt, Papa?“, fragte ich und sorgte mich darum, ob wir im nächsten Jahr genug zu essen haben würden.

Seine Antwort war trotz seine Enttäuschung klar: „Der Herr ist treu.“ Nach einer langen Pause fuhr er fort: „Wir werden einfach sehen müssen, wie der Herr uns im nächsten Jahr versorgt.“

Und ob er uns versorgt hat.

Ich hatte während dieses Jahres immer genug zu essen und, was noch wichtiger war, ich lernte eine wertvolle Lektion. Es ist vergebliche Hoffnung, wenn man sein Vertrauen in eine volle Ernte oder ein gefülltes Bankkonto setzt. Wir sollten unsere Hoffnung besser auf Gott setzen, der mehr Möglichkeiten hat, seinen Willen zu erfüllen, als wir uns je erträumen könnten.

Selbst die schwierigsten Prüfungen können unseren Glauben stärken und damit auch unsere Fähigkeit, geistliche Frucht zu bringen. Deshalb konnte der Prophet Habakuk ausrufen:

> *Denn der Feigenbaum blüht nicht, und an den Reben ist kein Ertrag. Der Ölbaum versagt seine Leistung, und die Terrassengärten bringen keine Nahrung hervor … Ich aber, ich will in dem HERRN jubeln, will jauchzen über den Gott meines Heils. Der HERR, der Herr, ist meine Kraft* (Hab 3,17-19).

KAPITEL 32

Das Wachstum ist noch nicht zu Ende

Doch von dem, was wir bereits erreicht haben, wollen wir uns auf keinen Fall wieder abbringen lassen!

Philipper 3,16

In der Euphorie der Ernte ist es leicht, die Frucht unseres vergangenen Einsatzes zu ernten und dabei aus den Augen zu verlieren, dass er weiterhin notwendig ist. Man kann leicht Gottes Fülle genießen und dabei die anhaltende Notwendigkeit, unsere ständige Verbindung zum Weinstock zu pflegen, vergessen.

Die Wissenschaft lehrt uns, dass im letzten Reifestadium die ganze Energie des Weinstocks in die Trauben fließt. Die Speicher im Stamm und in den Wurzeln werden aufgebraucht. Nachdem jedoch die Trauben geerntet sind, werden die Speicher aufgefüllt, um den Weinstock auf eine weitere Wachstumsperiode vorzubereiten. Dieses Wachstum hält bis zu den ersten Tagen des Winters an, wenn die Weinblätter schließlich welken und abfallen.

Der Zyklus des Säens und Erntens dauert fort. Die Frucht des nächsten Jahres hat sich bereits in den Knospen der einjährigen Ruten gebildet. Die Größe jeder Traube und die Größe der gesamten Ernte wurden bereits durch den Gesundheitszustand des Weinstockes während des letzten Jahres bestimmt.

Die jetzt gespeicherten Nährstoffe werden im kommenden Winter nicht benötigt, da der Weinstock in die Vegetationsruhe geht. Doch werden sie im folgenden Frühling verfügbar sein, wenn die Rebe förmlich vor neuem Leben explodiert. Diese Knospen werden von dem zehren, was nun gespeichert wird, bevor sie in der Lage sind, ihre eigene Nahrung zu produzieren.

„Bleibt in mir." In keiner Jahreszeit kann die Rebe es sich leisten, dieser herrlichen Einladung nicht zu folgen. Im Glanz der Ernte ist es leicht, selbstzufrieden zu werden und Gott zu vergessen, der all diese Dinge in uns zustande gebracht hat. Wie den Israeliten im Alten Testament fällt es uns leicht, Gott bei Schmerzen und Konflikten anzurufen, da wir wissen, wie sehr wir ihn brauchen. Doch jedes Mal, wenn Gott sie befreite und ihnen Fülle schenkte, vergaßen sie ihn und wandten sich entweder Götzen zu oder gaben sich einem ausschweifenden Lebensstil hin.

Das habe ich so oft bei Menschen beobachtet. In einer Krisenzeit rufen sie zu Gott und entdecken, was es heißt, in ihm zu leben. Wenn sich daraus einige beachtliche Früchte in ihrem Leben entwickeln, nehmen sie Gott entweder für selbstverständlich oder, was noch schlimmer ist, sie fangen an zu glauben, dass ihre eigene Kraft oder Genialität diese Frucht hervorgebracht haben. Sie drängen Gott zunächst in den Hintergrund, und wenn die Beziehung dann abflaut, legen sie vielleicht noch ein Lippenbekenntnis für ihn ab, geben ihm aber nicht die Aufmerksamkeit, die es der Beziehung erlauben würde, weiter zu wachsen.

Weinstöcke sind keine einjährigen Pflanzen. Sie erzeugen Frucht auf Frucht, Jahr für Jahr. Der Wachstumszyklus wird auch in unseren Herzen weitergeführt, und wie alles, was lebt, befinden wir uns entweder in einem Zustand des Wachsens oder Welkens. Da Gott gute Dinge in ihrem Leben gewirkt hat, nehmen viele Christen fälschlicherweise an, dies würde genügen, um ihre Beziehung zu ihm aufrechtzuerhalten. Viele von uns haben miterlebt, wie Männer und Frauen mit unglaublichen Gaben gewirkt haben und dann plötzlich tief gefallen sind. Der

Weinberg lehrt uns, dass ein solcher Fall überhaupt nicht plötzlich eintritt. Er ist die Folge davon, dass man es tagelang versäumt hat, im Weinstock zu bleiben und aus ihm heraus zu leben.

Wenn wir in unserer Beziehung zum Weinstock Kompromisse eingehen, haben wir bereits zu welken begonnen, unabhängig davon, wie groß die Ernte ist, in der wir uns gerade befinden mögen. Eine innere Leere, die sogar während der Ernte auftreten kann, kann ein Hinweis darauf sein, dass wir die Verbindung zum Weinstock verloren haben.

Halten Sie um jeden Preis an Ihrer Freundschaft zu Jesus fest, als etwas, das wertvoller ist als alles andere im Leben. Schätzen Sie seine Gegenwart und halten Sie sich oft dort auf, um sich von ihm neu mit Leben erfüllen zu lassen. „Naht euch", schreibt der Schreiber des Hebräerbriefes. Wenn wir das tun, lassen wir zu, dass sich unser Leben in ihm vertieft. Hören Sie auf seine Stimme und lassen Sie sich von ihm zeigen, was er in Ihnen über die Ernte hinaus tut.

Gott möchte Sie noch durch viele weitere Jahreszeiten begleiten, bis zu dem Tag, an dem die letzte Ernte kommt und seine Erntearbeiter die Geschichte zu Ende bringen. Das ist die Ernte, nach der wir uns alle mit einer Leidenschaft sehnen, die in unserer Zeit niemals Erfüllung findet. Wir wurden nicht für die sündige Endlichkeit dieser gefallenen Welt geschaffen, sondern, um in alle Ewigkeit in Reinheit mit Christus zu leben. Ihre Träume und Hoffnungen werden hier nicht alle erfüllt werden.

Selbst die Glaubenshelden in Hebräer 11 empfingen nicht die Fülle von dem, was ihnen in diesem Leben versprochen worden war.

> *Ihnen allen stellte Gott aufgrund ihres Glaubens ein gutes Zeugnis aus, und doch haben sie die endgültige Erfüllung dessen, was er ihnen zugesagt hatte, nicht erlebt. Gott hat für unsere Zeit etwas vorgesehen, was besser ist als alles Frühere, und deshalb können sie erst zusammen mit uns die Vollkommenheit erreichen* (Hebr 11,39-40).

Gottes Werk in uns wird hier nicht zu Ende gebracht werden. Er bereitet uns auf einen größeren Tag vor, darauf, dass wir die Ewigkeit in seiner Gegenwart verbringen. Was uns in diesem Leben am wichtigsten war und Ewigkeitswert hatte, wird dort für uns bewahrt.

Für dieses Mal jedoch ist die Ernte vorüber, die Speicher sind komplett wieder aufgefüllt. Der Winter lauert schon um die Ecke. Man kann schon spüren, dass es kühler wird.

WINTER

Ruhe und Neuausrichtung

Denn so spricht der Herr, HERR, der Heilige Israels: „Durch Umkehr und durch Ruhe werdet ihr gerettet. In Stillsein und in Vertrauen ist eure Stärke …“

Jesaja 30,15

Der Glanz der Ernte ist vorüber. Wenn der Winter einsetzt, sieht der Weinstock aus, als würde er eingehen; die Weinblätter werden braun und heben sich gegen den trüben, grauen Himmel ab. Schließlich fallen sie zu Boden und hinterlassen einen kahlen Weinstock.

Doch es wäre falsch, anzunehmen, dass der Weinstock tot ist, auch wenn es diesen Eindruck erweckt. Er befindet sich nur in der Vegetationsruhe. Die Reben ruhen sich in der Stille des Winters aus, und in dieser Zeit tut der Meister des Weinbergs sein Bestes, um sie auf einen neuen Zyklus des Fruchtbringens vorzubereiten.

KAPITEL 33

Tage der Ruhe und Vorbereitung

Kommt zu mir, ihr alle, die ihr euch plagt und von eurer Last fast erdrückt werdet; ich werde sie euch abnehmen. Nehmt mein Joch auf euch und lernt von mir, denn ich bin gütig und von Herzen demütig. So werdet ihr Ruhe finden für eure Seele.

Matthäus 11,28-29

Wenn der Winter Einzug hält, wird die Freude der Ernte zu einer verblassenden Erinnerung. Die Weinblätter färben sich gelb und haben ihre Arbeit für dieses Jahr abgeschlossen. Der Weinberg beginnt seine Zeit der Vegetationsruhe, um sich für die Ernte des nächsten Jahres vorzubereiten.

Schließlich kommt der Winter mit dem ersten Nachtfrost, in unserem Tal normalerweise in den letzten Novembertagen. Schnell kehrt Ruhe ein, wenn die Blätter schmutzig-braun werden, eine welke Erinnerung an ein reiches Erbe, und dann zur Erde fallen.

Im Weinberg herrscht das Chaos. Die Fahrgassen zwischen den Weinstöcken sind voller Unrat. Nicht länger durch ihr Blätterkleid verborgen, drehen und winden sich die Ruten in lebhafter Unordnung ineinander. Dunkle Büschel verfaulter Trauben, die bei der Ernte übersehen wurden, hängen schlaff herunter, bloßgelegt durch die Nacktheit des Winters. Die Wunden der Wachstumsperiode sind offensichtlich. Einige Ruten sind abgebrochen, andere wiederum durch die Last der reifenden Trauben aufgesplittert. Sogar der Draht zwischen den Weinstöcken wurde von ihnen heruntergezogen; nun hängt er durch von Pfahl zu Pfahl.

Dieses Chaos im frühen Winter steht in deutlichem Gegensatz dazu, wie die Weinstöcke am Ende des Winters aussehen werden. In wenigen Monaten werden diese Stöcke durch den Rebschnitt gestutzt und ordentlich an nachgespannten Drähten angebunden sein. Die Überbleibsel am Boden werden untergepflügt – als Kompost für die nächste Ernte.

Im Winter beginnt der Wachstumszyklus. Ich habe mit seiner Beschreibung bis zum Ende gewartet, weil wir nur im Anschluss an die Fruchtbarkeit seinen Wert verstehen können. Für den Weinstock mag die Winterzeit hart erscheinen, aber das ist sie nicht. Der Weinstock muss ruhen und sich erholen, wenn der Winzer ihn für das kommende Jahr zurüsten will.

Auch in unseren Wachstumszyklen erleben wir Winter. Der geistliche Winter tritt ein, wenn die äußere Fruchtbarkeit unseres Lebens zu schwinden beginnt und Gott uns zur Ruhe und Vorbereitung auf eine weitere Ernte ruft.

Genau wie im Weinberg kündigen oft unsere Umstände das Kommen des Winters an. Sie scheinen sich gegen uns zu stellen. Wir tun genau die gleichen Dinge, aber es entsteht nicht mehr die gleiche Frucht wie zuvor. Man fragt sich dann vielleicht: „Warum vertrocknet alles?“ Auch Angst kann hinzukommen, wenn die Frage entsteht, ob man je wieder fruchtbar sein wird.

Wir alle haben schon solche Momente erlebt. Statt den Beginn einer neuen Jahreszeit zu erkennen, verdoppeln wir normalerweise unsere Anstrengungen, um die Auswirkungen des Winters in Schach zu halten. Wir tun so, als sei immer noch Herbst, und strengen uns noch mehr an, durch unsere eigene Mühe Frucht zu erzeugen.

Doch der Winter ist nicht die Zeit größerer Anstrengungen; er ist die Zeit, in der die Weinreben ausruhen. Wenn in dieser Zeit die Ablenkungen weniger werden, werden wir in eine tiefere Verbindung mit dem Weinstock geführt und erleben, dass unsere

Gemeinschaft mit ihm großartiger ist als in jeder anderen Jahreszeit.

Hier lernen wir, in ihm zu ruhen. Er tut sein Werk in uns ohne unsere Hilfe, abgesehen davon, dass wir uns seinem Ziel ergeben. Wenn wir lernen, im Winter in ihm zu ruhen, wird es nicht lange dauern, bis der Frühling wieder durch unseren Geist weht und wir erneut Frucht ansetzen.

KAPITEL 34

Verblassender Glanz

Geschwister, ich bilde mir nicht ein, das Ziel schon erreicht zu haben. Eins aber tue ich: Ich lasse das, was hinter mir liegt, bewusst zurück, konzentriere mich völlig auf das, was vor mir liegt.

Philipper 3,13-14

Es ist nicht leicht, Gottes Herrlichkeit am Ende eines Jahreszyklus schwinden zu sehen, und es ist noch schwerer, nichts zu tun um es aufzuhalten.

Die Blüten des Frühlings mussten verwelken und abfallen, damit sich die Frucht bilden konnte. Im Herbst musste sich die reife Frucht dem Winzer als große Ernte ergeben. Nun muss die Rebe sich wieder ergeben, doch diesmal ist es eine noch größere Hingabe. Denn jetzt müssen sich nicht nur die Blüten und Früchte der schleichenden Kälte des Winters ergeben, sondern auch der Glanz der Rebe selbst.

Es scheint, als müsse man nur zwei Dinge tun, um eine fruchtbare Rebe am Weinstock Jesu zu sein. Das Erste ist: im Weinstock bleiben und jeden Tag die Freundschaft mit Jesus pflegen. Das Zweite ist: alles andere loslassen, sogar den Erfolg der Ernte. *Halten Sie nie etwas zu fest.* Echte Nachfolger Jesu kennen das Geheimnis des Loslassens. Gott geht weiter und lädt uns ein, mit ihm zu kommen. Die größte Gefahr für uns besteht darin, zu versuchen, an vergangener Freude und vergangenen

Erfolgen festzuhalten und dabei zu verpassen, was erst noch kommen wird.

Der Glanz der Reben findet sich nicht in ihren Blüten, ihren Früchten oder gar ihren Blättern und Ruten. Ihr Glanz besteht nur in der anhaltenden Beziehung zum Weinstock. Daran ändert sich niemals etwas.

Von Jahreszeit zu Jahreszeit ist unsere Freundschaft zu Jesus die eine beständige Quelle der Erfüllung, und all das Gute, das er in unser Leben bringt, wird unter Beweis stellen, ob wir ihn oder die Dinge lieben, die er uns gegeben hat.

Es fällt uns leichter, uns in die äußeren Zeichen unseres Glaubens zu verlieben, statt unsere Liebe zu Jesus am Brennen zu erhalten. Fast ohne es zu bemerken, tauschen wir diese Äußerlichkeiten gegen die Beziehung selbst ein. Es kann vorkommen, dass wir mehr Leidenschaft für bloße Formen der Anbetung oder des Dienstes haben als für ihn. Es ist eine tückische Falle, und jeder, der nicht zugibt, an der einen oder anderen Stelle in sie hineinzutappen, ist entweder nicht ehrlich oder hat das nicht verstanden.

Als Christen sollten wir erkennen, dass unsere Sicherheit oder unsere Ehre weder in etwas Äußerlichem noch in etwas liegt, was Gott getan hat. Wenn wir nicht ständig die Dinge vergessen, die hinter uns liegen, und uns nach dem echten Preis ausstrecken, stagnieren wir im verblassenden Glanz vergangener Zeiten. Als Paulus darüber sprach, das zu vergessen, was hinter einem liegt, bezog er sich nicht nur auf Versagen und Sünde, sondern darüber hinaus auch auf Erfolge und Freuden.

Ein Christ ist niemals so stark gefährdet wie zu Beginn des geistlichen Winters. Wie wir gesehen haben, ist die Ernte eine Zeit der Euphorie. Fast täglich ergeben sich Gelegenheiten, Menschen mit Gottes Kraft zu berühren, und wir sehen, wie Gott gewaltige Dinge durch uns tut. In solchen Zeiten scheint es, als fließe Gerechtigkeit von uns wie ein reißender Strom. Selbst unsere schwierigsten Augenblicke werden von dieser übermächtigen Freude verschlungen.

Doch wie jede Jahreszeit nimmt der Herbst seinen Lauf.

Man gerät leicht in Panik, wenn man nicht versteht, wie Gott zu verschiedenen Jahreszeiten wirkt. *Was ist passiert? Warum wird meine Freude weniger? Warum bin ich nicht so erfolgreich, wie ich einmal war?*

Unsere erste Schlussfolgerung lautet, dass etwas mit uns nicht stimmt. Wir kennen die Schwächen unseres Fleisches. Sie sind die Ursache dafür, dass wir uns leicht selber die Schuld geben. Doch wenn wir so denken, vergessen wir, dass Gottes Werk in uns nur durch seine Gnade geschieht. Wir haben sie weder damals noch jetzt verdient. Wir versuchen es mit Buße, aber das scheint nicht die Lösung zu sein. Sie kann unseren Weg mit dem Herrn zwar etwas beleben, doch schauen wir immer noch hilflos zu, wie die Ernte weiter verkümmert.

Die meisten von uns ziehen es vor, dies zu verbergen. *Wenn ich es niemanden sehen lasse, wird niemand wissen, dass die Ernte vorbei ist.* So vertuschen wir es, meist mit Geschäftigkeit. Aus eigener Kraft ziehen wir durch, was vorher so gesegnet erschien.

Der Beginn des Winters ist nichts Beklagenswertes. Es sind die Tage, in denen der Weinberg für ein neues Jahr zugerüstet wird. Das Tempo verlangsamt sich und ich habe nie einen Winzer getroffen, der nicht erleichtert darüber war, dass er die Ernte eingeholt hatte, bevor der Winter kam. Das ist nichts Peinliches; es ist der Lauf der Natur, und, um genau zu sein, ist es auch Gottes Lauf der Dinge.

Kein Dienst im Reich Gottes ist unbefristet und währt bis zu Jesu Wiederkunft. Zu bestimmten Jahreszeiten erntet Gott durch bestimmte Leute. Wenn wir diese Tatsache anerkennen, können wir zulassen, dass die Erntezeiten zum Abschluss kommen. Dann feiern wir sie und lassen sie los.

Gott tut ein Werk, fördert es bis zu seinem maximalen Nutzen und lässt es dann los, um andere Gelegenheiten zu schaffen. Wie viele Menschen sind in der Verwaltung von Programmen gefangen, in denen schon lange kein Leben mehr ist? Ist es uns nicht möglich, mutig zu sagen, dass etwas beendet werden kann, ohne dass es als Versagen angesehen wird?

Wir können nicht immer in der Ernte leben, zumindest nicht, ohne das Leben der Rebe zu zerstören. Wer das normale Christenleben mit der Erntezeit gleichsetzt, wird den größten Teil seines Lebens frustriert sein. Solche Zeiten kommen zum Ende – nicht aufgrund Ihres Versagens, sondern weil Gott es so will.

Eine neue Jahreszeit steht bevor, und das ist kein Misserfolg, es sei denn, Ihre Prioritäten hängen schief. Wenn Sie mitten im Winter nach Frucht suchen, sind Sie per Definition ein Versager. Doch wenn Sie weiter darauf aus sind, Ihre Freundschaft mit Jesus zu vertiefen, werden Sie sehen, dass es nur eine weitere Jahreszeit ist, in der Sie ihn genießen können, unabhängig davon, was um Sie herum geschieht.

Im Gegensatz zu Mose, dessen Glanz verschwand, sagt Paulus, dass wir einen Bund ergreifen, dessen Glanz und Herrlichkeit nur noch zunimmt. Beurteilen Sie dies jedoch nicht nach Äußerlichkeiten. Die wahre Herrlichkeit besteht in der Tiefe der Freundschaft, die Christus in unserem Leben aufbaut, und in der Veränderung, durch die wir ihm ähnlicher werden. Während dieses Prozesses durchleben wir eine Reihe von Jahreszeiten. Von außen betrachtet sind einige glanzvoller als die anderen, aber alle laden sie uns ein, noch mehr von seiner Gnade erfasst zu werden.

Der Winter ist eine herrliche Zeit, in der Gott uns von den Auswirkungen unserer vergangenen Aktivitäten regenerieren lässt und uns neu zurüstet, sodass er uns in kommende, noch fruchtbarere Zeiten entlassen kann. Dabei prüft er unsere Herzenshaltung. Haben wir das, was wir getan haben, aufgrund unserer Liebe und aus Gehorsam zu Christus getan oder weil wir Erfolg und Erfüllung gesucht haben? Der Beginn des Winters wird es Ihnen mit Sicherheit zeigen.

Wenn es Ihnen schwerfällt, loszulassen, weil Sie die Geschäftigkeit brauchen, um sich wichtig zu fühlen, dann ist die Umgestaltung vielleicht notwendiger, als Sie denken. Früher fühlte ich mich bedroht, wenn mein Leben sich verlangsamte, und machte mir Sorgen, dass ich meine Fähigkeiten verlieren würde oder dass Gott mich nicht mehr segnete. Anstatt Gott zu erlauben, sich mit diesen Unsicherheiten zu befassen, schaute ich mich nach anderen Möglichkeiten um, mich beschäftigt zu halten ... Ich trat einem weiteren Gremium bei, plante einen weiteren Einsatz oder gründete noch einen Bibelkreis usw. Ich mochte die Stille nicht. Ich wollte für Gott Frucht bringen, und dadurch stellte ich mich seinem Werk entgegen, wenn er mein Leben verlangsamte. Indem ich mich selbst in Geschäftigkeit begrub, versuchte ich vor der Ruhe wegzurennen, die ich so dringend brauchte.

Ich glaube, es brachte ans Licht, dass ich verliebter war in das, was ich Dienst nannte, als in ihn. Doch Gott hatte Geduld mit mir in meinem fehlgeleiteten Eifer. Er segnete einige dieser Einsätze und Bibelkreise so sehr, dass ich immer noch darüber staune. Doch habe ich seitdem gelernt: Wenn sich die Dinge verlangsamen, möchte Gott etwas in mir tun. Er bringt mich in eine neue Art von Abhängigkeit.

Zwar entwickelt sich unser Vertrauen in der Hitze des Sommers, doch es wird im Winter am meisten benötigt. Hier entdecken wir, ob unser Leben und unsere Freude wirklich in ihm sind oder ob unsere Identität in den Dingen, die wir getan haben, oder den Plänen, die wir erfolgreich verwirklicht haben, liegt. Wir werden nie entspannt mit unserer Vergangenheit umgehen, wenn wir nicht wissen, dass unsere Zukunft sicher in Gottes Hand ist.

Im Winter hat die lebenswichtige Verbindung zwischen dem Weinstock und der Rebe oberste Priorität. Wenn Sie den Mut haben, die Dienste abzugeben, die Gott in Ihrem Leben zur Vollendung gebracht hat, und nicht mehr auf vergangene Erfolge zurückblicken, können Sie sich die Gelegenheit zunutze machen und Ihre Freundschaft zu ihm vertiefen. Wenn es still wird, werden Sie Gottes Leitung in Ihrem Leben deutlicher sehen und auch einige Ihrer alles andere als reinen Motive, die sich eingeschlichen haben oder durch die Wachstumsperiode freigelegt wurden. Haben Sie keine Angst davor und wehren Sie sich nicht dagegen. Es gibt dem Vater lediglich die Gelegenheit, im kommenden Winter ein noch tieferes Werk in Ihnen zu tun.

Kapitel 35

Je kälter, desto besser

Seid stille und erkennet, dass ich Gott bin!

Psalm 46,10 (LUT)

Gibt es etwas Friedlicheres als die Erde unter einer frischen Schneedecke? Solch eine Szenerie wissen wir am ehesten zu schätzen, wenn wir sie aus einer behaglichen Blockhütte betrachten, in deren Kamin ein Feuer prasselt. Der Morgen nach einem starken Schneefall ist ein überwältigender Anblick. Es scheint, als komme einem der klare blaue Himmel durch die Bäume entgegen, und der Glanz der Sonne spiegelt sich in der weißen Decke am Boden.

Doch um seine Schönheit wirklich zu erleben, muss man hinaus- und in den Schnee *hinein*gehen. Dann bemerkt man die Stille. Die Natur ist zum Stillstand gekommen. Der einzige Laut, den man hört, ist das Knirschen des Schnees unter den Füßen.

Übertragen Sie dieses Bild auf den Weinberg. Normalerweise ist unser Tal nicht vom Schnee bedeckt. Nur einmal schneite es in unserem Weinberg, gerade einmal zehn Zentimeter. In unseren Wintern ist der Himmel jedoch mit tief hängenden grauen Wolken bedeckt, die den Weinberg so einhüllen, dass man fast dieselbe Ruhe erlebt wie in der herrlichsten verschneiten Winterlandschaft.

Die Hitze des Sommers wollte die Frucht des Weinstocks zerstören, doch es war notwendig, ihn durchzustehen, damit die Frucht reif wurde. Auch der Winter ist ein feindseliges Klima, doch diesmal besiegen wir es nicht durch Ausharren, sondern durch Geduld und Ruhe.

Nur wenige von uns freuen sich darauf, dass sie sich im Winter ausruhen und erholen können. Vielmehr fürchten wir das strenge Klima und ertragen es, indem wir uns auf die wärmeren Tage des Sommers freuen. Für den Weinstock gilt jedoch das Gegenteil. Der Sommer war die Jahreszeit des Krieges, in der er die feindlichen Mächte bekämpfte, die entschlossen waren, die Frucht zu vernichten. Auch der Herbst war eine Zeit, in der viel zu tun war. Die Kälte des Winters lullt den Weinstock in die dringend benötigte Ruhe ein. Und genau in dieser Jahreszeit des Ausruhens und der Neuausrichtung lädt Gott uns noch näher zu sich ein.

Es gibt zwei Möglichkeiten, wie Gott unsere geistliche Reise in eine Wintersaison bringt. Entweder durch die Umstände – wenn die Aktivitäten und Gelegenheiten, in die wir involviert waren, merklich nachlassen. Oder durch eine Einladung: Wenn Gott uns bittet, einige unserer Dinge beiseite zu legen und unserer Beziehung zu ihm eine Zeit lang mehr Aufmerksamkeit zu widmen. Beide sind ein Zeichen dafür, dass eine Saison des Fruchtbringens endet, damit wir für die nächste vorbereitet werden.

In der Bibel finden wir viele Beispiele für solche Jahreszeiten, auch wenn wir oft nur wenige Informationen darüber erhalten, wie sie genau ausgesehen haben. Mose, zum Beispiel, war weitab in der Wüste in einer Übergangszeit: Aus einem Prinzen am Hof des Pharaos wurde ein Botschafter und Befreier im Namen Gottes. Auch die Israeliten erlebten während sie durch die Wüste zogen eine Winterzeit, da Gott sich ein Volk zubereiten wollte, das in das Verheißene Land einziehen und Frucht bringen konnte. Auch die Wüstenerfahrung Jesu nach seiner Taufe gab Gott die Gelegenheit, ihn für die Zeit seines öffentlichen Dienstes vorzubereiten.

Aufgrund dieser Beispiele wird die Winterzeit oft „Wüstenerfahrung“ genannt. Wenn damit eine Zeit gemeint ist, in der Gott uns weg von der Geschäftigkeit, in die wir uns verstrickt haben, in eine Zeit hineinruft, in der ihm unsere ungeteilte Aufmerksamkeit gilt, dann stimme ich voll und ganz mit diesem Begriff überein.

Allerdings habe ich oft gehört, dass Menschen die Wüste als eine Zeit sehen, in der Gott uns seine bewusste Gegenwart entzieht, damit unser Glaube sich vertieft. Nirgendwo in der Bibel ist dieser Gedanke zu finden. Gott möchte unsere Abhängigkeit von ihm verstärken und nicht uns lehren, wie wir ohne ihn leben können. Freilich lässt Gott es zu, dass bestimmte Methoden, durch die wir ihm nahegekommen sind, nicht mehr funktionieren. Dies geschieht jedoch nur, damit wir auf neuen Wegen nach ihm suchen. Tatsächlich beginnen unsere Winter oft genau so: Die alten Methoden werden leblos, und Gott lädt uns ein, etwas Neues zu entdecken.

Der Weinstock ist zu Beginn des Winters nicht ausgelaugt durch den Herbst. Tatsächlich hat er mehr Kraftreserven am Ende des Herbstes als zu irgendeiner anderen Zeit des Jahres. Ein gesunder Weinstock ruht, während ein erschöpfter Weinstock verdorrt. Der Unterschied zwischen beiden ist zwar im Winter nicht immer sichtbar, aber im nächsten Frühling offensichtlich.

Ausgebrannt zu sein ist in keinem Wachstumszyklus eine normale Phase. Allerdings ist es nicht einfach, ein Burn-out zu erkennen – ausgebrannte Menschen sehen am Tag vor ihrem Zusammenbruch immer am besten aus. Sie sind so hilfsbereit, dass sie normalerweise als Vorbild für einen eifrigen Christen hingestellt werden. Doch wenn man genau aufpasst, sieht man ihre Müdigkeit und hört ihre Klagen, andere würden nicht genug tun, oder man findet zu Hause eine Familie vor, die nach ihrer Aufmerksamkeit schreit.

Statt diese Menschen zu loben, sollte man sie liebevoll hinterfragen. Ein Burn-out ist die Folge dessen, dass wir etwas tun, was nicht einer vertrauten Beziehung mit ihm entspringt, sondern unseren persönlichen Unsicherheiten. Wir tun das, damit die Leute gut von uns denken, oder weil wir meinen, wir könnten uns durch unsere harte Arbeit Gottes Anerkennung verdienen. Echte Heilung kann aber nicht dadurch geschehen, dass wir nur eine Zeit lang „mal alles hinter uns lassen“ und uns danach wieder in unsere Arbeit stürzen. Solange unsere Sicherheit nicht in einer wachsenden Beziehung mit dem Weinstock gegründet ist, werden wir weiterhin versuchen, unsere Leere hinter einem ermüdenden Programm religiöser Aktivitäten zu verstecken.

Gott wird auch einen ausgebrannten Christen in den Winter hineinführen, um seine Abhängigkeit von eigener Leistung zu beschneiden, doch funktioniert das nur, wenn dieser das Problem erkennt. Nur wenn wir uns Gott nahen und sein Wirken erkennen und uns darauf stützen, können wir wirklich verstehen, was er von uns möchte. Echte Fruchtbarkeit entsteht aus unserem wachsenden Vertrauen in sein Wirken und nicht dadurch, dass wir uns den Erwartungen anderer verpflichtet fühlen.

Diejenigen, die im vollzeitlichen Dienst stehen, sind besonders gefährdet, ihre Identität an ihren Erfolgen festzumachen statt an ihrer Beziehung zu Christus. Viele bemerken dies nicht, bis sie aufgrund ihrer eigenen Hyperaktivität müde werden und Schiffbruch erleiden. Zu viele Menschen widerstehen Gottes Ruf, ihren Frieden in ihm zu finden, und nicht in dem, was sie als die Größe und das Ausmaß ihres Dienstes sehen.

Wenn Sie den Beginn des Winters in Ihrem geistlichen Leben wahrnehmen, geben Sie Gottes Ruf in die Ruhe nach. Nehmen Sie sich zusätzliche Zeit, um sein Angesicht zu suchen, und haben Sie Geduld mit sich, wenn es Ihnen nicht leichtfällt. Es ist nicht so, dass Gott in unserer Geschäftigkeit nicht zu uns reden könnte, vielmehr übertönt ihn der Lärm unserer selbst erzeugten Geschäftigkeit. Natürlich bedeutet das nicht, dass wir uns aus all unseren Verantwortungen stehlen und uns in die Wüste setzen sollten. Doch bedeutet es, dass wir uns von unserer Arbeit ausruhen und damit aufhören können, uns so sehr um menschlichen Erfolg zu bemühen, damit wir ihn neu vor Augen haben und ihm mit einer größeren Freiheit in unserem Herzen folgen.

Winter bedeutet, dass Gott uns in die Stille ruft, wo er sein tiefstes Werk vollbringt. Ich habe nie eine wissenschaftliche Erklärung dafür gehört, aber jeder Winzer weiß: Je kälter der Winter ist, umso besser wird die Ernte in der kommenden Saison ausfallen. Milde Winter ergeben durchschnittliche Erträge. Es scheint, je weiter der Saft in den Weinstock hineingetrieben wird, umso explosionsartiger kehrt er im Frühling zurück.

Kapitel 36

Eine erfrischende Pause

Er lagert mich auf grünen Auen, er führt mich zu stillen Wassern.

Psalm 23,2

Ich habe ausgelaugte Weinreben gesehen – entweder waren sie überbeansprucht worden oder Insekten hatten sie von innen aufgefressen und ausgehöhlt. Unter der üppigen Laubwand der Weinblätter, welche die Reben den größten Teil des Jahres verbergen, sind sie nicht leicht zu entdecken. Doch wenn die Blätter erst einmal abgefallen sind, sind sie leicht auszumachen. Solche Reben sind nicht mehr richtig mit dem Weinstock verbunden; es besteht nur noch eine ganz schwache Verbindung.

Hat sich eine Rebe einmal verausgabt, ist sie wertlos. Die Fruchtruten, die aus ihr sprießen, sind schwach und ohne Leben, und die meisten von ihnen erreichen den Draht nicht, um für ein weiteres Jahr nutzbar gemacht zu werden. Viele von ihnen werden mit einer Astsäge abgeschnitten, damit sich an dieser Seite des Weinstocks eine neue Rebe bilden kann.

Glücklicherweise geht Gott mit ausgebrannten Christen nicht so hart um, sonst hätten wir echte Probleme. Doch ich zweifle nicht daran, dass er sie genauso beklagt wie ein Winzer eine abgebrochene Rebe. „Erschöpft und verschmachtet, wie Schafe ohne einen Hirten" – so beschrieb Jesus eine Menschenmenge. Man erkennt ein hirtenloses Schaf sofort, genauso wie einen hüterlosen Weinberg – sie sind müde und ausgelaugt, kommen gerade so zurecht, und doch sterben sie einen langsamen Tod.

Die entschleunigten Tage des Winters trotzen unserem hektischen Lebenstempo. Der Winzer führt seine Weinberge in eine Zeit der Erholung, ebenso wie der Schafhirte seine Schafe zu grünen Weiden und stillem Wasser leitet. Dort legen sie sich hin, um auszuruhen. Das Wasser, das sie dort trinken, ist nicht brausend, sondern still.

Wenn wir dies wirklich lernen würden, würden wir nicht von Geschäftigkeit sprechen, wenn es um das Reich Gottes geht. Es ist die Welt, die uns in die Geschäftigkeit lockt. Lassen Sie sich das gesagt sein von jemand, dessen Identität hauptsächlich in seinem vollgestopften Terminkalender zu finden war und der Gott seinen Wert durch Arbeit bewies. Diese Narrenfalle hat Geschäftigkeit zu einem begehrten Verdienstabzeichen im Reich Gottes gemacht.

Gott möchte nicht unsere Geschäftigkeit; er möchte unser Vertrauen. Er weiß, wenn er unser Vertrauen genießt, werden wir mit ihm und auf seinen Wegen gehen, während das Leben sich vor uns entfaltet.

Doch wie können wir ihm vertrauen, wenn wir nicht still genug sind, um seine Stimme zu hören? Wir haben es zugelassen, dass unser Leben so kompliziert wurde, dass wir ständig erschöpft sind. Während wir mit einem immer höheren Adrenalinspiegel weiterlaufen, überhören wir die Stimme, die nur in der Stille zu hören ist. Damit ist nicht gemeint, dass es nicht Zeiten gibt, in denen uns an jeder Ecke Arbeit und Herausforderungen begegnen, aber wir sollten dort nicht verweilen. Gott wird uns durch solche Zeiten hindurchführen und dann wieder aus ihnen heraus, damit wir uns an den grünen Weiden ausruhen können.

Der Winter stellt die Ruhe im Weinberg dar. Während dieser Monate geschehen zwei wichtige Dinge: Erstens wirkt die Ruhe erfrischend für die Weinstöcke. Es ist Zeit für eine Pause. Zweitens werden die Weinstöcke beschnitten, um sie noch fruchtbarer zu machen. Beides gehört zusammen. Nur in der Ruhe und

Stille können wir den Herrn unser Leben formen lassen, denn darin liegt die Quelle unserer Kraft.

> *Durch Umkehr und durch Ruhe werdet ihr gerettet. In Stillsein und in Vertrauen ist eure Stärke. Aber ihr habt nicht gewollt* (Jes 30,15).

Warum widerstehen wir ihm dann in dem Versuch, in praktisch jeden Moment des Tages so viel Arbeit wie möglich zu pressen? Und auch bei den meisten unserer Freizeitaktivitäten geht es um Ziele und Pläne und viele Leute machen sich in ihren freien Stunden Sorgen, dass sie nicht genug für ihre Familie, ihre Gemeinde oder sich selbst tun.

Die Tatsache, dass wir ruhige Momente vermeiden, kann uns Aufschluss darüber geben, wie pleite wir geistlich gesehen sind. Zu jeder Zeit nehmen unsere Sinne ein breites Spektrum an Eindrücken und Geräuschen wahr. Auch in Zeiten der Ruhe und Besinnung ist es nicht einfach, sich einen Weg durch das Durcheinander zu bahnen, das unsere Gedanken füllt, um an einen Ort der Ruhe zu gelangen.

Der Winter ist eine großartige Gelegenheit, sich daran zu erinnern, dass es die Stille ist, in der wir ihn erkennen. Und darüber hinaus geschieht es in dieser Ruhe, dass er uns in den Prozess einlädt, der uns wirklich für ihn fruchtbar macht.

KAPITEL 37

Wie man sich dem Beschneiden des Meisters unterwirft

Jede Rebe an mir, die nicht Frucht trägt, schneidet er ab; eine Rebe aber, die Frucht trägt, schneidet er zurück; so reinigt er sie, damit sie noch mehr Frucht hervorbringt.

Johannes 15,2

Der Rebensaft fließt immer langsamer und kommt schließlich fast zum Stillstand. Wir befinden uns nun in der Mitte des Winters. Die vertrockneten Weinblätter sind alle abgefallen und nur die Ruten (Rebzweige) sind übrig. Nun kann der Winzer mit der Winterarbeit beginnen. Es gibt eine Haupttätigkeit, der sich der Winzer im Winter widmet, und gemäß Johannes 15 ist es die bedeutendste. Nichts, was der Weinbauer während des Jahres sonst tut, hat größeren Einfluss auf die Gesundheit und Fruchtbarkeit des Weinstocks als die Beschneidung.

Die meiste Zeit über kümmert sich der Winzer um den Weinstock, indem er ihn vor Feinden beschützt, die ihn zerstören wollen. Doch das Beschneiden gibt ihm die Gelegenheit, den Weinstock zu formen, um ihn so fruchtbar wie möglich zu machen. Deshalb wollte mein Vater keinen Außenstehenden für diese Arbeit anstellen. Hastiges und fahrlässiges Beschneiden von Leuten, die einfach nur die Arbeit hinter sich bringen wollten, konnte den Weinstock für mehrere Jahre ruinieren.

Daher nahm mein Vater an den kalten Wintermorgen während unserer Weihnachtsferien seine vier Söhne in den Weinberg mit, um dort die Reben zu beschneiden. Dick eingepackt wegen der Kälte, konnten wir uns kaum bewegen, aber mit Rebscheren in den Händen gingen wir hinter ihm her.

Im Winter ist ein Weinstock eine verwirrende Ansammlung von leicht gebräunten Ruten, die sich von einer Rebe wie zerbrochene Uhrfedern ausbreiten. Im vorherigen Frühling sind sie alle als biegsame grüne Triebe entstanden, aber nun sind sie zu hölzernen Stöcken geworden, die von jeder Ecke des Weinstocks her gewachsen sind. Kleine dunkelbraune Augen verteilen sich in kurzen Abständen über die gesamte Länge eines Astes, einige davon sind über drei Meter lang. Die Augen sind etwa halb so groß wie ein Radiergummi an einem Bleistift und ziemlich hart. In jedem Auge sind die Weintrauben für das kommende Jahr bereits angelegt. Als während des letzten Sommers die Frucht reifte, hat sich somit auch schon die des kommenden Jahres entwickelt.

Die nächste Frucht ist also bereits ansatzweise vorhanden, sogar mitten im Winter. In jedem Auge ist eine Knospe angelegt, voll entwickelt, wenn auch mikroskopisch klein. Außerdem sind dort auch ein oder zwei Beiaugen oder Schlafaugen angelegt, die treiben werden, falls die eigentliche Knospe beschädigt wird. Das einzige Problem ist, dass es am Ende zu viele Weintrauben gibt, die der Weinstock zur Reife bringen muss. Jede Rute kann zwanzig bis fünfundzwanzig Augen aufweisen, und an jedem Weinstock sind vierzig bis sechzig Ruten. Es sind also viel mehr Augen am Weinstock, als er jemals ernähren könnte.

Nicht zurückgeschnittene Weinstöcke werden auch in der nächsten Saison wachsen. Ja, sie werden sogar gesünder aussehen als ein beschnittener Weinstock. Überall werden Blätter hervorsprießen und auch kleine Trauben. Doch die meisten werden abfallen, und die, die es nicht tun, werden klein bleiben und nicht vollständig reifen. Der Weinstock wird überfordert sein und in der nächsten Saison gar keine Frucht haben. Während des kommenden Sommers werden keine neuen Trauben in den Augen geformt werden, weil der Weinstock überfordert ist. Deshalb ist das Beschneiden so entscheidend für das Wachstum des Weinstocks.

Schnipp. Schnipp. Schnipp. Die Rebschere dringt in den Weinstock ein und lässt nur *fünf* Ruten übrig! Das ist alles, was der Weinstock im kommenden Jahr bewältigen kann. Der Rest wird abgeschnitten und in die Mitte der Fahrgasse geworfen und später zu Kompost zerkleinert. Zurück bleibt ein Weinstock, der vom Durcheinander und Chaos in eine einfache, stattliche Form verwandelt wurde, mit fünf Ruten, die sich anmutig in den Winterhimmel wölben.

Aus unserer Sicht sieht es vielleicht so aus, als wäre der größte Teil der möglichen Frucht des Weinstocks abgeschnitten worden. Doch Fruchtbarkeit ist ein zielgerichteter Prozess, der nicht entsteht, wenn wir unseren natürlichen Neigungen freien Lauf lassen. Wir können nicht alles gleich gut machen, und wir können auch nicht ständig beschäftigt sein. Wenn wir uns nicht darauf konzentrieren, wenige Dinge richtig zu machen, werden wir uns verzetteln und dabei immer weniger Frucht in den Dingen bringen, die Gott wichtig sind.

Aus diesem Grund beschneidet der Herr des Weinbergs, und dieser Prozess ist nicht nur angenehm. Wo Ruten abgeschnitten wurden, bleiben offene Wunden zurück. Sie werden bald heilen, doch jetzt können wir verstehen, weshalb für die Pflanze das Zurückschneiden nur im Ruhezustand des Winters ungefährlich ist. Erst wenn der Rebensaft langsamer fließt und der Weinstock sich im Ruhezustand befindet, richtet das Beschneiden den geringsten Schaden an. Schaden? Ja, das Beschneiden ist geplante Zerstörung.

Auch das griechische Wort, das in Johannes 15,2 für Beschneiden verwendet wird, bringt diese Bedeutung zum Ausdruck. An allen anderen Stellen im Neuen Testament wird es mit *zerstören* oder *vernichten* übersetzt. Nur in Johannes 15 wird es positiv gebraucht, doch wird dabei klar, was das Ziel der Beschneidung ist. Die vielen Äste, die der Weinstock im letzten Jahr brauchte, um genügend Blätter hervorzubringen, damit die Ernte heranreifen konnte, stellt für den Weinstock nun eine Gefahr, was die nächste Ernte angeht.

Es ist Chirurgie auf höchstem Niveau, und falls die Rebe nicht im Ruhezustand ist, wenn der Prozess beginnt, würde das Beschneiden die Rebe zerstören. Während des Winters fließt der Rebensaft nicht (sonst würde er dem Weinstock die Stärke entziehen), und Krankheiten und Insekten, die die Wunden befallen könnten, befinden sich ebenfalls im Winterschlaf. In einer Umgebung, in der wir durch seine Gegenwart erfrischt werden, sind die Wunden nicht so schmerzhaft und können vom Feind nicht so leicht dazu benutzt werden, um Bitterkeit oder Rebellion in unserem Leben hervorzurufen. In diesem Klima des Friedens und der Ruhe kann Gott uns mit minimalem Schaden beschneiden und dabei die maximale Wirkung erzielen.

Wird er richtig zurückgeschnitten, erstreckt sich das Wachstum gleichmäßig über den Weinstock. Er wird genau die Menge an Frucht tragen, die er zur Reife bringen kann, und die ihm gegebene Form erleichtert dem Weinbauer weitere Pflegemaßnahmen.

Was für ein herrliches Bild für die Operation, die Gott regelmäßig in unserem Leben durchführen muss! Er beschneidet uns, damit wir noch mehr Frucht tragen. Das bedeutet, dass er die Dinge wegschneidet, die unser Leben überladen. Ja, er verwundet uns, doch sind es die Wunden eines Freundes, der sanft und vorsichtig schneidet und weiß, dass eine Trennung schmerzhaft ist.

Ein Teil des Beschneidens besteht darin, dass Gott die weltlichen Leidenschaften und Ablenkungen abschneidet, die unser geistliches Leben aussaugen. Haltungen werden offenbar, die wir entweder vorher nicht wahrgenommen haben oder wegerklärt haben. Während des Beschneidens werden wir uns unserer Schwächen sehr viel stärker bewusst, da Gott uns zur Umkehr ruft und Verbindungen abschneidet, bei denen der Teufel einen Fuß in der Tür hatte. Wenn wir nicht zulassen, dass Gott

Sünde wegschneidet, wird sie uns schließlich einholen und uns vom Weg abbringen.

Gott beschneidet uns auch, um unser Leben wieder in Einklang mit seinen Zielen zu bringen. Wachstum und Ernte haben es an sich, dass sich die Möglichkeiten in unserem Leben vervielfältigen, doch haben diese Gelegenheiten nicht nur das Potenzial, dass wir uns so verzetteln, dass wir keine Frucht mehr bringen, sondern sie können uns auch von unserer Freundschaft mit Jesus ablenken. Wenn Sie weiterhin geschäftig bleiben wollen, auch wenn Gott Sie in eine Winterzeit führt, werden Sie dazu viel Gelegenheit haben, doch Sie begeben sich damit selbst in Gefahr.

Das Beschneiden ist Gottes Einladung, diejenigen Dinge niederzulegen, die unsere Zeit und Energie nicht länger beanspruchen sollen, und weiterzugehen zu den neuen Dingen, die uns inspirieren und anderen helfen. Damit richtet uns Gott neu aus, sodass wir uns auf das konzentrieren können, was er mit uns vorhat. Es ist besser, eine Sache zu tun und dabei Frucht zu bringen, als viele Dinge zu machen und festzustellen, dass es nur fruchtloses Blattwerk ist.

Ich kenne Leute, auf die das zutrifft. Ich war sogar selbst so. Äußerlich wirkte ich sehr produktiv und eilte geschäftig von Termin zu Termin oder sprang von einem Projekt zum nächsten. Überall nur Blätter! Wie berauschend Geschäftigkeit doch sein kann! Doch konnte ich keine Frucht finden. Mein geistliches Leben war so verwässert durch meine Vielzahl an Tätigkeiten, dass keine von ihnen mehr hervorbrachte als dürftige, unreife Frucht.

Nicht Geschäftigkeit ist das Ziel eines ernsthaften Christen, sondern Frucht zu bringen. Es ist nicht Gottes Wille, dass ich auf jede Anfrage eingehe, die ich erhalte. Gute Gelegenheiten sind nicht automatisch auch gottgewollte. Die Erwartungen, die uns von anderen aufgedrückt werden, entsprechen nicht den Anweisungen, die uns Jesus für die Nachfolge gegeben hat.

Paulus schrieb an Titus: „Die Gnade Gottes lehrt uns, *Nein* zu sagen" (vgl. Tit 2,12). Das bedeutet, wir können *Nein* sagen zu den weltlichen Leidenschaften, die uns zerstören, und auch *Nein* zu den Möglichkeiten, die uns überfordern.

Beachten Sie bitte, dass nicht Angst uns dazu bringt, Nein zu sagen, *sondern die Gnade*. Da wir Gott vertrauen können und wissen, dass er uns in die Fülle der Freude leiten wird, haben wir die Freiheit, Nein zu sagen, selbst zu den Dingen, nach denen wir uns sehen, ob gut oder schlecht.

Jesus sagte Nein zu den Versuchungen des Feindes, da er wusste, dass Gottes Weg besser war. Er eilte nicht an Lazarus' Seite, als er zum ersten Mal von dessen Krankheit erfuhr. Er blieb noch zwei Tage, um das zu beenden, was er gerade tat, bevor er zu den Freunden ging, die er sehr liebte. Wenn wir uns Paulus' Aussagen in seinen Briefen ansehen, eilte auch er nicht zu den Gemeinden, die sich danach sehnten, dass er kam. Er folgte stattdessen Gottes Plänen.

Wenn wir erkennen, dass wir Reben an seinem Weinstock sind, wird uns das freisetzen, uns auf die wenigen Dinge zu konzentrieren, zu denen Gott uns *wirklich* berufen hat. Das ist der einzige Weg, um Frucht zu bringen. Nahen Sie sich Gott und lassen Sie sich von ihm zeigen, was seine Pläne sind. Seine Gnade wird Sie lehren, zu denen Nein zu sagen, die es nicht sind.

Doch Nein sagen müssen Sie, denn im Gegensatz zu den Weinstöcken, die ich mit meiner Rebschere bearbeitete, scheinen wir ein Mitspracherecht zu haben. Gottes Beschneiden erfordert unsere Unterordnung. Wir müssen freiwillig das loslassen, was er von uns abschneiden will, und auch nachdem er es abgeschnitten hat, wird er uns nicht daran hindern, es uns zurückzuholen. Er wird uns nur weiterhin sanft auffordern, es niederzulegen.

Ein Mensch, der auf Gott hört, gleicht nicht einem geschäftigen Wirbelwind, sondern ist vielmehr fokussiert. Das führt zu Schlichtheit, Kraft und Freude. Widerstehen Sie Gottes Beschneiden nicht. Er arbeitet daran, Ihre Erfüllung und Frucht zu steigern.

Kapitel 38

Sterben lassen

Dann sprach Jesus zu seinen Jüngern: Wenn jemand mir nachkommen will, verleugne er sich selbst und nehme sein Kreuz auf und folge mir nach! Denn wer sein Leben retten will, wird es verlieren; wer aber sein Leben verliert um meinetwillen, wird es finden.

Matthäus 16,24-25

Bei einem Jugendeinsatz in drei zentralmexikanischen Dörfern bot sich eine erstklassige Möglichkeit, die Tiefe der Liebe kennenzulernen. Daniel, einer der Leiter des Einsatzes, hatte bei seiner Rückkehr eine erstaunliche Geschichte zu erzählen, die eine verblüffende Botschaft birgt.

Nicht immer läuft auf Einsätzen dieser Art alles glatt und es passiert leicht, dass man sich gegenseitig auf die Nerven geht. Gott sorgte dafür, dass jedes Mal, wenn Daniel durch das Verhalten der anderen frustriert war, ein Missionar, den er kannte, in der Nähe war. Wenn dieser sah, dass sich in Daniel Frust aufstaute, schlich er sich leise hinter Daniel und flüsterte ihm ins Ohr: „Daniel, lass es sterben!" Das war alles. Doch ein leichtes Lächeln huschte über Daniels Lippen, wenn er der lebenswichtigen Botschaft folgte, die darin enthalten war.

Nicht alle Kämpfe müssen ausgefochten, nicht alle Vorlieben müssen verfolgt werden und nicht alle Verletzungen müssen ausgebügelt werden. Einigen Dingen können wir nur sterben; das aufgeben, wonach wir streben, damit wir uns dem größeren Ziel hingeben können, zu dem Gott uns berufen hat. Wenn „einer Sache zu sterben" so klingt, als wäre es ein schmerzhafter Weg, sich Gottes Segen zu verdienen, liegen Sie falsch. Daniels Zeugnis wirkte wie eine erfrischende kalte Dusche bei heißem Wetter. Für ihn bedeutete dieses Sterben, für etwas Größeres als sein eigenes zeitlich begrenztes Wohlbefinden zu leben.

Es ist keine so schwere Sache, sein Leben angesichts der Realität von Gottes Liebe niederzulegen; es ist beglückende Freiheit. Sie müssen nicht jeden Frust herauslassen. Sie müssen sich nicht in jeder Situation durchsetzen. Manchmal können Sie nur dem Verlangen sterben, sich selbst an die erste Stelle zu setzen, und der Hand des Vaters mehr vertrauen als Ihren eigenen Plänen.

Ob es die Blüten im Frühling sind, die wir aufgeben, oder ob wir im Ansturm des Sommers unseren eitlen Wünschen sterben, ob wir unsere Frucht im Herbst aufgeben oder im Winter ein fruchtbares Unternehmen aufgeben, weil Gott uns beschneiden will – der Weinstock scheint ständig das aufzugeben, *was war*, um teilzuhaben an dem, *was als Nächstes kommt*. Wenn Sie an etwas in der Vergangenheit festhalten, können Sie sichergehen, dass Sie damit Ihr Leben im Weinstock ersticken und das verpassen, was er Ihnen heute geben möchte.

Zweifellos ist es am schwersten, wenn die Freude am größten ist, doch wenn wir nicht lernen, unser Leben hinzulegen, wenn er uns darum bittet, und unseren eigenen Zielen und Wünschen zu sterben, verpassen wir das Wunder seines Auferstehungslebens. Jesus hat diese Tatsache zwar am deutlichsten gezeigt, als er sein physisches Leben auf grausame Weise am Kreuz für uns gab, doch war das nicht das einzige Mal, dass er sein Leben für seine Mitmenschen niederlegte. Es war sein Lebensstil.

Die meisten Arbeiten des Winzers im Weinberg sind nicht sehr spektakulär. Oft sind es schmutzige, niedrige Arbeiten, die unter den schwierigsten Bedingungen verrichtet werden –in der brennenden Hitze des Sommers oder in der beißenden Kälte des Winters. Manche finden die Arbeit im Weinberg erniedrigend, ähnlich wie es den Jüngern mit einer anderen Aufgabe ein paar Stunden vorher ergangen war ...

Sie waren mit schmutzigen Füßen in das Obergemach gekommen – die Straßen in der Stadt waren staubig. Da ihr Raum nur geliehen war, gab es keinen Gastgeber, der sich um die Bedürfnisse seiner Gäste kümmerte.

Diese ersten Augenblicke in dem Raum waren wohl sehr unangenehm gewesen – so viele schmutzige Füße und keiner da, der sie wäscht. Sie dachten sicher darüber nach, und jeder war wohl davon überzeugt, dass es ein anderer tun sollte. *Lass es Judas tun, er hat für den Raum bezahlt. Was ist mit Bartholomäus? Er war schließlich der Letzte, der ausgewählt wurde, oder?* Schließlich entschlossen sie sich, es komplett sein zu lassen, da das Abendessen fertig war und niemand sich freiwillig gemeldet hatte, um den anderen zu dienen.

Bis Jesus sich ein Handtuch um seine Hüfte band. Obwohl einige offensichtlich nicht wollten, dass er es tat, meldete sich sonst niemand, um es zu tun. Voller Güte wusch er ihre Füße. Manche vermuten, er habe den Jüngern dadurch Demut beibringen wollen. Doch scheint mir, dass Johannes dem nicht zustimmen würde. Er schreibt, Jesus habe ihre Füße eigens gewaschen, um ihnen „das ganze Ausmaß seiner Liebe" zu zeigen (Joh 13,1 NLB). Es war keine Show. Es war eine Darstellung der Liebe in vollendeter Form. Jesus sorgte sich so sehr um sie, dass er die niedrigste Arbeit tat, die sie noch nicht einmal in Erwägung gezogen hatten, für ihn zu tun.

Größere Liebe hat niemand als die, dass er sein Leben hingibt für seine Freunde. Jesus sagte ihnen, seine Freundschaft habe keine eigennützigen Gründe, sondern sei von so tiefer Zuneigung durchdrungen, dass es für sie keine große Sache war, ein Opfer zu bringen, damit ein anderer Segen erfuhr. Das ist die Zuneigung, die die Reben mit dem Weinstock verbindet – eine so dauerhafte Freundschaft, dass man leicht gibt, wenn ein anderer in Not ist. Einfach gesagt: Freunde geben ihr Leben füreinander hin.

Jesus war diese Art von Freund. In wenigen Stunden sollte er es wieder am Kreuz beweisen, doch in diesem Moment zeigte er ihnen das volle Ausmaß seiner Liebe, als er es nicht für unter seiner Würde betrachtete, ihre schmutzigen Füße zu waschen – sowohl die von Judas als auch die von Petrus.

Doch es steckt noch mehr dahinter. Die Liebe, die Jesus erwies, ist die Liebe, die er auch von seinen Jüngern erbat. Ich möchte, dass auch ihr euer Leben für mich hingebt. Wie? Indem man am Kreuz stirbt?

Nein, er hatte etwas anderes im Sinn. Auch wenn die meisten der Jünger in diesem Kreis schließlich doch für ihn sterben sollten, so war doch ihr Tod nicht das Opfer, das er erwartete. „Liebt einander, so wie ich euch geliebt habe." Er rief sie dazu auf, ihr Leben für ihn hinzugeben, indem sie es füreinander hingaben. Das ist vielleicht das Schwierigere von beiden. Manchmal ist es leichter, für jemanden zu sterben, als mit ihm zu leben.

Außer der Aufforderung, in ihm zu bleiben, ist dies die einzige Lektion des Weinbergs, die Jesus wiederholte. Er sagte ihnen, sie könnten in ihm bleiben, wenn sie seine Gebote hielten, und dann konkreter, sein Gebot sei, dass sie einander liebten. In diesem einen Gehorsamsschritt finden alle anderen ihre Bedeutung. Es ist die Erfüllung aller Gebote.

Es war kein abstrakter Aufruf, jeden aus Gottes Volk zu lieben. Es waren an diesem Abend nur zwölf Leute im Weinberg, denen Jesus sein Gleichnis erzählte. Ich frage mich, ob Jesus auch auf die Leute im Kreis zeigte, während er diese Worte aussprach. Die Liebe, die er von ihnen erbat, konnte sich nicht in allgemeingültigen Aussagen verstecken. Diese Männer kannten einander mit allen ihren Schwächen. „Sicher meint er nicht die machtbesessenen Jungs von Zebedäus. Oder Petrus, der Mann, der sich gut als Leiter machen würde, wenn er nicht ständig von einem Fettnäpfchen ins nächste stapfen würde. Bestimmt meint er auch nicht Thomas – sein pausenloses Infragestellen macht mich echt verrückt." Doch. Genau die hat er gemeint.

Liebe. Sie ist die einfachste Realität des Weinbergs. In seiner Liebe zu leben wird uns freisetzen, um freigiebig und aufgeschlossen zu leben, ohne dass wir uns an vergangenen Glanzzeiten festkrallen oder uns in den Mittelpunkt stellen müssen. Wenn wir um seine Zuneigung für uns wissen, sind wir frei, auf sein Wirken in jenen Jahreszeiten zu reagieren, in denen wir auch die Dinge loslassen müssen, die uns am wichtigsten sind, um Teil der Reise zu sein, die vor uns liegt.

Und wenn man geliebt wird, ist es die natürlichste Reaktion, diese Liebe mit anderen so freigiebig zu teilen, wie sie uns gegeben wurde. Hier treffen Sinn, Erfüllung und Fruchtbringen in unserem Leben zusammen. Wenn wir lernen, geliebt zu leben und andere zu lieben, erfüllt dies jeden Wunsch, den der Vater an uns hat, und es setzt uns frei, in seiner Fülle zu leben. Deshalb schrieb Paulus in Galater 5, das ganze Gesetz Gottes werde erfüllt, wenn wir lernen, andere zu lieben.

In diesem Buch habe ich immer wieder betont, dass wir in Jesus bleiben, indem wir dort sind, wo er ist. Wir haben bereits über seine Gegenwart in unserer Anbetung und in unserer Gemeinschaft mit ihm im Gebet gesprochen und über die Weisheit der Bibel, die offenbart, wer er ist. Das Gebot Jesu, einander zu lieben, führt uns nun noch zu zwei weiteren Gelegenheiten, wo wir in seine Gegenwart kommen: in der Gemeinschaft mit Christen und mit Menschen in Not.

„Denn wo zwei oder drei versammelt sind in meinem Namen, da bin ich in ihrer Mitte“ (Mt 18,20). Jesus ist dort gegenwärtig, wo Christen zusammenkommen, um sein Leben miteinander zu teilen. Ich spreche dabei von wesentlich mehr als nur der Mitgliedschaft in einer Gemeinde oder einem Gottesdienstbesuch. In einer großen Versammlung zu sitzen und den Ablauf auf der Bühne zu verfolgen, entspricht auch nicht nur annähernd der gewaltigen Einladung, die Jesus hier ausspricht.

Das Leben des Leibes lässt sich im Neuen Testament nicht an sorgfältig geplanten Treffen festmachen – es wurde in engen Freundschaften gefeiert. Die ersten Christen praktizierten ihren Glauben durch enge Beziehungen zu anderen Gläubigen, in denen man sich gegenseitig unterstützte. Es wird leichter für Sie sein, Ihre Beziehung zu Jesus zu vertiefen, wenn Sie einen Kreis von Christen haben, mit denen Sie zwei oder drei Mal in der Woche echte und ehrliche Gemeinschaft pflegen können: gegenseitige Ermutigung, Austausch von Erkenntnisse und Erlebnissen, praktische Hilfe.

Nichts wird uns schneller in die Freiheit führen, als wenn wir unsere Mitmenschen durch die niedrigsten Formen der Hilfe lieben und nach Wegen suchen, sie zu ermutigen. Die Welt lehrt uns, uns ausschließlich mit unseren eigenen Bedürfnissen und Zielen zu beschäftigen. Jesus dagegen hat uns die Möglichkeit angeboten, unser Leben für ihn hinzugeben, indem wir ein Segen für andere sind. Wenn wir lernen, so zu lieben, wirken wir dadurch der Verderbtheit dieser Welt entgegen. Wir sind dann nicht länger mit unseren eigenen Wünschen beschäftigt, sondern werden Teil von Gottes Wirken an anderen.

Es ist ein interessanter Weinberg, den Jesus hier beschreibt. Es ist ein Weinberg mit nur einem Weinstock. Jede Rebe wächst aus demselben Weinstock – Jesus. Und keine Rebe lebt unabhängig von den anderen. Wenn eine von ihnen in Schwierigkeiten ist, geht es allen Reben so. Wenn eine von ihnen bedürftig ist, können die anderen einspringen. Ich habe gesehen, wie ganze Reben durch gefräßige Insekten ihrer Blätter beraubt wurden. Kein Blatt war mehr an der Rebe – und ohne Blätter werden die Trauben nicht süß. Doch diese wurden es trotzdem. Warum? Weil der Zucker, der durch die anderen Reben an diesem Weinstock produziert wurde, irgendwie seinen Weg in die Trauben an dieser entblößten Rebe fand.

Wir waren nie dazu bestimmt, in Gottes Reich unabhängig zu gedeihen. Wenn man es doch versucht, wäre es das Gleiche, als wäre man eine Ein-Mann-Fußballmannschaft. Egal, wie gut man ist, man kann ein Spiel nicht alleine gewinnen.

Enge, sich gegenseitig unterstützende Freundschaften, Möglichkeiten zu dienen, mehr Weisheit und Stärke, Vergeben lernen und anderen Rechenschaft geben – all das erwächst aus unseren Beziehungen mit anderen Christen und trägt dazu bei, dass wir in ihm wachsen. Lassen Sie uns sein Gebot nicht vergessen. Es ging nicht darum, Liebe von anderen zu bekommen, sondern *andere zu lieben*.

Der letzte Bereich, von dem Jesus deutlich sagte, dass er dort gegenwärtig sei, ist, wenn wir anderen in den Punkten dienen, wo sie eine Not haben. *„Was immer ihr für einen meiner Brüder getan habt – und wäre er noch so gering geachtet gewesen –, das habt ihr für mich getan"* (Mt 25,40). Er sichert seine Gegenwart zu, wenn seine Schöpfung Nöte hat, und sagt uns, dass unsere Reaktion auf Menschen – und zwar nicht nur Christen –, die Hilfe brauchen, eine Reaktion auf ihn ist. Wir sind von Gott gesegnet worden, um ein Segen für andere zu sein.

Jeder, der in der Freundschaft mit Jesus wächst, wird regelmäßig Gelegenheiten haben, anderen in seinem Alltag zu dienen, und er wird auch Gelegenheiten suchen, in die Welt eines anderen Menschen einzutauchen, um ihm zu dienen. Für solche Gelegenheiten müssen Sie nicht das Land verlassen. In einer Suppenküche zu dienen oder ein benachteiligtes Kind an der Schule in Ihrer Nachbarschaft zu betreuen kann genauso mächtig wirken wie ein Einsatz in Asien.

Echte Liebe, wie sie Jesus uns vorgelebt hat, ist unserer Natur fremd, und zu Beginn wird es uns schwerfallen, unser Leben hinzugeben. Doch eine der größten Freude als Rebe in diesem Weinberg ist es, zu lernen, in der Freiheit der Liebe zu leben. Es ist tief erfüllend und steckt voller Überraschungen. Wir werden sehen, dass wir Dinge tun und sagen, die uns selbst verblüffen. Sätze wie „Das bin nicht ich" und „So habe ich mich noch nie gefühlt" werden immer wieder unser Erstaunen ausdrücken ... weil wir gelernt haben, inmitten großer Freude oder großer Enttäuschung seinen Einflüsterungen, zu „sterben", zu gehorchen.

Kapitel 39

Trainiert, um fruchtbar zu sein

Mit strenger Hand erzogen zu werden tut weh und scheint zunächst alles andere als ein Grund zur Freude zu sein. Später jedoch trägt eine solche Erziehung bei denen, die sich erziehen lassen, reiche Früchte: Ihr Leben wird von Frieden und Gerechtigkeit erfüllt sein.

Hebräer 12,11

Es vergeht keine Jahreszeit, in der der Winzer nicht *etwas* tun muss, damit er einen fruchtbaren Weinberg hat. Viele Pflanzen tragen auch Früchte, wenn sie wild wachsen, der Weinstock jedoch nicht. Er kann noch nicht einmal seine eigenen Reben tragen. Sie müssen gewissenhaft an einen Draht gebunden werden, um ihre Frucht zu bewahren und die Reben über dem Boden zu halten. Wenn er nicht jedes Jahr beschnitten wird, steckt der Weinstock seine ganze Energie in die Produktion von Blättern statt in die Früchte. Daher ist der Winzer Monat für Monat im Weinberg anzutreffen.

Im Weinberg meines Vaters verlief in jeder Rebzeile ein langer, glänzender Draht. Er wurde über Pflöcke gespannt, die neben jedem Weinstock in den Boden getrieben wurden, und ist ein einfaches, aber lebenswichtiges Hilfsmittel. Er stützt die Reben oberhalb des Stammes des Weinstocks, damit sie nicht unter dem Blattwerk und der Frucht der neuen Saison zusammenbrechen.

Diese ganze Frucht hat ein beträchtliches Gewicht, und da sich die Ruten anmutig in einem Bogen vom Weinstock nach oben strecken, bringt die Last sie an den Punkt, wo sie sich entweder spalten oder ganz von der Rebe abbrechen. In jedem Fall wäre die Frucht verloren und sozusagen ein Opfer des eigenen Erfolgs geworden.

Deshalb wickelt der Winzer im Winter als Letztes die Ruten um den Draht. Bei jedem Weinstock verlaufen zwei Ruten in der einen Richtung am Draht entlang und drei in die andere. Wenn eine Reihe mit dem Draht umwickelt ist, sieht es aus, als würde sich eine endlose Rute über die Länge der Rebzeile erstrecken. Alles verläuft in einer geraden Linie, und jede Rute, die nicht um den Draht gewickelt wurde, sieht so fehl am Platz aus, dass man sie schon von Weitem sieht.

Dieses Festbinden ist für den Winzer keine schwere Arbeit, für die Ruten hingegen schon. Sie sind nun fast ein Jahr alt und nicht mehr so biegsam wie am Anfang. Ihre holzartige Maserung macht sie sehr unbeweglich und die Versuche des Winzers, sie zum Draht hin zu biegen und um ihn herum zu wickeln, stoßen oft auf Widerstand. Die Ruten versuchen, sich dem Griff des Winzers zu entziehen, und knallen und schnappen vor Protest, wenn er sie anbinden will.

Hierbei muss der Winzer sehr vorsichtig sein. Zieht er zu stark oder im falschen Winkel an einer Rute, bricht sie ab und ein Fünftel des Ertrags dieses Weinstocks ist verloren – wie Sie sich erinnern, wurden die überschüssigen Ruten zuvor abgeschnitten. Der Winzer muss die Rute in die Hand nehmen und sie sanft so zum Draht hinbiegen, dass sie nicht bricht. Es ist äußerst wichtig, dabei schonend vorzugehen.

Die Rute würde lieber frei sein und sich unbehindert vom Draht und den anderen Ruten dem Himmel entgegenstrecken. Sie weiß nicht, wie sehr sie den Draht braucht, da sie ihn im Moment nicht benötigt. Erst wenn die Frucht zu reifen beginnt, wird sie diese Stütze brauchen. Dann jedoch wird es zu spät sein, um die Rute um den Draht zu wickeln, ohne dass sie bricht oder die Trauben abgerissen werden.

Auch für uns ist das Training im Glauben nicht einfach. Der Schreiber des Hebräerbriefes erinnert uns daran, wie unangenehm es ist und wie leicht wir Gottes erziehender Hand widerstehen können, weil wir sie mit einer fremden Macht verwechseln, die uns schaden will. Wenn wir nicht gelernt haben, ihm auch dann zu folgen, wenn er etwas Schwieriges von uns verlangt, wird der Prozess des Fruchtbringens gehemmt, noch bevor eine neue Saison beginnt. Auch wenn sie für einen Moment nicht angenehm ist, bringt der Segen der Erziehung doch große Freude und Freiheit in unser Leben.

Diejenigen, die sich seiner Erziehung nicht beugen, werden ihr Leben in ihm als etwas unglaublich Frustrierendes erleben. Es wird voller Verheißungen sein, aber die Verheißungen werden sich nie völlig erfüllen, weil diese Menschen die Frucht nicht tragen können, die Gott ihnen geben will. Wir alle kennen Menschen, die sehr Gott hingegeben schienen, bis sie auf irgendeine Art erfolgreich wurden. Dann mussten wir mit ansehen, wie dieser Erfolg zu ihrem Ruin wurde. Unter der Oberfläche wucherte entweder Stolz oder Selbstsucht.

Schon zu oft haben mir Leute solche Geschichten erzählt und am Schluss gefragt: „Ich verstehe das einfach nicht. Wie kann Gott eine Person so mächtig gebrauchen und dann zulassen, dass es so endet?“ Oft ist es so, dass sich diese Person der Hand des Vaters nicht untergeordnet hat und ihr Charakter durch den Erfolg überfordert wurde. Am Ende konzentrierte sie sich nur noch auf sich selbst und ihren Erfolg und schadete den Menschen in ihrem Umfeld. Denken Sie daran: Die echte Frucht des Weinberg ist die Verwandlung unseres Charakters, sodass Jesu Leben in uns Gestalt annimmt.

Wenn wir aus seinen Erziehungsmaßnahmen nichts lernen, haben wir nicht genügend Halt um uns herum, um sein Werk durchzustehen. Zu oft spüren Menschen Gottes Berufung in ihrem Herzen und machen sich dann daran, sie aus eigener Kraft oder mittels ihrer eigenen Pläne zu verwirklichen. Obwohl sie durch ihre eigene Anstrengung bis zu einem gewissen Maße äußerlichen Erfolg haben, gelangen sie nie zu der wahren Fruchtbarkeit, die sie sich ersehnten.

Der Apostel Paulus rang in seinem Brief an die Korinther mit diesem Thema.

> *Jeder, der an einem Wettkampf teilnehmen will, unterwirft sich einer strengen Disziplin. Die Athleten tun es für einen Siegeskranz, der bald wieder verwelkt. Unser Siegeskranz hingegen ist unvergänglich* (1 Kor 9,25).

Er gebrauchte das Bild eines Athleten, der ohne Disziplin zwar die richtigen Bewegungen macht, aber nicht den Preis gewinnt. Paulus sagte, dass er daher in Bezug auf geistliche Dinge fleißig trainiert, um sicherzustellen, dass seine Vision zur Fruchtbarkeit führt. Dies müssen auch wir tun.

Doch worin besteht diese Disziplin? Die meisten nehmen fälschlicherweise an, es gehe um eine Reihe geistlicher Übungen oder religiöser Rituale oder Aktivitäten. Wir wissen, wie wir uns selbst mit diesen Dingen beschäftigt halten können ... doch führen sie immer zu Enttäuschung, da unser Leben am Ende dieser Dinge so leer ist wie am Anfang.

Für den Weinstock bedeutet Disziplin zu lernen, wie man durch das Werk des Sohnes in einer wachsenden Beziehung mit dem Vater lebt. Das ist nicht so einfach wie das Befolgen einer Reihe von Übungen oder Ritualen. Diese Beziehung rührt in erster Linie aus einem leidenschaftlichen Verlangen, ihn zu kennen, und einer Bereitschaft, unser Leben seinem Willen zu unterwerfen.

Lernen Sie, mit ihm zu kommunizieren! Gehen Sie nicht davon aus, dass Sie wissen, *wie* Sie es tun sollen, nur weil Sie wissen, *was* Gott von Ihnen möchte. Worauf Gott auch immer Ihren Fokus richtet, stellen Sie sicher, dass dieses Ziel den obersten Platz auf Ihrer Gebetsliste einnimmt. Salzen Sie es ständig mit Gebet. Hören Sie dabei auf Gott. Wenn er etwas in Ihrem Leben erreichen möchte, zeigt er Ihnen einfache Schritte, die Sie gehen sollen und die zum Ziel führen.

Lernen Sie, ihm zu folgen. Schreiben Sie die Dinge auf, auf die Gott Sie aufmerksam macht, und bringen Sie sie zu Ende. An gewissen Punkten kann das bedeuten, dass wir Entscheidungen treffen müssen, die uns in dem Moment nicht als das Beste für uns selbst erscheinen. Denken Sie daran: Diejenigen, die ihr Leben auf dieser Reise bewahren wollen, werden es am Ende verlieren, während diejenigen, die bereit sind, es aufzugeben, entdecken werden, was wahres Leben wirklich ist.

Inmitten von Schwierigkeiten und höchster Not lernen wir wahrhaftig, wie wir uns auf ihn verlassen anstatt auf uns selbst. Ich weiß nicht, wie viele Male ich den Eindruck hatte, Gott wolle mich in eine bestimmte Richtung führen, es jedoch abgeblockt habe, weil dieser Weg mir zu schwierig oder zu schmerzvoll erschien. Stattdessen trottete ich in meiner eigenen Weisheit weiter und ignorierte, was er von mir wollte. Erst in dem daraus entstandenen Schlamassel erkannte ich, wie verrückt das war, und kehrte wieder zu ihm zurück. Nur weil etwas schwierig ist, heißt es nicht, dass es nicht sein Weg ist oder dass das, was wir inmitten von Schmerz lernen, nicht entscheidend für sein fortdauerndes Werk der Veränderung in uns ist.

Laden Sie andere Christen ein, sich Ihnen im Gebet und ehrlichem Austausch anzuschließen, während Gott seine Arbeit tut. Diese Menschen können Ihnen helfen, indem Sie prüfen, ob das, was Sie von Gott hören, triftig ist, und dadurch sicherstellen, dass es nicht nur Ihre blühende Fantasie ist. Sie können Ihnen auch helfen, sich an die Gehorsamsschritte zu halten, die Gott Ihnen vorgibt. Ohne solche unterstützenden, von Liebe geprägten Beziehungen zu anderen Christen halten nur wenige von uns lange genug durch, um wirklich Frucht zu bringen.

Die Betonung liegt hierbei auf unterstützend. Zu viele von uns haben erlebt, dass andere Christen uns verurteilt oder eifersüchtig kritisiert haben oder uns benutzen wollten. Unterstützende Beziehungen dagegen gründen sich auf Ermutigung. Da sie sich wirklich um Ihr Wohlergehen und Ihr Wachstum in Christus bemühen, sind Aufrichtigkeit und Ehrlichkeit selbstverständlich.

Wenn Sie Ihre Ruten fest um diese Stützen gewickelt haben, können Sie voller Zuversicht zur Ruhe kommen. Sie wissen, dass Gott in der Lage ist, sein Werk in Ihnen zu vollenden. Fassen Sie Mut; der Winter ist fast vorbei. Erholt und neu ausgerichtet, ist der Weinstock bereit für eine weitere Wachstumsperiode.

Wir sind nun am Ende des Winters angelangt. Es ist zwar erst Mitte Februar, aber in den kurzen Wintern des kalifornischen San Joaquin Valley lugt der Frühling schon um die Ecke. Nachmittags haben wir schon um die 20 Grad – es wird Zeit, dass der Winter sich den länger werdenden Tagen beugt.

An diesem Punkt haben wir vor vielen Seiten unsere Reise begonnen. Wir sind nun wieder dort angelangt, denn der Frühling mit seinem Ausbruch an Freude und neuer Vision steht kurz bevor. Die Tage werden nun länger und ein neues Jahr im Weinberg beginnt!

Kapitel 40

Sei fruchtbar!

Alles hat er schön gemacht zu seiner Zeit, auch hat er die Ewigkeit in ihr Herz gelegt, nur dass der Mensch das Werk nicht ergründet, das Gott getan hat, vom Anfang bis zum Ende.

Prediger 3,11

Die Jahreszeiten des Weinbergs zeigen verschiedene Wege auf, wie Gott mit uns arbeitet. Er ist natürlich viel kreativer, als dieses Bild vermitteln kann. Wir haben uns einige der Wege angesehen, wie Gott in unserem Leben wirkt – nicht nur, damit wir nicht überrascht sind, wenn sie auftauchen, sondern auch, damit wir wissen, wie wir dann auf ihn reagieren sollten.

Seien Sie nicht überrascht, wenn diese Wege sich nicht so einfach in eine Schublade stecken lassen. Selten kann ich mein Leben nur einer der Jahreszeiten zuordnen. Zu einer bestimmten Zeit kann Gottes Wirken in mir eine Mischung der verschiedenen Facetten der Jahreszeiten sein. Ich erlebe, dass Gott mich in einigen Bereichen, in denen gerade die Frucht heranreift, zur Ausdauer ermahnt ... aber in anderen Bereichen (wo ich Gott das Zepter aus der Hand genommen habe) sehe ich ihn mit der Rebschere in seinen Händen. In wieder anderen Bereichen beginnt gerade neues Wachstum.

Immer noch treffe ich auf Umstände, die ich nicht völlig verstehe. Manchmal stehe ich Zeiten durch, in denen ich mir überhaupt nicht sicher bin, was Gott tut, doch indem ich ausharre, sehe ich schließlich, wie er mir alles zum Besten dienen lässt. All das ist Teil des spannenden Lebens, in unserer Zeit Gottes Herzen zu folgen. Gott tut verschiedene Dinge zu verschiedenen Zeiten.

Auch wenn wir es vielleicht jetzt nicht verstehen, hat Gott bei allem einen Plan, und was in unseren Herzen brennt, ist viel zu groß, als dass unser Verstand es erfassen könnte. Für uns genügt es, zu wissen, dass er alles – auch unsere Hoffnungen und Visionen – **zu seiner Zeit** schön macht.

Pflegen und vertiefen Sie in der Zwischenzeit um jeden Preis Ihre Freundschaft mit Jesus und reservieren Sie sich genügend Zeit dafür, ungeachtet der Ablenkungen der heutigen Zeit. Geben Sie sich mit nichts anderem zufrieden als mit der Fülle der Freude, die in Ihnen hervorbricht, wenn Sie sehen, wie seine Herrlichkeit durch Sie zum Ausdruck kommt und einer Generation, die droht verloren zu gehen, verfügbar gemacht wird.

Die einfache Zusammenfassung Jesu von Johannes 15 beschreibt auch dieses Werk zur Genüge: „Geht und bringt Frucht!“ Am Ende ist das, was zählt, die Frucht, die wir für das Reich Gottes gebracht haben; sie ist durch unsere Freundschaft mit ihm ermöglicht worden und findet ihren Ausdruck in unserem veränderten Leben.

Mein Gebet ist, dass diese Botschaft („Geht und bringt Frucht!“) Ihr Herz mit einem Verlangen erfüllt, sich nie mit weniger zufriedenzugeben als mit einer zunehmenden Fülle der Freude in Ihrer Beziehung zu ihm und der Frucht, die aus dieser Erfüllung entsteht. Ich hoffe, dass sie den Hunger in Ihrem Herzen anregt und Ihre Perspektive davon erweitert, was es heißt, eine Rebe am Weinstock im Weinberg des Vaters zu sein.

Johannes 15

Ich bin der wahre Weinstock,
und mein Vater ist der Weinbauer.
Jede Rebe an mir, die nicht Frucht trägt, schneidet er ab;
eine Rebe aber, die Frucht trägt, schneidet er zurück;
so reinigt er sie, damit sie noch mehr Frucht hervorbringt.

Ihr seid schon rein;
ihr seid es aufgrund des Wortes,
das ich euch verkündet habe.
Bleibt in mir, und ich werde in euch bleiben.
Eine Rebe kann nicht aus sich selbst heraus
Frucht hervorbringen;
sie muss am Weinstock bleiben.
Genauso wenig könnt ihr Frucht hervorbringen,
wenn ihr nicht in mir bleibt.

Ich bin der Weinstock, und ihr seid die Reben.
Wenn jemand in mir bleibt und ich in ihm bleibe,
trägt er reiche Frucht;
ohne mich könnt ihr nichts tun.
Wenn jemand nicht in mir bleibt,
geht es ihm wie der ‚unfruchtbaren' Rebe:
Er wird weggeworfen und verdorrt.
Die verdorrten Reben werden zusammengelesen
und ins Feuer geworfen, wo sie verbrennen.

Wenn ihr in mir bleibt und meine Worte in euch bleiben,
könnt ihr bitten, um was ihr wollt:
Eure Bitte wird erfüllt werden.
Dadurch, dass ihr reiche Frucht tragt
und euch als meine Jünger erweist,
wird die Herrlichkeit meines Vaters offenbart.

Wie mich der Vater geliebt hat,
so habe ich euch geliebt.
Bleibt in meiner Liebe!
Wenn ihr meine Gebote haltet,
werdet ihr in meiner Liebe bleiben,
so wie ich immer die Gebote meines Vaters gehalten habe
und in seiner Liebe bleibe.

Ich sage euch das, damit meine Freude euch erfüllt
und eure Freude vollkommen ist.
Liebt einander, wie ich euch geliebt habe;
das ist mein Gebot.
Niemand liebt seine Freunde mehr als der,
der sein Leben für sie hergibt.
Ihr seid meine Freunde,
wenn ihr tut, was ich euch gebiete.

Ich nenne euch Freunde und nicht mehr Diener.
Denn ein Diener weiß nicht, was sein Herr tut;
ich aber habe euch alles mitgeteilt,
was ich von meinem Vater gehört habe.
Nicht ihr habt mich erwählt,
sondern ich habe euch erwählt:
Ich habe euch dazu bestimmt, zu gehen
und Frucht zu tragen – Frucht, die Bestand hat.
Wenn ihr dann den Vater in meinem Namen um etwas bittet,
wird er es euch geben, was immer es auch sei.
Einander zu lieben – das ist das Gebot, das ich euch gebe.

Dank

Ich bin dankbar für die wunderbaren Menschen, die Gott in mein Leben gestellt hat, um mich auf meinem Weg zu ermutigen, zu beraten und zu begleiten. Darunter sind Freunde auf der ganzen Welt und die Männer und Frauen, die den Vorstand von *Lifestream Ministries* bilden und alles prüfen, was ich tue.

Dies ist die vierte Version des Materials, das für mein Leben so bedeutend ist. Jedes Mal, wenn ich in einem Weinberg spazieren gehe oder in der Bibel von einem Weinberg die Rede ist, werde ich an die Anfänge meines Lebens erinnert und ebenso an die Schönheit und Einfachheit der Gaben Gottes, die ich jeden Tag erleben darf.

Niemand ist darin mit mir mehr eins als meine Ehefrau Sara, mit der ich seit fast vierzig Jahren verheiratet bin. Durch alle Widrigkeiten und Umstände hindurch war sie meine Begleiterin, Mitarbeiterin, Freundin und Partnerin. Ich werde immer dankbar sein für die Freude, die wir miteinander erleben, und den Preis, den sie bezahlt hat, um mich auf meiner Reise zu begleiten.

Und schlussendlich Jessica Glasner, die dieses Buch für mich lektoriert hat und mir half, es aus meinen früheren Abhandlungen über den Weinberg zusammenzustellen. Ihren Fähigkeiten ist es zu verdanken, dass dieses Buch wieder lebendig geworden ist. Ich bin ihr sehr zu Dank verpflichtet.

„Kirche nach dem Herzen Gottes"

Wayne Jacobsen, Geliebt!

Tag für Tag in der Zuneigung des himmlischen Vaters leben
240 S., Paperback

Jeden Tag ein Leben zu führen, in dem wir völlig sicher sind, dass wir bedingungslos von Gott geliebt sind – ist das wirklich möglich, und wie sieht das konkret aus?

Wayne Jacobsen bringt uns Schritt für Schritt nahe, wie tief die Liebe Gottes zu uns tatsächlich ist. Wir entdecken dabei, dass wir nicht zu Sklaven, sondern zu Söhnen und Töchtern berufen sind. Die liebevolle Zuneigung unseres Vaters im Himmel gilt uns in allen Umständen. Wir erfahren eine lebendige Beziehung zu ihm, die uns von der Qual der Scham befreit und uns so verändert, dass wir als seine Kinder leben können.

Wayne Jacobsen / Dave Coleman

Der Schrei der Wildgänse

Aufbrechen zu einem freien Leben in Christus jenseits von Religion und Tradition; 220 Seiten, Paperback

Wie können wir heute als Einzelne und in Gemeinschaft in der Freiheit leben, zu der uns Christus befreit hat? Wie können wir religiöse Zwänge entlarven, die uns diese Freiheit immer wieder rauben wollen?

Die Autoren beantworten diese Fragen mitten aus dem Leben. Sie zeigen auf, wie wir heute ganz praktisch mit Jesus leben und eine Freude und eine Freiheit erleben können, von der wir bisher bestenfalls träumen konnten.

Wayne Jacobsen & Clay Jacobsen

Authentische Beziehungen

Die verlorene Kunst des Miteinanders; 160 Seiten, Pb.

Die Liebe der ersten Christen untereinander war sprichwörtlich. Ihr Miteinander und ihre Ausstrahlung waren ihr größtes Zeugnis.

Heute sind echte und tiefe Beziehungen rar geworden. Wir haben die Kunst, solche Beziehungen aufzubauen, verlernt oder sind nicht gewillt, die entsprechenden Kosten auf uns zu nehmen. Die Folge ist, dass unser Zeugnis nach außen schwach ist und dass viele in den Gemeinden unter Einsamkeit und oberflächlichen Beziehungen leiden.

Die Autoren erläutern, welches Modell für liebevolle, ermutigende und authentische Beziehungen wir im Neuen Testament finden, und zeigen anhand praktischer Beispiele, wie wir zu solchen Beziehungen kommen und sie pflegen können.

Frank Viola, Ur-Schrei

Gottes Herzensanliegen seit ewigen Zeiten, 300 S., Pb.

Tief im Wort Gottes verborgen finden wir eine einmalige, wundersame Geschichte, die schon vor Grundlegung der Welt begann, eine epische Erzählung, die mitten aus dem Herzen Gottes kommt und nichts weniger als den Sinn des Lebens und Gottes große Mission auf der Erde offenbart.

Das Buch stellt anhand von drei miteinander verwobenen Erzählsträngen die wesentlichen Ziele vor, die Gott mit der Menschheit von der Schöpfung bis zur Offenbarung verfolgt. Wir erhalten ein Gesamtbild von Gottes tiefstem Herzensanliegen. Diese Entdeckung wird für immer unsere Sicht auf unser Leben, die Gemeinde und unseren herrlichen Gott verändern.

Larry Kreider

Authentisches geistliches Mentoring

Anderen helfen, im Glauben zu reifen; 240 Seiten, Pb.

Es ist kein Geheimnis, dass es einen großen Bedarf an geistlichen Vätern und Müttern gibt, die Mentoren für jüngere Christen sein können. Mit diesem praktischen Handbuch gibt uns Larry Kreider bewährte biblische Prinzipien an die Hand, sodass Mentor-Beziehungen gelingen.

Er stellt insbesondere das Mentoring-Modell Jesu vor und zeigt auf, wie wir dieses in unserer geistlichen Familie anwenden können. Ob Sie nun einen geistlichen Mentor suchen oder einer werden wollen – dieses Buch ist gleichermaßen für Sie geeignet!

Irmtraut Lorenz, Der Kuss des Bräutigams

Stationen einer Liebesreise mit Jesus; 180 S., Pb.

Unser Leben mit Gott ist nicht in erster Linie Arbeit und Kampf, sondern eine Liebesreise. Das ist die Erfahrung der Autorin, zu der sie von Gott eingeladen wurde und an der sie uns anhand ihrer Geschichte, ihrer Zwiegespräche mit Gott und ihrer Erkenntnisse teilhaben lässt.

Nur durch die Liebesbeziehung zu Jesus wird unser Leben so eng mit dem seinen verbunden, dass sein Leben wie ein starker Strom aus uns herausfließt und das Leben anderer Menschen berührt. Das ist Teil unserer Vorbereitung, Jesu Braut zu werden, und geschieht mitten im Alltag.

Bestellen Sie im Buchhandel oder direkt beim Verlag:

GloryWorld-Medien | Postfach 4170 | D-76625 Bruchsal
Fon: 07257-903396 | Fax: 07257-903398 | info@gloryworld.de

Aktuelles, Leseproben, Downloads & Shop: **www.gloryworld.de**